L'ÉLYSÉE FANTÔME
Les années noires

DU MÊME AUTEUR

Le courage est leur patrie, Éditions Saint-Just, coll. « Action », 1965.

Le Danube était noir, La Table Ronde, 1968.

Histoire du corps des Marines, André Balland, 1971.

Les Marines, Le Livre de Poche, 1975.

Les Marines à Khé Sanh, Vietnam 1968 (en coll.), Presses de la Cité, 1979 ; Presses Pocket, 1982 ; réédition revue et augmentée, Presses de la Cité, 1991.

Le Roman de l'Élysée, Éditions du Rocher, 2007, 2008.

FRANÇOIS D'ORCIVAL
de l'Institut

L'ÉLYSÉE FANTÔME

Les années noires

ROBERT LAFFONT

Ouvrage édité par Jean-Luc Barré

Plan du palais de l'Élysée © L'Illustration, Année 1939

ISBN 978-2-221-11756-9

In memoriam

À l'aspirant Jacques de Griffolet,
dit « Lieutenant Jérôme »,
officier au 27e bataillon de chasseurs alpins,
mon parrain, tombé au plateau des Glières,
le 29 mars 1944.

À Henri Amouroux (1920-2007),
auteur de La Grande Histoire des Français sous l'Occupation, *mon prédécesseur*
à l'Académie des sciences morales et politiques.

1

Un président disparaît

Il y a un trou noir dans l'histoire de l'Élysée. Près de sept années sont portées manquantes : depuis le mois de juin 1940 jusqu'au mois de janvier 1947. Ce furent les années de l'Occupation, puis celles de la gestation de la IVe République. Jamais le palais de l'Élysée n'avait été fermé aussi longtemps, jamais la résidence des présidents de la République n'était restée inhabitée durant autant d'années.

La République n'y était plus. L'Élysée ressemblait à une maison de ville que l'on a quittée pour aller à la campagne. Son fantôme, pourtant, n'a cessé de planer sur les lieux où s'exerçait le pouvoir pendant ces années-là, à Vichy, Londres et Alger, puis, à la Libération, au ministère de la Guerre, à Matignon ou au Palais-Bourbon. Chacun rêvait du moment où il reviendrait au palais et s'y préparait par toutes sortes d'intrigues, certain de pouvoir y interpréter à nouveau le premier rôle. N'en parler jamais, y penser toujours. Les Allemands eux-mêmes se prirent au jeu.

L'Élysée était désert, certes, mais il ne fut pas laissé à l'abandon. Familier des crises ministérielles sinon des guerres, habitué au rituel des gouvernements qui tombent, trahissent, se relèvent, aux présidents qui se succèdent selon un protocole immuable, le personnel de service de la maison, les jardiniers, valets de chambre, brigadiers et autres électriciens, conservait les lieux en état, convaincu qu'à tout moment, « ils » allaient revenir. Le personnel avait bien raison d'en être convaincu, car les « patrons », qui ne pensaient qu'à cela, se disputaient les dépouilles en vue d'occuper la place. Personne n'imaginait que l'attente durerait sept ans. Un septennat ! Un président avait disparu. Dans l'histoire de la République, c'est un peu comme si on l'avait escamoté, tandis que s'écrivaient, en coulisses, les scénarios du retour.

L'Élysée fut affecté comme résidence officielle du président de la République par un décret de l'Assemblée constituante de la IIe République, daté du 12 décembre 1848. C'était la première fois que la République se donnait un président. Jusqu'alors, ce palais contemporain du Palais-Bourbon, construit[1] par un La Tour d'Auvergne, comte d'Évreux, avait été attaché à la monarchie et à l'Empire. Acheté par la marquise de Pompadour qui en avait fait son hôtel particulier à Paris et l'avait destiné au domaine royal, il en était sorti à la Révolution, avait échappé au pire, puis était revenu dans le domaine impérial après que le prince Murat, beau-frère de Napoléon, en eut fait l'acquisition en 1805. Sous l'Empire, puis sous la Restauration et la monarchie de Juillet, l'Élysée avait servi d'annexe aux Tuileries ou de maison d'hôtes pour y accueillir ambassadeurs et souverains.

Le siège du pouvoir était aux Tuileries et c'est pour rompre avec ce symbole que la République, née des journées de février 1848, décida de loger son président dans une résidence plus « modeste ». Vaine précaution puisque le premier élu, Louis Napoléon Bonaparte, le « Prince-Président », y prépara son coup d'État du 2 décembre 1851 et la fondation du Second Empire ; avant même de prendre le titre d'empereur, il s'empressa de revenir aux Tuileries, tout en gardant à l'« Élysée Napoléon » son statut d'annexe.

Quand l'Empire s'effondra à Sedan, la République fut proclamée, pour la troisième fois, le 4 septembre 1870. Le vieux

1. De 1718 à 1722, par l'architecte Armand-Claude Mollet.

Thiers, chargé de sagesse et d'expérience, fut élu, en février 1871[1], « chef du pouvoir exécutif de la République française » ; le gouvernement s'était replié à la préfecture de Versailles. La Commune levait l'insurrection à Paris. Avant de capituler, elle incendia le « symbole », les Tuileries, mais elle épargna l'Élysée. Ce qui permit à Thiers, devenu président de la République en titre, d'y séjourner quelques semaines à la fin de l'année 1872 et au début de 1873. Son successeur, le maréchal de Mac-Mahon, s'y installa complètement avec sa femme et ses quatre enfants en 1874. L'année suivante, la nouvelle République, la IIIe, recevait sa Constitution.

Or celle-ci, sans doute parce qu'elle se sentait vulnérable (elle n'avait été approuvée qu'à une voix de majorité), fut très attentive à ce que toute vacance de la présidence soit la plus brève possible. Un président dont le mandat arrivait à son terme, qui démissionnait ou trouvait la mort devait avoir son successeur dans les trois jours. Celui-ci était élu par le Sénat et la Chambre des députés réunis. De 1871 à 1940, la IIIe République eut quatorze présidents. Toujours par méfiance à l'égard d'un pouvoir personnel, ceux-ci ne furent guère dotés par les textes de beaucoup de prérogatives ; l'État leur attribuait des effectifs réduits comme collaborateurs et un traitement de haut fonctionnaire. Ils furent grands ou médiocres, débonnaires ou énergiques, inoffensifs ou ardents, mais tous représentatifs et dévoués aux devoirs de leur charge.

Parmi eux, deux furent assassinés[2], un troisième mourut d'une crise cardiaque[3], sept démissionnèrent[4], six effectuèrent leur septennat voire plus[5]. L'Élysée ne resta jamais plus de trois jours sans président, jamais, sauf à partir du 2 septembre 1914. La guerre venait d'éclater. Foch demanda au gouvernement de

1. À main levée, par l'Assemblée nationale alors réunie à Bordeaux.
2. Sadi Carnot, en 1894, et Paul Doumer, en 1932.
3. Félix Faure, en 1895.
4. Adolphe Thiers, le maréchal de Mac-Mahon, Jules Grévy, Jean Casimir-Périer, Paul Deschanel, Alexandre Millerand et Albert Lebrun.
5. Jules Grévy, Émile Loubet, Armand Fallières, Raymond Poincaré, Gaston Doumergue et Albert Lebrun.

quitter Paris, que l'ennemi tenait sous la menace de ses canons. Le président de la République, Raymond Poincaré, dut se résoudre, malgré lui, à quitter son palais, mais il y revint en octobre, puis en novembre, avant de rentrer définitivement au début de décembre 1914. Il dirigea les affaires depuis l'Élysée, qu'il appelait son « camp retranché », et n'en bougea pas pendant toute la durée de la guerre.

Pourquoi l'Élysée n'est-il donc pas redevenu ce même « camp retranché » en mai et juin 1940 ? Pourquoi le président de la République qui l'occupait l'a-t-il évacué précipitamment au point de le laisser à l'ennemi ? C'est là que s'ouvrent les premières pages d'une histoire jamais racontée. Pour la reconstituer, il fallait repartir de fragments d'archives rescapées du désastre, de papiers et de journaux négligés et surtout de témoins bien oubliés depuis le naufrage.

Ce récit commence un dimanche de juin à l'Élysée, un dimanche particulier, le deuxième du mois de juin 1940, trente-sept jours après l'invasion allemande. Le palais n'est plus que l'ombre de lui-même. Il y règne un silence inhabituel – plus pesant, plus angoissant, comme si la lumière du jour allait s'assombrir et le ciel chargé se fendre sous la violence d'une tornade. À son habitude, le président de la République, Albert Lebrun, s'est levé tôt. Il est descendu de sa chambre par son escalier personnel pour s'asseoir à son bureau, au rez-de-chaussée du palais.

C'était le bureau de Poincaré, ce Poincaré qu'il admire tant, lorrain comme lui, patriote comme lui. Là s'arrête la comparaison. Car celui qui présidait le pays pendant l'autre guerre et avait su le confier à Clemenceau, au pire moment, pour le mener à la victoire avait, comme le chef du gouvernement, un caractère entier, un tempérament déterminé, inflexible, résistant à l'imprévu. Rien de tel chez Lebrun. Grand, mince, d'une élégance très sobre, il a toutes les qualités d'un fort en thème, polytechnicien, corps des mines : c'est un travailleur scrupuleux et consciencieux ; ses collaborateurs le jugent bon et attentif, sensible même. Durant la Grande Guerre, il était lieutenant-colonel d'artillerie, son village natal de Mercy-le-Haut avait été envahi par les Allemands dès les premiers jours de la bataille, un de ses oncles avait été massacré.

Son amour de la France est indiscutable. Mais cela ne suffit pas à en faire un chef. Il n'en a ni l'envergure ni les pouvoirs, d'ailleurs, et les rares que lui attribuent les textes, il ne les exerce pas. Le scrupule en fait un timoré, la prudence un hésitant. Myope, il n'aime pas porter de lunettes, il cligne des yeux pour voir et donne l'impression de pleurer. En public, l'effet est pitoyable. On se demande ce qui l'a convaincu de s'engager dans une carrière politique où tous les coups sont permis. Il s'est fait élire député à vingt-neuf ans, passant pour un radical de gauche en Lorraine et pour un modéré à Paris. Rompu aux combinaisons multiples qui font et défont les gouvernements de l'époque, il ne joue son rôle que lorsqu'un « ministère », comme on dit alors, vient lui présenter sa démission et un autre sa composition. Bien que la Constitution lui confère le pouvoir de présider les Conseils des ministres, ce n'est même pas lui que l'on appelle couramment le « président », mais le chef du gouvernement (notre Premier ministre), qui est, officiellement, « président du Conseil ».

C'est donc cet homme-là que les événements ont précipité dans une guerre qui le dépasse. « Que voulez-vous que je fasse ? dit-il au visiteur qui vient lui demander si ce n'est une décision, du moins un conseil. Comment est-ce possible ? s'alarme-t-il. Mais je ne savais rien ! C'est très grave[1]... » Et son visiteur repart, confondu ou inquiet, au lieu d'être réconforté et confirmé dans la direction à suivre.

Sur sa table de travail, l'huissier a déposé les quotidiens de ce dimanche 9 juin 1940 que le rationnement du papier a réduits à deux pages. *Le Petit Parisien* barre toute sa une par ce titre : « La plus grande bataille de la guerre s'est déroulée

1. Paul Baudouin, *Neuf mois au gouvernement, avril-décembre 1940*, Paris, La Table Ronde, 1948.

hier. » *Le Matin* : « Les plus rudes journées de la guerre. » *Le Figaro* : « La ruée allemande atteint son paroxysme. » *L'Intransigeant* : « L'ennemi accentue sa pression sur son aile gauche. » Démoralisante réalité. Lebrun préfère souligner au crayon les commentaires plus rassurants du *Temps* : « La tentative de l'ennemi (de briser nos forces) a échoué », et de *L'Intransigeant :* « Nulle part, nos lignes n'ont été rompues. »

— Et Chapuis, demande-t-il au cabinet militaire, que dit Chapuis ?

Le lieutenant-colonel Chapuis est l'un des officiers de liaison du général Braconnier, secrétaire général militaire de la présidence – il est l'homme du renseignement ; il a ses propres informateurs au sein des états-majors et bien au-delà. C'est lui qui, par ses sources au Vatican, a pu connaître, avec près de vingt-quatre heures d'avance, la préparation de l'assaut allemand du 10 mai. Mais, ce matin-là, Chapuis n'a pas de nouvelles plus réconfortantes que l'ordre du jour signé par le général Weygand, commandant en chef de nos armées : « Officiers, sous-officiers, soldats, le salut de la patrie réclame de vous non seulement votre courage, mais toute l'opiniâtreté, toute l'initiative, tout l'esprit combatif dont je vous sais capables. L'ennemi sera bientôt au bout de son effort. Nous sommes au dernier quart d'heure. Tenez bon ! »

Ah, le « dernier quart d'heure » ! Qui y croit encore ? L'ennemi est à moins de cinquante kilomètres de Paris. Quatre armées allemandes et deux divisions de panzers encerclent la capitale. Notre 10e armée est coupée en deux, la 7e résiste sur l'Oise, la 6e est rejetée sur la Marne.

— L'ennemi menace de tourner la défense de Paris par la Basse-Seine à l'ouest et par la Marne à l'est, dit tout haut le président de la République, en levant les bras au ciel. Combien de temps nous reste-t-il ?

La question s'adresse au préfet André Magre, secrétaire général de la présidence, fidèle parmi les fidèles, avec qui Lebrun travaille depuis dix ans.

— Deux jours, peut-être trois, se hasarde le préfet.

Entre exode et résignation, les Parisiens ne savent plus où donner de la tête. La veille, le samedi 8, on a dispersé des autobus sur la largeur de l'avenue des Champs-Élysées pour empêcher des avions allemands de larguer des parachutistes ! Les écoles sont fermées, les enfants de moins de quatorze ans ont été évacués hors de la capitale.

À l'Élysée, les gardes républicains qui assurent la sécurité de la présidence ont reçu des pistolets-mitrailleurs. Des croisillons de bois ont été placés aux fenêtres pour empêcher les vitres d'éclater en cas de bombardement. Le mobilier et les objets d'art qui meublent l'enfilade des salons d'apparat ont été discrètement déménagés à Aubusson, dans les mêmes conditions que les collections du Louvre, sous la surveillance du Garde-Meuble, le Mobilier national. L'argenterie, la verrerie, les services précieux ont suivi. On n'a conservé sur place que le minimum pour permettre le fonctionnement des bureaux, l'organisation du travail et la tenue des Conseils. Le président de la République a même donné ordre de détruire les archives de la présidence qu'il était impossible de mettre à l'abri afin que l'ennemi ne puisse pas s'en emparer !

Albert Lebrun déjeune dans la petite salle à manger de ses appartements privés où l'attend sa femme. Il a convié André Magre. Pendant une heure, on pourra parler d'autre chose. Et ensuite ? Un dimanche normal, ce sont les petits-enfants, les enfants de son fils ou ceux de sa fille, un peu de lecture, une promenade. Mais pas ce dimanche-là. Il va y avoir un Conseil des ministres, comme la veille, comme le lendemain sans doute, seule activité au palais en dehors des audiences. Le dernier visiteur que Lebrun ait reçu, ce samedi, c'est Jules Julien, radical, ministre des PTT depuis deux ans, chargé des transmissions en temps de guerre, responsable de la radiodiffusion nationale. Il voulait savoir ce qui marchait encore.

L'ordre du jour du Conseil est connu d'avance : le déroulement de la guerre et le plan d'évacuation de Paris. Personne ne se fait plus la moindre illusion : il va falloir partir, même si la décision n'est pas encore publique. Et pourtant le gouvernement n'est pas prêt à se réunir comme prévu à 17 heures. On retarde le Conseil de deux heures, puis de deux heures encore. Il finit par s'ouvrir à 21 heures, après le dîner.

Petit, vif, assuré et décidé, Paul Reynaud dirige ce ministère depuis deux mois et demi. Il l'a déjà remanié deux fois : la première, le 19 mai, pour nommer un vice-président et ministre d'État en la personne du maréchal Pétain – jusque-là ambassadeur à Madrid – tout en appelant le général Weygand à la tête de l'état-major comme généralissime, pour y remplacer Gamelin qu'il juge incapable de commander une armée ; la deuxième fois, c'était le jeudi 6 juin, pour faire entrer quatre nouveaux ministres et un sous-secrétaire d'État au ministère de la Défense nationale et de la Guerre, le tout récent général de brigade Charles de Gaulle, dont il défend la doctrine stratégique depuis cinq ans. Sont ainsi réunis pour mener la bataille Pétain, quatre-vingt-quatre ans, le héros de Verdun, Weygand, soixante-douze ans, le chef d'état-major de Foch, deux gloires de 14-18, et de Gaulle, cinquante ans, qui illustre la nouvelle armée. Deux générations que tout oppose et que Paul Reynaud a voulu faire travailler ensemble dans l'espoir de changer le cours des événements.

Ce gouvernement rassemble vingt-quatre ministres et cinq secrétaires d'État, mais quand il se transforme en cabinet de guerre, il ne compte plus que huit ministres. Un grand absent ce dimanche soir, le général de Gaulle que Reynaud a envoyé à Londres en mission de confiance auprès de Churchill pour tenter une dernière fois de le convaincre d'expédier en France des hommes et des avions. Comme c'est son rôle, Albert Lebrun préside. Le maréchal siège à la droite du président du Conseil.

La table a été dressée dans le salon des Portraits, au rez-de-chaussée du palais. Un charmant salon pour une séance où ils ont tous une tête d'enterrement. La lumière du jour s'adoucit à travers de grands rideaux, par les portes-fenêtres qui donnent d'un côté sur la roseraie, de l'autre sur la terrasse. Ses murs, décorés de boiseries dorées surmontées d'ovales où figurent les portraits de huit chefs d'État contemporains de

Napoléon III[1], ont vécu toute l'histoire de l'Élysée. C'est en entrant dans ce salon que Louis Napoléon Bonaparte, à peine élu président de la IIe République, eut ces mots en songeant à l'Empereur, son oncle : « Que de décisions qui ont changé le cours de l'Histoire ont été prises ici ! »

Accablés par des événements sur lesquels ils n'ont plus guère de prise, ces ministres désemparés pourraient-ils à leur tour changer le cours de l'Histoire ? Les mauvaises nouvelles s'abattent sur eux comme la grêle alors que Paris baigne dans la douceur d'un printemps bleu qui n'en finit pas. Il fait encore presque chaud en ce début de soirée.

« Grande impression de tristesse », se souviendra Lebrun, après l'exposé de la situation militaire demandé à Weygand. La capitale est attaquée par l'ouest, par le nord, par l'est... Le maréchal Pétain écoute, ne dit rien. Lebrun le voit « comme endormi, prostré ». Il se tourne vers lui :

— Ne voulez-vous pas donner votre avis, monsieur le maréchal ? Ces messieurs sont anxieux de vous entendre.

— Je n'ai rien à dire, répond Pétain.

« Il semble que dès ce moment, écrira Lebrun, le maréchal considère la défaite comme acquise et qu'il n'y a plus rien à faire. Il avait été appelé au gouvernement par M. Paul Reynaud pour y apporter une force de résistance. En fait, il semble s'orienter dans la voie contraire[2]. »

Le Conseil des ministres se sépare après avoir effectivement décidé le repli du gouvernement vers des « endroits désignés d'avance pour chaque ministère ». Le plan a été arrêté depuis plusieurs mois. Ce sera d'abord la Touraine, puis Bordeaux, comme au début de l'autre guerre, en septembre 1914.

---

1. Le pape Pie IX, François Joseph d'Autriche, Victor Emmanuel, roi d'Italie, le tsar Nicolas Ier, la reine Victoria d'Angleterre, Frédéric Guillaume, roi de Prusse, Isabelle II, reine d'Espagne, et Guillaume Ier, roi de Wurtemberg.

2. Albert Lebrun, *Témoignage*, Paris, Plon, 1945.

Ce repli, on a déjà été tout près de l'exécuter dans la nuit du 15 au 16 mai 1940, moins d'une semaine après l'attaque allemande. L'ennemi venait de percer à Sedan ; on le voyait envahir Paris ; l'affolement était à son comble. Surpris dans son sommeil, Paul Reynaud s'était levé pour courir au ministère de l'Intérieur, alors occupé par un ministre de passage, Henri Roy, sénateur radical et grand connaisseur des chemins de fer. Il y a tenu une réunion de crise avec Gamelin, qui n'avait pas encore été remplacé par Weygand, en compagnie du général Héring, gouverneur militaire de Paris. Deux chefs écrasés par le poids de la bataille en cours, démoralisés par l'attaque des panzers.

— Après minuit, je ne réponds plus de la sécurité de Paris, a prévenu Gamelin.

— Je conseille au gouvernement de s'éloigner – sauf à prendre le risque de ne plus pouvoir décider librement, a confirmé Héring.

À 7 heures et demie, Reynaud a appelé au téléphone Winston Churchill, en lui parlant en anglais d'une voix « fort émue[1] » :

— *We have lost the battle.* Nous sommes battus.

Et comme Churchill, saisi, ne lui répondait pas aussitôt, Reynaud a répété :

— Nous sommes battus. Nous avons perdu la bataille.

— Cela n'a certainement pas pu arriver si vite, a dit Churchill, dans l'idée de rassurer le chef du gouvernement.

— Le front est percé près de Sedan, reprit Reynaud. Ils passent en masse avec des chars et des blindés.

Le Premier ministre britannique tenta de calmer son homologue, mais il comprit qu'il devait d'urgence se rendre à Paris d'autant que le président du Conseil français avait fait doubler son appel téléphonique par un télégramme de son chef de cabinet diplomatique, Roland de Margerie, en forme de SOS rédigé en anglais : « Nous avons perdu la bataille la nuit der-

1. Winston Churchill, *L'Heure tragique. Mémoires de la Deuxième Guerre mondiale*, Paris, Plon, 1949.

nière. La route de Paris est ouverte. Envoyez-nous tous les avions et toutes les troupes que vous pouvez... »

La France criait au secours. Les Français étaient en train de flancher et lui, Churchill, ne le voulait pas. Fasciné par l'histoire, l'Anglais était, à soixante-cinq ans, une masse d'énergie et de volonté, entièrement dévoué à l'action. Depuis qu'il était revenu au gouvernement britannique, le 2 septembre 1939, à la veille du déclenchement de la guerre, comme premier lord de l'Amirauté, il avait envoyé la marine britannique sur tous les océans dans l'espoir de briser les reins de la « tyrannie nazie ». Au moment où Hitler avait envahi la France par les Ardennes, le 10 mai, il avait été appelé à former un gouvernement d'union nationale, entre conservateurs (son parti), travaillistes et libéraux. Le 13 mai, il avait obtenu la confiance unanime des parlementaires après leur avoir dit : « Je n'ai rien d'autre à vous offrir que du sang, du travail, des larmes et de la sueur. » La victoire, il la voulait « à n'importe quel prix » et « en dépit de tout ».

Il a atterri à Paris, à bord de son avion, un Flamingo escorté par des chasseurs, le jeudi 16 mai en début d'après-midi. À 17 h 30, il était annoncé au Quai d'Orsay, où se tenait une conférence avec le cabinet de guerre. Outre le président du Conseil, Paul Reynaud, il y avait là notamment Édouard Daladier, ministre de la Défense nationale, et le général Gamelin. Le commandant en chef commenta la situation militaire sur sa carte où il pointa la poche sinistre de Sedan.

— La pointe dure de la lance allemande a traversé nos troupes comme une digue de sable, dit Gamelin, en croyant que Churchill serait sensible à son image.

Avec son profil de bouledogue, celui-ci mâchait un cigare, en écoutant.

— Je vous affirme que dans cette poche se jouent le sort de la France et aussi celui de l'Empire britannique, insista Gamelin.

Il y eut un silence. Alors Churchill posa la question :

— Où sont les réserves stratégiques ? demanda-t-il d'abord en anglais, avant de répéter en français : Où est la masse de manœuvre ?

— Il n'y en a aucune, répondit Gamelin.

« Je restai confondu, se remémorera Churchill. Que fallait-il donc penser de la grande armée française et de ses plus grands chefs ? Il ne m'était jamais venu à l'esprit qu'un commandant en chef, chargé de défendre huit cents kilomètres, pourrait laisser ce front sans une masse de manœuvre... »

Le Premier ministre anglais regarda par l'une des fenêtres qui donnaient sur les jardins du ministère des Affaires étrangères ; il constata que « de vénérables fonctionnaires poussaient des brouettes d'archives dans les flammes ». Faute de disposer de camions pour les déménager, Paul Reynaud avait en effet autorisé la destruction des archives du Quai ! Les cartons étaient accumulés dans les jardins avant d'être brûlés. « Bientôt, devait raconter Margerie, au lieu de descendre les cartons, garçons de bureau et dactylographes se mirent à les lancer par les fenêtres ; ils rebondissaient à grand bruit sur le pavé des cours et gisaient ensuite, éventrés de leur contenu, dans tous les coins. Une fois jetés dans la fournaise, ils se consumaient lentement ; le vent emportait en tourbillons flammèches et fragments de papier qui inondèrent bientôt tout le quartier[1]. »

« L'évacuation de Paris était donc déjà préparée », conclut Churchill. Dès lors, sa conviction était faite : certes, il ferait son devoir d'allié en envoyant des escadrilles supplémentaires de chasseurs sur le front français, mais il devait désormais se préparer à livrer sa propre bataille.

« En temps de crise nationale, le pouvoir est un don du ciel quand un homme croit savoir quels ordres il faut donner. » Churchill le savait ; à Paris, on ne le savait pas. Pis, on ne

1. Roland de Margerie, *Journal, 1939-1940*, Paris, Grasset, 2010.

le saura à aucun moment de la crise. Les faits le montreront dans leur déroulement. Aurait-on pu éviter cet enchaînement fatal ? Un témoin américain a vu venir le désastre, deux mois avant que ne se produise l'inexorable. Ce témoin est un diplomate de carrière encore jeune, Sumner Welles, fervent soutien de Franklin Roosevelt dès sa campagne présidentielle de 1932. Juste retour des choses, Welles avait été nommé numéro deux de la diplomatie américaine au Département d'État.

La guerre sur le continent européen inquiétait sérieusement les États-Unis qui savaient que, d'une manière ou d'une autre, ils seraient entraînés dans l'aventure. « Dans tous les cas, avait expliqué Roosevelt à Welles, cette affaire sera difficile pour nous. Ou bien Hitler gagne, et les intérêts vitaux de l'Amérique seront menacés, ou bien ce sont les démocraties, mais alors ce sera long, les économies européennes seront ruinées, et cela aura des effets désastreux pour le peuple américain. »

Roosevelt avait demandé à Welles de se rendre en Europe, alors que l'on était encore dans ce bizarre statu quo de la « drôle de guerre », pour y rencontrer les quatre puissances belligérantes, les deux dictatures, l'Allemagne hitlérienne et l'Italie mussolinienne, et les deux démocraties, la France et l'Angleterre, afin de sonder les dirigeants, de comprendre leurs intentions et, peut-être, d'éviter l'explosion.

Welles commença son périple par Rome et Berlin, où il fut reçu par le Duce puis par le Führer ainsi que par les dignitaires de leurs régimes. C'est après les avoir entendus qu'il arriva à Paris, au début du mois de mars 1940. La France lui était familière. Il y avait fait ses classes de diplomate au début de la Grande Guerre. Il trouva Paris changé. Moins physiquement que moralement. L'état d'esprit qu'il avait connu n'était plus du tout le même. Il ressentit partout du découragement, de l'accablement, là où il avait vu par le passé détermination et volonté de se battre ; on n'espérait plus un redressement, on attendait le pire. Cela transpirait de la moindre des conversations. Une sorte de fatigue générale et de désespérance.

Le 7 mars, il entra dans le bureau d'Albert Lebrun à l'Élysée. Il avait réservé au président de la République sa première visite en France. Son impression fut mauvaise. Plutôt que de l'interroger sur ce qu'il avait entendu à Rome et à Berlin, Lebrun se mit à lui raconter sa vie. Son village natal en Lorraine, sa jeunesse, les invasions allemandes, la calamité d'une nouvelle guerre dévastatrice… Welles devait tracer de son interlocuteur un portrait sévère : « Le président Lebrun était le type même de ces Français dignes et intelligents que l'on rencontrait dans le milieu politique français. Mais ce serait une litote de dire qu'il n'avait ni le caractère, ni l'énergie, ni même la vision qu'un Poincaré possédait au plus haut point. La mémoire du président Lebrun était défaillante et il avait du mal à retenir les dates, les noms propres et même certains faits[1]. »

Cette faiblesse s'accusa au point de gêner le visiteur quand Lebrun entreprit de lui faire découvrir les salons du rez-de-chaussée du palais. La visite commença par le salon de Cléopâtre et se poursuivit par celui des Portraits où se tenaient les Conseils des ministres. Là, ce fut la panne ; Lebrun fut incapable de nommer dans l'ordre les personnages représentés sur les boiseries et il dut faire appel à André Magre, qui l'accompagnait partout, pour pouvoir les citer avec précision.

L'Américain quitta l'Élysée sur cette désolante impression, qui contrastait tant avec ce qu'il avait vu et entendu à Rome ou à Berlin. De la présidence de la République, il se rendit chez le président du Conseil, qui était encore Édouard Daladier, l'homme ovationné à son retour de Munich[2], celui qui avait déclaré la guerre à l'Allemagne à reculons. Puis Welles passa quatre jours à rencontrer ministres et diplomates ; il termina son tour d'horizon par un déjeuner avec Paul Reynaud, alors ministre des Finances, dans sa salle à manger du Louvre, rue de Rivoli.

— Je n'ai pas besoin de vous dire que je suis considéré comme le plus dur du gouvernement à l'égard de l'Allemagne,

1. Sumner Welles, *The Time for Decision*, Londres, Hamish Hamilton, 1944.
2. Conférence de Munich, le 29 septembre 1938, entre Hitler, Mussolini, l'Anglais Chamberlain et le Français Daladier pour « sauver la paix ».

lui confia Reynaud. Munich a été une erreur magistrale de la politique française et britannique…

En sortant de ces entretiens, Welles se rappela un mot de Clemenceau durant l'autre guerre : « Il n'y a qu'un moyen de traiter un chien enragé : ou bien vous le tuez, ou bien vous l'enchaînez. » Il se demanda si les Français seraient encore capables d'appliquer un tel principe.

Quelques jours plus tard, députés et sénateurs reprochèrent à Daladier, surnommé le « roseau peint en fer », la mollesse de son comportement à l'égard de la Russie soviétique qui avait attaqué la petite Finlande, comme à l'égard de l'Allemagne hitlérienne contre laquelle il était censé faire la guerre, mais sans bouger. Le 19 mars 1940, Daladier posa la question de confiance. La majorité s'abstint. Le lendemain, il présenta sa démission. Le président de la République lui demanda de la reprendre. « Le temps finit toujours par arranger les choses. » Daladier refusa. Lebrun consulta pendant deux jours, comme il l'avait fait tant de fois depuis huit ans qu'il était président de la République, et il appela Paul Reynaud à former le dix-septième ministère de sa présidence. Daladier quitta Matignon mais resta rue Saint-Dominique, au ministère de la Défense nationale. À Berlin, Hitler approuvait le plan Manstein d'encerclement de nos armées des Flandres et du nord.

Au soir de l'attaque allemande du 10 mai, Reynaud revint à l'Élysée : il mit à son tour sa démission dans la balance, pour obtenir le départ de Daladier et celui de Gamelin. Lebrun continuant de soutenir Daladier et Daladier Gamelin, Reynaud n'obtint ni l'un ni l'autre. Il fallut le désastre de Sedan pour que le président du Conseil puisse, le 19 mai, remplacer Gamelin par Weygand, transférer Daladier au Quai d'Orsay et nommer Georges Mandel, aussi dur que lui, au ministère de l'Intérieur, à la place d'Henri Roy, qui n'y sera resté que deux mois. Paul Reynaud espérait ainsi avoir renforcé le camp de la guerre.

Était-il encore temps ?

Le soir du samedi 25 mai, Lebrun présida un ultime comité de guerre à l'Élysée. Il y avait là Reynaud et Pétain, Weygand, les trois ministres de l'Air, de la Marine et des Colonies, ainsi que les trois chefs d'état-major, air, terre, mer. La séance dura deux heures pendant lesquelles on envisagea la défaite de l'armée française ; on s'interrogea même, pour la première fois, sur les conditions d'un armistice que pourrait accorder l'ennemi, et l'on estima que, faute d'un soutien massif et immédiat de Churchill et de Roosevelt, le gouvernement français devrait se préparer à quitter Paris.

— Le repli sur Tours est beaucoup trop proche, dit même Paul Reynaud, le Massif central deviendrait vite une prison ; la meilleure solution serait Bordeaux ou sa région[1]...

Cela suffit à créer un climat d'une « irrémédiable confusion », estima de Gaulle. Puis la tension retomba. Une fois l'alerte passée, l'ordre d'évacuation fut reporté. Mais ce ne fut qu'un répit accordé par Hitler, celui-ci estimant nécessaire de calmer l'ardeur de ses chefs, trop pressés selon lui, et de laisser la Luftwaffe effectuer des raids de bombardements préalables pour terroriser Paris. Depuis le 6 juin, la capitale se vidait de ses habitants comme un grand corps blessé perd son sang[2]. Les ministres tenaient leurs valises bouclées.

On arrive ainsi au Conseil des ministres de ce dimanche 9 juin 1940 où est définitivement approuvé le plan d'évacuation de la capitale. Le premier des ministres à déménager est celui des Transports, qui siège boulevard Saint-Germain. Son ancien titulaire, Anatole de Monzie, n'a pas pu résister à aller voir comment cela se passait. « Nuit de Paris en totale vacance. Devant le ministère, des voitures, des camions à la file. Des ombres manipulent des caisses, des paquets, silen-

1. Procès-verbal établi par Paul Baudouin, secrétaire du comité de guerre, dont la copie, corrigée de la main de Paul Reynaud, est publiée en annexe des mémoires de Weygand, *Rappelé au service*, Paris, Flammarion, 1950.

2. Selon les Renseignements généraux de la préfecture de police, la capitale, qui comptait deux millions huit cent mille âmes au recensement de 1936, n'en abritait plus que neuf cent mille en juin 1940.

cieusement… Une improvisation d'exode. Mais le spectacle que m'offre ce déménagement enténébré, cette fuite nocturne pareille à un départ de cirque m'attendrissent sur cette maison que je viens de quitter… 16 mai ! 9 juin ! À quoi bon ce sursis de vingt-cinq jours dans l'hypocrisie des communiqués[1] ! »

Pendant ce temps, à l'Élysée, durant cette nuit du 9 au 10 juin, Lebrun ne dort pas. Il espère. Et si la situation n'était pas aussi tragique que le dit Weygand ? Joffre et Foch n'étaient-ils pas aussi pessimistes que lui à l'automne 1914 devant le déferlement allemand – avant le coup d'arrêt miraculeux de la Marne ? Et si l'armée de 1940 était capable du même coup de reins qui bousculerait les prévisions ? Elle était si belle, si vaillante, quand elle défilait sur les Champs-Élysées le 14 juillet 1939 ! Il a vu ses chefs – et même le colonel de Gaulle et ses chars – si brillants ; il a salué ses soldats, si courageux, son matériel, si moderne ; on pouvait être sûr de la victoire ! Le monde entier la trouvait si redoutable, cette armée !

Et puis, peu avant 6 heures, le lundi 10 juin 1940, son valet de chambre rappelle le président de la République à la dure réalité : « Monsieur le président, il est temps de partir… », un peu comme le républicain Crémieux s'était adressé au roi Louis-Philippe, le 24 février 1848, aux Tuileries encerclées par l'émeute et la fusillade, pour lui dire : « Sire, il faut partir… »

Cette fois, l'Élysée n'est encerclé par personne, mais Paris peut tomber d'un moment à l'autre. Puisque le gouvernement s'en va, le président de la République le précède.

La voiture du chef de l'État attend au pied de la verrière, dans la cour d'honneur. Duthoit, le chauffeur, a déjà allumé le moteur. Le préfet de police a mis deux motocyclistes à la disposition du président. Discrète escorte, mais indispensable pour tenter d'écarter le flot des véhicules en tout genre qui occupent la chaussée et ses abords aux sorties de Paris et au-delà. Lebrun et André Magre s'assoient sur la banquette arrière de la berline noire. On peut partir. Le concierge ouvre grande

1. Anatole de Monzie, *Ci-devant*, Paris, Flammarion, 1941

la porte à double battant. Le piquet d'honneur salue. Il est 7 heures.

Direction Orléans et Tours, conformément aux itinéraires fixés. Après le départ de Lebrun de l'Élysée, une dernière réunion du cabinet de guerre se tient, au ministère de la Défense nationale, présidée par Paul Reynaud. De Gaulle y participe, mais pas Pétain, qui a déjà pris le train pour Briare, au sud-est du Loiret, à cent cinquante-cinq kilomètres de Paris, où s'est provisoirement replié l'état-major.

« Journée d'agonie, écrira le Général. Le recul du front s'accélérait. L'Italie déclarait la guerre. Mais, au sommet de l'État, la tragédie se jouait comme dans un rêve. Même, à de certains moments, on eût pu croire qu'une sorte d'humour terrible pimentait la chute de la France, roulant du plus haut de l'Histoire jusqu'au plus profond de l'abîme[1]... »

L'Élysée a sa part de cet humour terrible et dérisoire. Mme Lebrun prend la route pour rejoindre son mari, le cabinet et quelques secrétaires font de même. C'est alors que le chef du service intérieur, l'intendant Marchal, s'avise que le président de la République a quitté Paris sans sa vaisselle et ses couverts – contrairement à ce qui se fait pour les voyages officiels. Il faut réparer cela de toute urgence ! Il court réquisitionner, de sa propre autorité, une camionnette au garage de la présidence et prend lui aussi la direction de Tours. Une fois la camionnette partie pour cette mission capitale, le personnel demeuré sur place verrouille les issues et se barricade à l'intérieur du palais.

Quand Albert Lebrun était entré à l'Élysée pour la première fois comme président de la République, le palais, étrange présage, était en deuil. C'était le mardi 10 mai 1932. L'horloge électrique du fronton de la façade indiquait 18 heures. Accompagné par le président du Conseil sortant, André Tardieu, et

1. Charles de Gaulle, *Mémoires de guerre*, t. 1, *L'Appel*, Paris, Plon, 1954.

escorté par un escadron du 11e régiment de cuirassiers, le nouveau président arrivait de Versailles où il venait d'être élu. L'Élysée était voilé de crêpe noir. Cette présidence était inaugurée dans un moment de chagrin national. Les cuivres et le tambour de la garde républicaine jouèrent « Aux Champs ». Le premier geste du président fut de se diriger, suivi par les membres des cabinets civil et militaire de la maison, à droite du vestibule d'honneur, vers la salle des fêtes, non pas pour y être accueilli par les corps constitués et le gouvernement en jaquette, la musique de la garde et les discours de félicitations, mais pour s'incliner longuement, pieusement, devant le catafalque dressé au centre de ce vaste salon sur lequel gisait, dans un silence religieux, le corps embaumé du président Doumer.

Celui-ci venait d'être assassiné[1].

Ancien gouverneur général de l'Indochine, président du Sénat, Paul Doumer avait été élu un an plus tôt à quelques jours près. Son assassinat, par un déséquilibré russe, Gorgulov, dont on ne comprit jamais très bien les motifs, coïncidait avec des élections législatives ; le premier tour avait déjà eu lieu le 1er mai ; le second était prévu pour le dimanche 8 mai 1932. Le deuil n'avait pas empêché son déroulement. Mais selon la Constitution de 1875, l'élection du président de la République – par les députés et sénateurs réunis en congrès à Versailles – devait être organisée dans les trois jours suivant le décès du président. La convocation avait donc été lancée pour le 10 mai. Toutefois, complication supplémentaire, les pouvoirs de la Chambre précédente expiraient le 31 mai, de sorte que la nouvelle ne siégerait qu'à partir du 1er juin. Le chef de l'État devait ainsi être élu non pas par la nouvelle Chambre des députés et le Sénat mais par l'ancienne Chambre – à majorité de droite, alors que la nouvelle était à majorité de gauche. Le président du Conseil en fonction, André Tardieu, avait été battu ; Édouard Herriot,

1. Le 6 mai, lors d'une vente de charité des Écrivains combattants à l'hôtel Salomon de Rothschild.

grande figure de la gauche radicale, allait lui succéder à la tête du gouvernement.

Cette complication politique aurait pu empêcher l'élection d'Albert Lebrun. Plusieurs députés avaient en effet demandé à Paul Painlevé, radical socialiste, ancien ministre et ancien président du Conseil, de présenter sa candidature contre celle de Lebrun, alors président du Sénat. Painlevé avait accepté. De sa part ce fut une erreur, car le Sénat s'était habitué à considérer son président comme le « dauphin de la France ». « Ce chemin, frayé depuis deux législatures entre le Luxembourg et l'Élysée, plaisait à la Haute Assemblée, nota le colonel Rupied, du cabinet militaire de la présidence. Le Sénat est donc intervenu auprès de M. Painlevé en le priant de rester tranquille. Et M. Albert Lebrun a été élu à Versailles par six cent trente-trois voix, ce qui est une belle majorité[1] » – il y avait huit cent vingt-six votants.

Lebrun avait soixante ans. Ministre des Colonies à quarante ans à la veille de la Première Guerre, où il devait servir courageusement, il était élu à l'Élysée en pleine crise économique et financière mondiale, alors qu'en Allemagne, Hitler se rapprochait du pouvoir. Toute la fin de l'année 1932 était consacrée à des conférences pour présenter aux pays européens et à la Société des Nations qui siégeait à Genève un grand plan de désarmement. Trois mois après, le 30 janvier 1933, Hitler devenait chancelier à Berlin. La France, frappée par le chômage et un énorme déficit budgétaire, se trouvait dans une situation délicate. Le ministre des Finances, Henry Chéron, annonça que le déficit public se creusait de plus d'un million de francs à l'heure, et le gouvernement formé par Herriot fut renversé sur un vote de défiance des députés.

Albert Lebrun n'y pouvait rien. Pour le président de la République qu'il était, l'Élysée n'était qu'un « poste d'observation ». Le soir du 6 février 1934, il entendit, de son bureau, « les bruits sinistres des échauffourées de la place de la

1. Jean Rupied, *Élysée, 1928-1934. Anecdotes et souvenirs*, Paris, Peyronnet éditeur, 1952.

Concorde ». Des échauffourées qui firent tout de même dix-sept morts, dont un policier, et un millier de blessés… La foule énorme, en colère, emmenée par les ligues patriotes et les anciens combattants, aux cris de « À bas les voleurs » et souvent de « Vive le roi », voulut traverser le pont de la Concorde pour envahir le Palais Bourbon. Elle tomba sur la garde à cheval qui lui barrait la voie. Il y eut des coups de feu.

Personne n'aurait eu l'idée de se diriger vers le palais de l'Élysée. Le pouvoir n'y était pas. Albert Lebrun n'avait que celui d'appeler par téléphone un ancien président de la République, Gaston Doumergue, qui n'avait nulle envie de quitter sa retraite de Tournefeuille où il s'était retiré à la fin de son septennat en 1931. Lebrun parvint tout de même à le convaincre de venir le rejoindre. Doumergue forma un gouvernement d'union nationale, qui comprenait à la fois Tardieu à droite et Herriot à gauche, et dans lequel le maréchal Pétain occupait le portefeuille de la Guerre. Mais il voulut aussi réformer la Constitution, afin de renforcer les pouvoirs de l'exécutif et de mettre fin à l'instabilité ministérielle – il était rare qu'un gouvernement dure plus d'un an. Ce fut une ambition de trop. Il ne résista que dix mois au pouvoir, tomba sur un vote secondaire, et « Gastounet » retrouva sa retraite.

« Lorsqu'en 1936, au lendemain d'élections (celles du Front populaire) où le pays, dans un moment d'exaltation, avait trahi sa propre pensée, expliquera Lebrun, je voyais se développer peu à peu les diverses parties d'un programme dont l'application ne pouvait qu'énerver les forces nationales, lorsqu'en 1937, à la veille de l'Exposition, nos ouvriers, d'ordinaire si fiers de leur travail, faisaient la grève sur le tas, lorsque les occupations d'usines désorganisaient le travail au moment où les nécessités de la défense nationale exigeaient un redoublement d'activité, oui, j'en fais l'aveu, j'ai connu bien des inquiétudes. Je me suis efforcé de les faire partager aux gouvernements… » Mais ajoutera-t-il, « au lieu de se raidir dans l'effort, c'était l'abandon, le laisser-aller, la désunion[1]… »

1. Albert Lebrun, *Témoignage*, *op. cit.*

Au moins a-t-il su se protéger contre le pire dès cette année 1936. Après avoir appelé Léon Blum, le chef du parti socialiste SFIO qui avait gagné les élections, à former le gouvernement de Front populaire, il demanda à Jean Zay, ministre de l'Éducation nationale (tutelle des Beaux-Arts, chargé de la gestion des palais nationaux), une ligne de crédit pour effectuer un gros chantier à l'Élysée. Lebrun voulait que l'on construise un abri souterrain contre les bombardements aériens. La menace commençait à se préciser ; Hitler avait réoccupé militairement la Rhénanie le 7 mars 1936, deux mois avant les élections françaises.

Les travaux de l'abri furent engagés en 1937 pour s'achever en 1939. On creusa, dans la cour est du palais, le long de la rue de l'Élysée, une énorme cavité à huit mètres de profondeur. L'abri comprenait une pièce réservée au chef de l'État, dans laquelle devaient être installés table de travail, fauteuils, lits de camp et coffre-fort ; on avait aménagé, à côté, un W-C et un cabinet de toilette. Deux autres pièces étaient destinées à l'infirmerie et au service de santé. Enfin un grand espace était prévu pour accueillir une centaine de membres du personnel de la maison. De lourdes portes blindées en fermaient les accès et son aération était assurée par de puissants réfrigérateurs. Personne n'eut heureusement l'idée de chercher les puits d'évacuation de l'aération dans les jardins du palais ; il y avait un risque d'asphyxie par les gaz. Le personnel fut entraîné à descendre dans cet abri durant les jours d'alerte de la drôle de guerre. Mais il ne devait jamais servir[1].

Comme le septennat d'Albert Lebrun prenait fin au mois de mai 1939, députés et sénateurs furent convoqués à Versailles dès le 5 avril afin de procéder à l'élection du nouveau président. Le 15 mars, Hitler était entré avec ses troupes à Prague, réduisant en miettes les accords de Munich auxquels la France et la Grande-Bretagne avaient apporté leur signature

1. L'abri restera inutilisé pendant près de quarante ans ; en 1977, Valéry Giscard d'Estaing transformera ce qu'il appelait le « terrier de la peur » en « PC Jupiter » du commandement nucléaire.

en septembre précédent. Le coup de force du Führer resta sans autre réaction occidentale que la garantie militaire offerte à la Pologne. L'Europe se mit à frissonner. Lebrun campait derrière sa ligne Maginot personnelle. Neuf cent dix députés et sénateurs se pressèrent à Versailles et ils lui renouvelèrent son mandat, par une confortable majorité, dès le premier tour de scrutin. Il se succéda à lui-même pour un second septennat, à soixante-sept ans.

On se retrouva donc, le lendemain du scrutin, dans la salle des fêtes de l'Élysée pour célébrer l'événement, en jaquette comme le prévoyait le protocole, mais sans enthousiasme. Anatole de Monzie, le ministre des Travaux publics, était là, avec son regard ironique et moqueur : « La réélection s'est opérée sans faste ; on tient généralement qu'elle fut l'œuvre personnelle de Daladier, mais le président de la République aurait été convaincu que son maintien était nécessaire par quelques propos encourageants de Leurs Majestés britanniques. Après tout, s'il n'y a pas de casse, il n'y a pas d'inconvénient. J'ai quand même ressenti à Versailles une gêne inavouée, comme un besoin de neuf et de grand qui n'oserait pas s'affirmer, mais qui, insatisfait, laissait un relent fade dans les cœurs. Mandel qui est le moins secret des hommes déclare à tout venant : "Je n'ai pas voté pour M. Lebrun."[1] »

Au micro placé dans la salle des fêtes du palais, Jules Jeanneney, président du Sénat, prononça des mots aimables : « Au terme d'un septennat chargé de labeur et traversé par maintes épreuves, vous pouviez, monsieur le président, vouloir légitimement le repos ; la gratitude française vous y eût suivi. Mais la France qui, aux heures graves, requiert l'abnégation de ses enfants savait pouvoir la requérir de son premier magistrat. Vous avez entendu sa voix. Soyez-en remercié. »

Quelle idée Lebrun a-t-il eue, ce jour-là, de se faire photographier à l'Élysée, comme il l'aurait fait pour un portrait officiel, non pas dans son vrai bureau, adossé à une bibliothèque

1. Anatole de Monzie, *Ci-devant*, *op. cit.*

et couvert de dossiers, mais dans le salon d'Argent ? La photographie fit la couverture de *L'Illustration* du 15 avril 1939. Cheveux en brosse, petite moustache, strict costume trois-pièces, le président regarde d'un air légèrement étonné le photographe, Jean-Clair Guyot. Dans son dos, une méridienne, celle que Caroline Murat, la sœur de Napoléon, y avait placée en 1806 et que la République avait conservée et restaurée avec un soin minutieux. Mais ce salon, c'était surtout celui où Napoléon avait dicté à son frère son acte d'abdication quatre jours après Waterloo ; celui aussi où l'on retrouva, effondré sur la méridienne, le président Félix Faure, que venait de quitter sa « connaissance[1] »…

Curieux choix pour un président qui avait entamé son premier mandat par des obsèques de vouloir commencer le second dans un boudoir qui, malgré l'élégance de son décor, restait marqué par la défaite et la mort, même tragi-comique.

1. Voir François d'Orcival, *Le Roman de l'Élysée*, Paris, Éditions du Rocher, 2007.

2

Ce soir, Thorez couche au Palais

Quand la République se met à occuper les châteaux, qu'un communiste s'installe à l'Élysée n'étonne personne ! Tout est possible dans le chaos des derniers épisodes de la catastrophe. Le plan d'évacuation des pouvoirs publics prévu par le secrétaire général de la Défense nationale a attribué le château de Cangé à la présidence de la République. Il est le plus proche de la préfecture de Tours, qui doit être la destination naturelle du ministre de l'Intérieur et de ses services.

Cangé domine la vallée du Cher, à Saint-Avertin, le quartier chic du sud de la ville. Ce château du XIIIe siècle est passé entre les mains de cinq familles jusqu'aux Pourtalès, prévenus dès le mois de mars 1940 que leur propriété serait réquisitionnée en cas de repli du gouvernement. Tours avait déjà été la capitale du royaume sous Henri III et le siège du gouvernement de défense nationale en 1870. À Cangé, signe évident de l'installation de la présidence, ce n'est plus le jardinier qui accueille le visiteur mais deux huissiers à chaîne venant de l'Élysée.

Le président de la République y arrive le lundi 10 juin en milieu de journée. Jules Romains, qui écrit l'un des derniers tomes de son cycle romanesque *Les Hommes de bonne volonté* dans sa maison de Saint-Avertin, y fait commencer l'été dès le début du mois de juin. « Un jour de l'été en Touraine est une espèce de cortège que règle une lente ordonnance. Les heures y connaissent leur place. Rien ne s'y bouscule ; rien n'y empiète ou n'y chevauche. Aucune rupture. Le moins de drame possible. Les nuages blancs, peut-être, se feront plus petits et plus rares, se dissoudront peu à peu dans l'azur qui pâlira. Ou bien au contraire ils s'accumuleront par endroits et construiront de somptueuses montagnes. Ou encore ils se changeront en un léger rideau de nuée qui, du zénith jusqu'à l'horizon de l'est, doublera l'azur crépusculaire sans le cacher tout à fait[1]... »

Et pourtant, que d'agitation, que d'électricité dans l'air, que d'orage ce jour-là ! La belle ordonnance de l'été tourangeau ne règle que le cortège des réfugiés, le flot ininterrompu des voitures de Paris bondées, chargées de ballots, le toit couvert de matelas qu'observe le diplomate Jean Chauvel, alors chargé de la direction politique du ministère des Affaires étrangères. Il vient de déjeuner à l'hôtel de l'Univers, boulevard Heurteloup, le long des jardins de la préfecture, une « ruche de rumeurs » qui « bourdonne de nouvelles », où l'on peut rencontrer « tous les gens dont la présence eût été signalée au bal des Petits Lits blancs[2] », parlementaires, ambassadeurs, journalistes, écrivains, artistes, bref le Tout-Paris qui ne se console qu'en se retrouvant.

Isolé dans son parc de quinze hectares, Albert Lebrun regarde la fenaison qui se termine dans la prairie. « L'odeur du foin embaume l'air », mais « l'âme est trop triste, les soucis trop profonds pour qu'on puisse s'associer aux joies et aux beautés de la nature[3]. »

Le secrétaire général André Magre aperçoit la voiture de son prédécesseur Georges Huisman, qui a servi Doumergue et Doumer avant de devenir directeur des Beaux-Arts :

1. André Gide, Jules Romains, Colette, François Mauriac, *La Guirlande des années. Images d'hier et d'aujourd'hui*, Paris, Flammarion, 1941.
2. Jean Chauvel, *Commentaire. De Vienne à Alger* (1938-1944), Paris, Fayard, 1971.
3. Albert Lebrun, *Témoignage*, *op. cit.*

— Venez donc présenter vos hommages au président, dit Magre à Huisman.

Huisman descend de sa voiture, revient bientôt et raconte :

— Le président m'a reçu très aimablement et m'a dit : « Savez-vous des nouvelles ? Moi, on ne me tient au courant de rien. Je ne sais même pas où est Weygand ni où sont les ministres. Je ne vois personne et ma radio est détraquée. Donnez-moi des nouvelles, je vous en prie[1] ! »

Lebrun ne sait rien parce que le président du Conseil n'arrive en Touraine que dans la matinée du lendemain, le 11, au château de Chissay, demeure Renaissance située à quatre kilomètres de Montrichard, à une heure de route de Cangé. On n'y a pas encore installé de ligne de téléphone ! Le cabinet du chef du gouvernement ne dispose que d'un seul appareil de campagne à manivelle en service sur les champs de bataille en 1916 !

Lebrun ne sait rien parce que Weygand, Pétain, l'état-major des généraux Georges et Doumenc se trouvent au château du Muguet, à Briare, à plus de trois heures de route, *via* Romorantin, dont l'aérodrome a été bombardé par l'aviation allemande. Et ainsi de suite. Les services du ministère des Affaires étrangères sont dispersés dans les châteaux de Langeais, de la Chataigneraie, de Rochecotte et de Villandry, cependant que le château de Beauvais a été destiné au cabinet du sous-secrétaire d'État de Gaulle, tandis que l'état-major de Darlan, la marine nationale, loge au château de la Guéritaulde, à Montbazon, au sud de Tours...

Une dispersion voulue pour éviter que les avions de bombardement ennemis ne puissent frapper en même temps toutes les autorités au même endroit. Cela se concevrait si celles-ci étaient reliées entre elles par un solide réseau de communication, mais rien ne marche. « On passe son temps sur les routes sans informations, se plaint Roland de Margerie, le tout offrait un spectacle d'inexprimable désordre et de

1. Jean Galtier-Boissière, *Mon journal sous l'Occupation*, Paris, La Jeune Parque, 1947.

confusion[1] » ; il dirige pourtant le cabinet de Paul Reynaud aux Affaires étrangères et il était encore à Londres le dimanche 9 juin pour y accompagner de Gaulle chez Churchill.

Et puis Lebrun ne sait rien parce qu'il n'est pas membre de droit du conseil suprême franco-britannique constitué entre les deux gouvernements pour échanger leurs points de vue et coordonner la conduite de la guerre. Il ne préside que les Conseils des ministres, seule enceinte où il puisse apprendre quelque chose. Or il n'y a eu de Conseil ni le lundi ni le mardi.

En fait, ce mardi-là en fin d'après-midi, Paul Reynaud est bien loin de Cangé et du président Lebrun ; il prend une tasse de thé avec Churchill au château du Muguet. Accompagné par Eden et ses chefs militaires, ce dernier s'est posé en avion sur la piste sommaire du petit terrain de Briare-Châtillon. C'est ce qu'on appelle le « conseil suprême » ; avec Reynaud se trouvent là le maréchal Pétain, le général de Gaulle, Roland de Margerie, le colonel de Villelume, chef de cabinet de Reynaud à la Guerre, ainsi que les commandements français et britanniques ; il y a aussi le général Spears, envoyé du Premier ministre britannique auprès des Français.

Weygand présente un tableau désespéré de la situation militaire :

— Seule la cessation des hostilités, conclut-il, peut sauver de l'invasion une partie importante du territoire national et maintenir l'ordre et la cohésion dans nos troupes décimées et harassées. Si la bataille devait continuer, ce serait le tronçonnement des forces, la débandade et le désordre. À ce désordre militaire s'ajouterait le désordre général en raison de l'afflux et de la misère des réfugiés mélangés à la troupe et sans vivres. Je demande que le gouvernement français adresse au gouvernement allemand une demande d'armistice.

Le général Georges confirme ce point de vue. Le maréchal Pétain l'approuve. Le général de Gaulle, qui fume cigarette sur cigarette avec un flegme imperturbable, selon le témoignage de Spears, tient pour la poursuite de la bataille en Bre-

1. Roland de Margerie, *Journal, 1939-1940*, *op. cit.*

tagne, dans le Massif central, dans les Alpes, le Sud-Est, partout où c'est encore possible, et puis en Afrique. Paul Reynaud réclame toujours des renforts à Churchill, le dernier recours.

— Nous sommes au dernier quart d'heure, insiste Weygand.

— Mais on peut encore défendre Paris, tempête Churchill. C'est une ville immense ; on peut se battre à la périphérie, on peut se battre au cœur de la cité, on peut se battre sur les grandes places, dans les ruelles, au coin de chaque immeuble et à tous les carrefours ! On peut la défendre quartier par quartier, rue par rue, maison par maison ! Vous n'imaginez pas combien une grande ville comme Paris peut fixer et engloutir d'effectifs ennemis ! Des armées entières peuvent y trouver leur tombeau !

— Tout cela n'a pas de sens, se risque Weygand qui a déjà cédé la capitale. Réduire Paris en cendres ne changerait rien au résultat final[1].

La discussion se poursuit ainsi, chacun restant sur ses positions, jusqu'au dîner servi à 22 heures ; après quoi Churchill comme Reynaud sont invités à passer la nuit sur place pour reprendre leurs échanges le lendemain matin, mercredi 12 juin.

— Si une modification fondamentale survenait dans la situation, dit à ce moment Churchill sur un ton solennel, je vous demande d'en informer le gouvernement britannique avant de prendre une décision, quelle qu'elle soit, qui puisse déterminer l'attitude de la France durant la deuxième phase de la guerre. Nous viendrons en discuter aussitôt avec vous.

— Nous ne déciderons rien sans vous avoir revu, confirme Reynaud.

Il ne peut y avoir de décision sans Conseil des ministres, lequel ne peut se réunir qu'au château de Cangé, chez Lebrun. Le président du Conseil y arrive quelques minutes avant 20 heures, ce même mercredi soir. Malgré les encombrements et le désordre, les ministres ont tous pu s'y rendre, à l'exception de Frossard qui a succédé à Monzie aux Travaux publics.

1. Maxime Weygand, *Rappelé au service*, *op. cit.*

Le président de la République va enfin obtenir des informations. Dès le début de la réunion, il demande à Weygand de faire le point sur la situation militaire. Celui-ci reprend quasiment mot pour mot l'exposé qu'il a fait la veille et le matin même devant Churchill, mais en dramatisant un peu plus encore ses propos pour emporter la conviction du gouvernement.

— Nous avons atteint la dernière limite que je puisse attendre pour demander un armistice, dit-il. Il faut le demander maintenant quand il en est encore temps, et que nos troupes conservent encore une certaine cohésion. Il ne s'agit pas seulement de l'ordre dans nos troupes, il s'agit aussi de l'ordre dans nos populations…

L'allusion du commandant en chef au maintien de l'ordre – ce n'est pas la première fois, il l'a déjà dit à de Gaulle – surprend un certain nombre de participants. Parmi eux, le ministre de l'Intérieur, Georges Mandel, le ministre d'État, Louis Marin, celui de la Marine, César Campinchi. Weygand croit entendre des ricanements saluer ses déclarations ; il perd patience :

— Dans ces conditions, monsieur le président de la République, permettez-moi de me retirer.

— Général, corrige Lebrun, vous vous méprenez, vous avez été écouté dans le plus grand silence.

Le débat reprend. Le gouvernement se déchire. Le maréchal Pétain, Yves Bouthillier, ministre des Finances, Paul Baudouin, sous-secrétaire d'État aux Affaires étrangères, appuient sans réserve la demande d'armistice de Weygand. Au contraire, Reynaud et Mandel refusent absolument cette idée. On se sépare sur la même absence de décision qu'après le conseil suprême. Il est seulement demandé au président du Conseil d'appeler Churchill et de le faire venir le lendemain pour être entendu à nouveau, et cette fois par le Conseil des ministres.

Ce jeudi 13 juin promet d'être crucial.

Dès le matin, le général de Gaulle se rend auprès de Paul Reynaud pour tenter de le convaincre de quitter la Touraine et de gagner Quimper et la Bretagne, face à l'océan, plus près de l'Angleterre. C'est l'idée du « réduit breton » qui permettrait de résister autant qu'il est possible à l'avancée allemande. Il fait signer par le chef du gouvernement une lettre pour Weygand, mais celle-ci ne part pas. En fin de matinée, les deux présidents des Assemblées, Jules Jeanneney, pour le Sénat, et Édouard Herriot, pour la Chambre, invitent également Reynaud à ne pas céder aux « capitulards » – et à ne pas hésiter à se transporter jusqu'à Alger. Pendant ce temps, Margerie et Villelume, les deux chefs de cabinet du président du Conseil opposés l'un à l'autre (le premier est hostile à l'armistice, le second y est favorable), rédigent un télégramme d'appel à l'aide à Franklin Roosevelt. « Il nous faudrait mille avions », a dit Weygand…

Mais revoilà Winston Churchill qui, conformément à l'invitation téléphonique reçue de Paul Reynaud, se pose en début d'après-midi sur l'aérodrome de Tours. Le chef du gouvernement français l'invite à un entretien à la préfecture, lequel se prolonge au point de priver Churchill de sa rencontre avec les ministres.

Le Conseil, prévu à 15 heures, est repoussé à 17 heures, en attendant que les entretiens Reynaud-Churchill prennent fin, puis il est reporté à 18 heures, afin de laisser au président du Conseil le temps d'arriver à Cangé. Le ciel est à la grisaille ; une pluie fine arrose les pelouses. Frustrés d'avoir dû attendre en vain le Premier ministre britannique qui a repris l'avion pour Londres, les ministres sont furieux – et Lebrun ne l'est pas moins. Embarrassé, Reynaud leur présente un compte rendu de ses entretiens. Il croit avoir compris que les Britanniques feraient preuve d'une grande compréhension au cas où les Français, ayant sauvé l'honneur, demanderaient l'armistice, bien que le gouvernement se soit exprimé contre cette éventualité… Cette déclaration déclenche murmures et brouhaha autour de la table du Conseil. Les points de vue contradictoires se font plus violents et Weygand revient une fois de plus sur l'urgence de sa demande de cessation des hostilités.

Pendant ce temps, le colonel de Villelume, qui est au château de Chissay avec les services de la présidence du Conseil, rassemble ses arguments dans une note qu'il destine à Paul Reynaud, afin qu'il recherche au plus tôt la conclusion d'un armistice. Parmi ses arguments figure celui-ci : « En tout état de cause, il est à craindre que des troubles graves n'éclatent dans le pays, avant l'arrivée des troupes allemandes, si la lutte se prolonge. L'armée, en effet, ne va pas tarder, après la phase de dislocation physique, à arriver à la période de désagrégation chimique[1]. »

Ce point de vue, exprimé par le chef du cabinet militaire du président du Conseil, correspond très exactement à la doctrine déjà exposée par le général Weygand au cours du comité de guerre du 25 mai à l'Élysée : « Quels troubles ne se produiraient-ils pas si les dernières forces organisées, c'est-à-dire l'armée, venaient à être détruites[2] ? » Sous-entendu : mieux vaut capituler devant l'Allemagne et garder quelques forces que capituler devant l'anarchie et l'insurrection rouge…

Or c'est précisément au moment où le colonel de Villelume est en train de rédiger sa note que se produit au château de Cangé, en plein débat des membres du gouvernement pour et contre l'armistice, un incident révélateur. Les non-dits, les rivalités et les rancunes, les ambitions et les jalousies qui se dissimulent dans le théâtre d'ombres de la défaite annoncée surgissent en pleine lumière l'espace d'un quart d'heure. C'est là que Maurice Thorez entre en scène.

Le premier récit de l'incident survenu ce 13 juin 1940 à Cangé, on le doit au chef du service politique du *Petit Parisien*, Élie J. Bois, qui accompagne le gouvernement, son chef et ses ministres dans tous leurs déplacements. Il était dans le bureau de Paul Reynaud à Matignon et au Quai d'Orsay ; il est dans la cour de la préfecture de Tours, à Chissay, à Cangé. Son récit porte de toute évidence la marque du ministre de

1. Paul de Villelume, *Journal d'une défaite août 1939-juin 1940*, Paris, Fayard, 1976.
2. Procès-verbal du comité de guerre du 25 mai, déjà cité.

l'Intérieur, Georges Mandel, qui tient ici le beau rôle et qui fait passer Weygand pour un faiblard. Il faut dire qu'Élie Bois est un grand admirateur de Mandel et qu'il juge comme lui que l'armistice serait une capitulation.

Le journaliste sera le premier à rendre public ce récit dans un livre, publié à Londres dès 1941, alors que tous les autres témoignages sur les événements du 13 juin sont postérieurs et paraîtront à partir de 1944. On le retiendra donc à un double titre : parce qu'il est vu par Mandel, c'est-à-dire par un acteur direct, et aussi à cause de sa date de parution, la plus proche de l'événement.

Le général Weygand vient donc de donner au Conseil des ministres des nouvelles de plus en plus alarmantes de la situation des armées. C'est alors, rapporte Élie Bois, qu'il prend une pose, puis, tirant un papier de son dossier, dit sur ton grave :

— Messieurs, si je dis qu'on ne peut plus attendre, ce n'est pas sans raison. L'Amirauté vient de me faire transmettre un télégramme d'après lequel des troubles graves se seraient produits à Paris et Thorez se serait installé à l'Élysée.

Le président de la République sursaute, le Conseil tout entier est sidéré, à l'exception d'un seul de ses membres dont les lèvres minces tracent un sourire méphistophélique. Il n'arrête pas le général Weygand, qui insiste lourdement sur l'importance des émeutes parisiennes dont le télégramme fait état. M. Mandel, du doigt à peine levé, indique au président de la République qu'il a quelque chose à dire.

— Monsieur le ministre de l'Intérieur a la parole.

— Je tiens à vous rassurer, monsieur le président, ainsi que le général commandant en chef et l'ensemble du Conseil : il n'y a pas d'émeutes à Paris et M. Thorez, monsieur le président, ne couchera pas ce soir à l'Élysée.

Le général Weygand toise l'audacieux qui ose lui donner un démenti, mais M. Mandel continue :

— J'avais avant de venir ici fait appeler au téléphone M. Langeron (le préfet de police). La communication n'a été obtenue qu'après mon départ, mais mon chef de cabinet m'a prévenu il y a quelques minutes qu'il avait causé avec le préfet de police, que les Allemands sont à Pantin, à Aubervilliers, mais que l'ordre règne à Paris…

Le généralissime le coupe d'une interruption sévère :

— Vous mettez en doute ma parole ?

— Je ne mets pas en doute votre parole mais j'ai une égale confiance en celle de M. Langeron dont je sais la haute valeur personnelle et administrative.

M. Chautemps (vice-président du gouvernement) juge à propos de faire le tampon entre les deux hommes :

— M. Langeron n'est peut-être pas renseigné…

— Pourquoi l'Amirauté, qui n'est pas à Paris (elle est à Montbazon), serait-elle mieux renseignée que le préfet de police qui s'y trouve ? D'ailleurs, nous allons tirer au clair cette histoire.

M. Mandel fait demander Paris et la préfecture de police. Quelques minutes après, il a M. Langeron au bout du fil, il l'informe de l'entrée prétendue du communiste Thorez à l'Élysée. M. Langeron, de l'autre côté, s'esclaffe et dément, ajoutant des détails circonstanciés sur le calme qui n'a pas cessé d'exister dans la capitale. M. Mandel répète tout haut les réponses du préfet puis, s'adressant à M. Lebrun :

— Si vous voulez, monsieur le président, recueillir vous-même les renseignements que je viens de répéter, afin qu'on ne mette pas en doute la parole d'un ministre…

— Oh, mon cher ministre…

Le général Weygand baisse le nez. Le coup du péril bolchéviste est paré. Il apparaît à tous les membres du Conseil impartiaux que le généralissime vient de se livrer à une opération politique qui éclaire son insistance en faveur de l'armistice[1]…

Que cette information ait sauté aux yeux du général Weygand comme celle qui, enfin, allait justifier tout ce qu'il s'acharnait à répéter depuis trois semaines, est une évidence ;

1. Élie J. Bois *Le Malheur de la France*, Londres, Continental Publishers, Hachette, 1941.

qu'il s'agisse d'une « opération politique » de sa part est plus discutable : il n'a pas pu la préméditer, mais il a sincèrement cru qu'il tenait là un argument définitif. Dix ans après cet échange, il y revient dans ses mémoires en expliquant ceci : « Au cours de la séance, le lieutenant-colonel Chapuis, de la maison militaire du président de la République, pénétra dans la salle du Conseil pour me mettre au courant d'une communication téléphonique que venait de recevoir le capitaine Gasser (aide de camp de Weygand) : le général Dentz, gouverneur militaire de Paris, rendait compte que des éléments avancés allemands occupaient Pantin et que l'ennemi entrerait dans Paris le lendemain ; tandis qu'il était encore au téléphone, le capitaine Gasser se trouva en communication avec un officier de service au ministère de la Marine. Cet officier lui fit connaître qu'un gouvernement communiste se serait constitué à Paris, où la police et la garde auraient été désarmées. Je mis le gouvernement au courant de ces deux informations et sortis pour appeler au téléphone le général Dentz ; celui-ci me confirma la nouvelle de l'approche des Allemands mais démentit formellement la seconde, ce que j'annonçai au Conseil des ministres. De son côté, le ministre de l'Intérieur avait fait téléphoner au préfet de police, M. Langeron, qui fit une réponse analogue. » Et Weygand ajoute : « Je n'ai mentionné cet incident dans ses détails qu'en raison de l'importance politique qu'on a essayé de lui donner par la suite[1]. »

Là, le général n'est pas de bonne foi : il ne pouvait pas ignorer toute l'importance politique qu'il avait lui-même accordée au coup de force supposé des communistes à Paris. En tout cas, son témoignage ne contredit pas celui de Mandel, il cherche seulement à en limiter la portée.

Rien n'a préparé les deux hommes à s'opposer aussi durement en pleine invasion des armées allemandes. Au contraire même, ils auraient dû se trouver sur la même ligne. Mandel était, à trente-deux ans, le chef de cabinet de Clemenceau, en 1917 et 1918, quand au même moment, Weygand, alors âgé

1. Maxime Weygand, *Rappelé au service*, *op. cit.*

de cinquante ans, était le chef d'état-major de Foch. Clemenceau et Foch, les deux vainqueurs ! Mandel est d'autant moins suspect d'hostilité à l'égard de Weygand qu'il a été l'un de ceux qui ont très tôt souhaité qu'il remplace Gamelin. Réputé patriote intransigeant, député fidèle à Clemenceau, au point d'avoir dû attendre 1934 pour devenir ministre, Mandel a été hué par les partisans du Front populaire, avant de revenir au gouvernement. Paul Reynaud l'a déplacé des Colonies à l'Intérieur parce qu'il connaissait sa détermination face à l'Allemagne hitlérienne.

Et là, Mandel ne comprend pas : qu'est-ce qui pousse Weygand à réclamer ainsi, de plus en plus vivement et de Conseil en Conseil, la cessation des combats, l'armistice ? En fait, le commandant en chef cherche avant tout à éviter la capitulation militaire, laquelle laisserait une tache indélébile sur le drapeau de ses armées, la honte ajoutée au sacrifice de ses soldats. L'armistice, en revanche, c'est le gouvernement qui le demande, qui en prend la responsabilité. À lui de « montrer un courage égal à celui qu'il a réclamé des combattants ». De son côté, Mandel ne voit pas comment l'installation d'un gouvernement sur le sol national occupé par l'ennemi pourrait en quoi que ce soit sauver l'honneur des armées.

À Paris, le ministre a un homme en qui il a toute confiance : Roger Langeron. Tous deux n'ont que trois ans d'écart, Langeron étant l'aîné de Mandel ; ils sont liés depuis qu'ils ont été membres du même cabinet de Clemenceau, quand celui-ci était ministre de l'Intérieur en 1907. Langeron a pris ses fonctions de préfet de police au moment où Mandel devenait lui-même ministre, après les émeutes du 6 février 1934. Entre eux, l'intimité frise la complicité. Il est vrai que, par ses fonctions, le préfet est quotidiennement dans le bureau de son ministre place Beauvau. Son récit de l'incident du 13 juin, le troisième témoignage, ne diffère pas de celui de Mandel.

Au cours de l'après-midi de ce jeudi-là, le préfet a reçu plusieurs appels téléphoniques de Tours (où Mandel occupe la préfecture) et du château de Chissay. Le soir même, avant que son ministre ne rejoigne le château de Cangé où va se tenir le Conseil, il lui adresse un télégramme de synthèse de la situation : « La journée a été marquée par les passages de troupes et les derniers départs de la population civile. Le ravitaillement est organisé. L'ordre et la sécurité sont totalement assurés. » Quelques minutes plus tard, le préfet apprend que les premiers détachements allemands sont signalés à Bondy, au nord de Paris. Il téléphone cette information au cabinet de son ministre, à celui du président du Conseil et au secrétaire général de la présidence.

Le Conseil vient de commencer. C'est alors que Mandel rappelle Langeron au téléphone – « une communication, dira le préfet, que je pense n'oublier jamais[1] »...

— Rien de nouveau ? demande le ministre.

— Non.

— Pas d'incident ?

— Aucun.

— C'est que...

Mandel paraît hésiter, ce qui ne lui est pas habituel.

— Comment dites-vous ?

— Eh bien, voici, dit le ministre, on nous signale qu'il y aurait quelques incidents à Paris. Voulez-vous que je vous laisse le temps de vous renseigner ? Vous me rappellerez ensuite.

— Je n'en vois nullement la nécessité. Je suis parfaitement informé et absolument maître de la situation. Je vous réponds de mes services d'ordre comme de mes services de renseignement.

— Eh bien, précise Mandel, voici pourquoi je vous ai posé la question. Un personnage considérable nous a dit, il y a quelques minutes, que les communistes étaient maîtres de Paris et que Thorez était à l'Élysée.

— Qui a pu vous dire cela ? répond le préfet, stupéfait. Le personnage dont vous parlez a été victime, je veux le croire, d'une machination. Paris est angoissé, mais Paris est calme. Les communistes ne bougent pas, personne ne bouge. Thorez

1. Roger Langeron, *Paris, juin 40*, Paris, Flammarion, 1946.

n'est pas à Paris et il n'y a à l'Élysée que les gardes républicains que j'y ai placés et qui, je vous l'assure, ne se laisseront pas envahir.

— Cela me suffit, conclut Mandel.

Ainsi les versions de Mandel, de Langeron et de Weygand se complètent, en se confirmant, à quelques détails près. Mais si le même démenti formel provient à la fois du préfet de police et du gouverneur militaire de Paris, qui a pu mettre en circulation cette information ? Weygand a mis en cause le ministère de la Marine et l'Amirauté ; c'est de là qu'il tenait son tuyau. Pourtant Langeron n'en dit pas un mot. Comment, au poste qu'il occupe, avec les services de renseignement dont il est si fier, n'en aurait-il rien su ? Étrange.

Pour en avoir le fin mot, il faudra attendre la publication d'une enquête du journaliste Pierre Bourget[1], neveu du général Bourget, chef d'état-major de Weygand en 1940. Celui-ci venait de publier le premier tome de ses *Histoires secrètes de l'Occupation de Paris*[2], et s'était fait connaître en rendant public, en 1947, dans *L'Aurore,* le procès-verbal, jusque-là secret, du comité de guerre du 25 mai 1940. Afin de mieux éclairer la fausse prise du pouvoir de l'Élysée par Thorez, Bourget apporte une pièce nouvelle, un texte manuscrit signé par le capitaine de vaisseau Négadelle[3], sous chef d'état-major de l'amiral Darlan. La voilà, « l'Amirauté » à l'origine de toute cette histoire !

Cette note est datée du 13 juin 1940 à 17 h 30 GMT, c'est-à-dire 18 h 30 heure de Paris. Elle dit ceci : « Vers 16 h 30 GMT, le lieutenant de vaisseau Honorat téléphone de Murat (PC souterrain des transmissions de l'Amirauté, aménagé au

1. *Le Monde*, 21 juillet 1972.

2. Pierre Bourget, *Histoires secrètes de l'occupation de Paris. Le joug*, Paris, Hachette, 1970.

3. Nommé contre-amiral au début 1944 pour assurer une présence française à Brest, tué au cours d'un bombardement allié le 27 août suivant.

ministère de la Marine, rue Royale) les renseignements suivants : un lieutenant des gardes mobiles vient de m'informer que les Allemands doivent faire leur entrée dans Paris demain vendredi 14 juin. Les forces de police, gardes mobiles, gardes républicains ont été désarmés par ordre du gouvernement et doivent aller saluer les troupes allemandes à leur entrée dans Paris. M. Maurice Thorez s'installera à l'Élysée. »

L'amiral Le Luc[1], supérieur de Négadelle auprès de l'amiral Darlan, est le premier destinataire de ce télégramme ; il demande la vérification de ces informations auprès du préfet de police. Le lieutenant de vaisseau Honorat quitte la rue Royale pour la préfecture afin d'y rencontrer Langeron. Le jeune officier de marine fera par la suite un compte rendu écrit de sa démarche. Il s'est fait accompagner par un médecin en chef de 2e classe de réserve, le Dr Gautier.

— Mais qu'est-ce que vous faites à Paris ? lui demande le préfet, il n'y a plus aucun officier ici, et les Allemands sont à nos portes. On parle d'un gouvernement provisoire présidé par Thorez qui se forme à l'Élysée. J'ai fait occuper tous les ministères par des gardiens désarmés jusqu'à l'arrivée des troupes allemandes.

De retour à son ministère, l'officier de marine téléphone à l'amiral Le Luc. Mais le principal intéressé, Darlan, n'est pas là.

— Xavier (nom de code de Darlan) est en route pour Cangé où il y a un Conseil des ministres, dit Le Luc à Honorat. Essayez donc de le joindre là-bas et de l'informer de ce qui se passe.

Honorat téléphone à Cangé où il tombe sur le capitaine Gasser. Ce dernier prend note de sa communication et lui promet d'en faire part à l'amiral Darlan et en tout cas de prévenir le général Weygand.

Le médecin en chef Gautier, qui a accompagné Honorat, témoigne aussi et il est également formel sur le contenu de

1. Il représentera la marine dans la délégation française qui va signer l'armistice.

l'entretien avec le préfet de police : « En dépit des circonstances tragiques du moment, M. Langeron conservait un énorme sang-froid. Au cours de cette conversation à bâtons rompus, qui dura cinq à dix minutes, et sans qu'on lui demande quoi que ce soit, M. Langeron nous déclara : "Je ne pense pas en avoir pour longtemps ici puisque Thorez va s'installer à l'Élysée." Je ne saurais préciser si M. Langeron nous a déclaré que "Thorez devait prendre le pouvoir à l'Élysée" ou bien "constituerait un gouvernement à Paris", ce dont je suis sûr, c'est que le préfet Langeron nous a bien déclaré à Honorat et à moi-même que "Thorez devait prendre le pouvoir"… »

Le préfet a donc eu connaissance par l'une de ses sources de la même « information » que le lieutenant de vaisseau Honorat et il lui en fait naturellement part puisque son interlocuteur la connaît aussi. Pourquoi n'en dit-il rien à Mandel ? Mais parce que Langeron, ayant lui-même vérifié ce bruit par la suite et constaté qu'il était faux, aura préféré passer cette affaire sous silence, se bornant à être le premier à la démentir, comme le fait de son côté le gouverneur militaire de Paris. Et naturellement, il n'en fera pas mention dans ses souvenirs.

Pourtant Langeron, se citant lui-même dans sa conversation avec Mandel, se rappelle avoir dit : « Le personnage dont vous parlez (*i.e.* Weygand) a été victime, je veux le croire, d'une machination[1]. »

« Machination », mais laquelle ? S'il y a du moins intoxication, d'où vient-elle ? Pas d'un officier de marine de permanence au sous-sol du ministère de la Marine, ni du préfet de police – à quelle fin l'un ou l'autre auraient-ils inventé ou déformé un tel bruit ? Alors ?

Renée-Pierre Gosset, qui a été l'une des meilleures correspondantes diplomatiques de la presse libre à Alger, émet une hypothèse dans son enquête sur le « coup d'Alger » de novembre-décembre 1942. Elle a en effet retrouvé un entretien de l'amiral Darlan avec Henri Béraud paru le 30 mai 1941

1. Roger Langeron, *Paris, juin 40*, *op. cit.*

dans l'hebdomadaire collaborationniste *Gringoire*, entretien dans lequel l'amiral de la flotte rapportait une conversation qu'il avait eue en voiture avec le maréchal Pétain, après le conseil suprême de Briare. Cet entretien avait donc eu lieu le mercredi 12 juin 1940, veille de l'incident au Conseil de Cangé.

Darlan racontait : « Le maréchal me confia combien il était écœuré de l'incapacité du gouvernement d'alors de prendre une décision quelconque.

— Il nous faudrait une sorte de consulat. Et si l'on me demande mon avis sur le choix du Premier consul, c'est vous que je désignerai, mon ami.

— C'est un beau cadeau que vous voulez me faire là, monsieur le maréchal… Je n'y tiens pas du tout !

— Si, si, dit le maréchal. J'ai bien réfléchi. Vous êtes le seul à avoir réussi votre affaire, c'est donc vous qui devez prendre cela. »

Que cette conversation ait eu lieu la veille du Conseil de Cangé mit Renée-Pierre Gosset sur une piste : « Le fait est significatif : dans cette tentative de chantage au Grand Soir, Darlan s'est résolument rangé aux côtés de Pétain, Weygand et Baudouin, les défaitistes. Pétain l'a littéralement acheté en le payant de la seule monnaie qui ait cours à ses yeux : l'accès au pouvoir[1]. »

Autrement dit, Darlan aurait fait le calcul suivant : il accréditait l'information « Thorez à l'Élysée » auprès de Weygand obsédé par le péril « rouge », cela accélérait les démarches vers la conclusion d'un armistice et la chute du gouvernement Reynaud ; Pétain prenait sa place ; il formait un consulat ; Darlan en était… Il est évidemment plus facile de reconstituer l'histoire quand on en connaît la fin ; il n'est pas sûr que Darlan ait vu si loin. Il reste que le maréchal Pétain devait le nommer ministre (de la Marine) dans le gouvernement qu'il constituait, le soir du 16 juin à Bordeaux, trois jours après le Conseil de Cangé.

1. Renée-Pierre Gosset, *Expédients provisoires. Le coup d'Alger*, Paris, Fasquelle, s.d.

Mais si cette information fausse a paru si vraie au sommet de nos états-majors, c'est qu'elle était vraisemblable.

Pour le comprendre, il faut revenir à l'été 1939. Depuis le 15 août, les orages se succédaient. Ils avaient été particulièrement sévères de la région bordelaise jusqu'en Alsace. Le bulletin de l'Office national de météorologie du 22 août prévoyait encore l'arrivée de nuages qui donnaient des pluies violentes accompagnées d'éclairs et de coups de tonnerre. Et soudain, la politique s'est mise à imiter les mouvements du ciel ; ce qui était en train de se passer à Moscou est en effet tombé « comme un coup de foudre qui réveille sur les plages des dormeurs béats[1] » : Ribbentrop, le ministre allemand des Affaires étrangères, était attendu au Kremlin par son homologue Molotov pour y signer, le 24 août à 1 heure du matin, un pacte de non-agression. La dictature stalinienne et la dictature hitlérienne soudain alliées ! Personne ne l'avait vu venir. Paris et Londres étaient livides. « L'équilibre politique et militaire à la confirmation duquel nous nous attachions s'était effondré, écrira Jean Chauvel. Les bases mêmes de notre résistance à une éventuelle agression allemande n'existaient plus. La Pologne, complètement en l'air, était désormais hors de portée. Toutes nos données anciennes étaient à reprendre. Le désarroi était complet[2]. »

Pas seulement au Quai d'Orsay, partout. Hitler n'avait-il pas les mains libres pour s'emparer de Dantzig et de la Pologne ? Staline n'avait-il pas trahi les antimunichois et les plus résolus des antihitlériens ? Albert Lebrun quitta sa villégiature lorraine pour rejoindre l'Élysée le soir du 24. Il devait présider un Conseil des ministres le lendemain vendredi à 10 heures, à la demande du président du Conseil, qui était

1. Alfred Fabre-Luce, *Journal de la France, 1939-1944*, Genève, À l'enseigne du cheval ailé, 1946.
2. Jean Chauvel *Commentaire, op. cit.*

alors Édouard Daladier. Il y avait urgence. Pourtant, le désarroi qui frappait les gouvernements et les chancelleries semblait étranger à l'opinion publique ; les reporters qui se rendirent devant le palais de l'Élysée notèrent que le calme régnait et que Paris, « sous un ciel de plomb, gardait son atmosphère de désert estival ».

L'échauffement gagnait cependant en intensité les partis politiques et en particulier les dirigeants du Parti communiste français, complètement désemparés. Ses chefs rentraient de leurs vacances, et notamment le premier d'entre eux, Maurice Thorez, trente-neuf ans, secrétaire général du parti depuis 1936 – l'année de la victoire du Front populaire. À côté de *L'Humanité* qui paraissait le matin, le parti disposait d'un quotidien vespéral, *Ce soir,* dirigé par Aragon, qui en signait les éditoriaux. Le jeudi 24 août, le journal titrait sur six colonnes : « L'annonce du pacte de non-agression germano-soviétique fait reculer la guerre », tout en cherchant à donner le change en insistant sur la reprise des « conversations militaires franco-anglo-soviétiques » – ce qui n'avait pourtant plus aucun sens. Aragon intitulait son éditorial : « Cessez de faire le jeu de M. Hitler », appel qui ne s'adressait pas à la direction soviétique mais à la presse française ! Le lendemain 25 août, Aragon continuait de soutenir : « Il faut conclure immédiatement l'alliance anglo-franco-soviétique », cependant que le Conseil des ministres décidait le rappel des réservistes. La confusion était générale.

Mais celle-ci provenait aussi des consignes du Kremlin. Le 22 août, le secrétaire général du Komintern, l'organisation de l'Internationale communiste, le Bulgare Gueorgui Dimitrov, avait adressé aux principaux dirigeants des partis communistes, et en France à Thorez et Duclos, un télégramme chiffré leur dictant la nouvelle ligne. Le télégramme relevait en particulier les points suivants : « Premièrement, il faut souligner que même si l'URSS conclut pacte de non-agression avec Allemagne, cela n'exclut aucunement possibilité et nécessité accord entre Angleterre, France et Union soviétique pour résistance commune aux agresseurs… Il faut souligner que Chamberlain et Bonnet, hommes de Munich, restent obstacle principal à l'accord franco-anglo-soviétique… Par cette action, URSS fait sauter plans de la bourgeoisie réactionnaire et capitularde de la IIe Internationale (*i.e.* les socialistes) qui voudraient diriger action contre l'URSS[1]. »

Un modèle de langue de bois que les éditorialistes de la presse du parti ont su parfaitement décrypter en appliquant ces consignes à la lettre. C'est évidemment pour cette raison que les policiers, agissant sur ordre du ministre de l'Intérieur, ont pénétré, le vendredi 25 août, dans les locaux de *L'Humanité* et saisi les pages qui devaient paraître le lendemain ; le journal a été interdit, de même que *Ce soir, La Vie ouvrière* et les autres périodiques de la presse communiste. Le 30, une information judiciaire était ouverte contre tout ce qui, de près ou de loin, répandait les mots d'ordre émanant de Moscou, suspects de trahison devant l'ennemi. Et même si, le 2 septembre, au lendemain de l'invasion de la Pologne par Hitler, les députés communistes, élus avec le Front populaire, votaient les crédits de défense nationale réclamés par Daladier à la veille d'ouvrir les hostilités avec l'Allemagne, ils allaient devoir faire face à la dissolution de leur parti, le 17 septembre, jour où l'Armée rouge franchissait à son tour la frontière polonaise. Le 26 septembre paraissait le décret de dissolution de toutes les organisations obéissant en France à la IIIe Internationale.

Que faisait Maurice Thorez ? Il avait, comme tout soldat, répondu à l'appel de la mobilisation ; dès l'ouverture des hostilités, il avait rejoint, avec son grade de sergent, le 3e régiment du génie, stationné à Chauny, dans l'Aisne. « Le 4 octobre, il est en train de jouer aux cartes avec des camarades de chambrée. Quelqu'un entre : “Maurice, des amis veulent te voir. Ils t'attendent dans une voiture, à l'entrée de la caserne.” Le sergent Thorez se lève, pose ses cartes sur la table et s'en va, très tranquille. En effet, à proximité de la caserne, une voiture

1. *« Moscou, Paris, Berlin. Télégrammes chiffrés du Komintern*, Paris, Tallandier, 2003.

stationne. Un peu plus tard, elle n'est plus là. Un peu plus tard encore, on commence à s'inquiéter : le sergent Thorez n'a pas reparu[1]. » Il avait le choix entre être déserteur dans son pays ou être traître à son parti. Son choix est fait : Moscou commande.

Le lendemain de cette disparition, Daladier ripostait : trente-trois députés communistes étaient arrêtés. Le 8 novembre, Maurice Thorez et sa femme, Jeannette Vermeersch, que l'on avait provisoirement cachés en Belgique, pays neutre, étaient attendus à Moscou, sur l'ordre du Komintern, et ainsi soustraits à toute action judiciaire des autorités françaises, quelles qu'elles fussent. Le 28 novembre, Thorez était effectivement condamné par un tribunal militaire à six années d'emprisonnement pour « désertion à l'intérieur en temps de guerre », mais par contumace.

À partir de là, personne ne pouvait croire que le parti communiste avait renoncé à ses activités ; au contraire on le voyait se reconstituer dans la clandestinité et faire peser une menace directe sur le gouvernement qui l'avait dissous. Dans son journal, l'écrivain et chroniqueur de droite Alfred Fabre-Luce rapporta l'état d'esprit qui régnait dans certains cercles dirigeants : « Il y a trois ans (en 1936), les communistes détenaient une part du pouvoir. Ils sont maintenant traqués, réduits au cercle étroit des amis sûrs, ramenés de force à l'âge héroïque. Privés de réunions, de journaux, ils continuent de faire circuler entre eux des messages, des feuilles ronéotypées où figure encore le nom de leur organe interdit, *L'Humanité*. Dans certaines industries, ils sont inviolables, car ils représentent, en même temps qu'un parti de trahison, une aristocratie ouvrière dont la production ne saurait se passer. » Fabre-Luce voyait pis encore : « L'armée elle-même est noyautée. Par les centres mobilisateurs, les bureaux de recrutement, les militants de l'arrière ont des liaisons avec elle ; ils s'efforcent de placer leurs camarades en lieux sûrs,

1. Roland Gaucher, *Histoire secrète du Parti communiste français*, Paris, Albin Michel, 1974.

aux arrière-postes de la guerre, aux avant-postes de la révolution[1]. »

Le procès des élus communistes, quarante-quatre députés et sénateurs, eut lieu le 20 mars 1940 devant le même tribunal militaire qui avait condamné Thorez. Le 3 avril, alors que l'attaque allemande ne s'était pas encore déclenchée, ils écopèrent de peines allant de deux à cinq ans d'emprisonnement ; ils furent transférés dans des prisons au fin fond de l'Algérie. On peut aisément imaginer que ces poursuites, ces interdictions, ces condamnations aient pu faire redouter au gouvernement des représailles.

Le 11 juin 1940, alors que le gouvernement a disparu de Paris, que le président du Conseil a confié la ville au préfet de police et au gouverneur militaire, le seul ambassadeur encore en poste, celui des États-Unis, William Bullitt, adresse au président Roosevelt une dépêche dans le style flamboyant qui est le sien et dans laquelle il prévient la Maison Blanche que le jardin de sa maison de Chantilly est devenu la « ligne de front de Paris ». Ami personnel du président des États-Unis, avec qui les relations étaient aussi directes que quasi quotidiennes, Bullitt a été le premier ambassadeur auprès des Soviétiques en 1933 ; il les connaît intimement. Puis, en 1936, il a été envoyé à Paris où il devait se lier avec Léon Blum et Édouard Daladier. Il est connu et apprécié de tout ce que Paris compte comme personnalités.

« Paris brûle, écrit-il dans sa dépêche du 11, une fumée noire monte vers moi ; un vieillard, un fardeau sur son dos, pousse une voiture d'invalide ; sa femme y est assise ; une petite fille traînant une poupée fuit… Une femme avec un bébé dans les bras, sans nourriture mais avec de l'espoir… Bonne

1. Alfred Fabre-Luce, *Journal de la France*, *op. cit.*

chance, président ! » Et il poursuit : « Daladier vient de me dire qu'il pense que les Allemands n'entreront pas tout de suite dans Paris pour permettre d'abord aux communistes de tout piller et de tout massacrer. Les rouges ont reçu le mot d'ordre de détruire notre ambassade... Les communistes vont m'assassiner. Si je dois sauter en l'air à cause d'eux, je vais vous dire : "Adieu !" Je n'ai pour me défendre que les deux pistolets que George Washington donna en souvenir à La Fayette. Envoyez-moi une douzaine de mitraillettes Thompson, je vais vous les régler de ma poche[1]... »

Le lendemain de l'expédition de ce télégramme par l'ambassade des États-Unis, située à deux pas de l'Élysée, Paris est officiellement déclarée « ville ouverte » par le commandement militaire. Churchill ne le sait pas qui réclame encore au conseil suprême du château de Briare que l'on se batte « quartier par quartier ». Et le général Dentz succède au général Héring comme gouverneur militaire. Son chef d'état-major est le colonel Georges Groussard, arrivé du front d'Alsace une dizaine de jours plus tôt. Crâne rasé, sosie de l'acteur Erich von Stroheim, commandant de l'École spéciale militaire de Saint-Cyr en 1939, il est du genre activiste, maréchaliste et anticommuniste notoire.

L'après-midi du 13 juin, alors que les troupes allemandes se rapprochent de la capitale, Groussard travaille avec le gouverneur sur le maintien de l'ordre à Paris. « Nos préoccupations étaient multiples, racontera-t-il. La première était d'assurer à tout prix la police intérieure indispensable. Une certaine fermentation se manifestait, surtout depuis le matin, dans la population parisienne. Quelques éléments indéfinissables avaient commencé à piller les magasins militaires et les casernes ; ils avaient pris de tout, et particulièrement s'étaient emparés d'armes. Il nous fallait aussi interdire le passage à Paris de nombreux groupes de soldats

1. Archives du Département d'État, télégramme cité par Nerin Gun, *Les Secrets des archives américains*, t. 1, *Pétain, Laval, de Gaulle*, Paris, Albin Michel, 1979.

fuyards qui se présentaient en un flot nourri aux portes de la ville… »

On est bien dans l'après-midi du 13 juin. Et l'on parle de pillage d'armes ! Le préfet de police Langeron n'en sait-il rien ? Il a réuni dans la soirée de la veille un millier de ses inspecteurs : « Nous devons assurer à la capitale la sécurité et l'ordre ; ce devoir, leur a-t-il dit, nous le remplirons jusqu'au bout ! »

Pour sa part, Groussard confirme : « Les rapports que nous recevions et les constatations que nous faisions nous-mêmes alors laissaient supposer qu'il n'y avait pas d'agitation politique à proprement parler. » Sans doute. Mais il prend soin d'ajouter : « Il n'en reste pas moins que, dans de telles circonstances, une insurrection est toujours possible, qu'elle soit spontanée ou qu'elle soit provoquée par l'ennemi dans le but de constituer un gouvernement s'opposant au gouvernement légal. Notre rôle était clair : empêcher la constitution d'un gouvernement factice, à l'heure où le gouvernement présidé par M. Paul Reynaud venait de lancer son appel pathétique au président Roosevelt[1]… »

Ainsi, qu'il s'agisse du préfet de police, du cabinet du gouverneur militaire, de l'ambassadeur des États-Unis, toutes les appréhensions sont réunies pour que la moindre rumeur puisse prendre corps – et s'incarner dans la personne de Maurice Thorez. Depuis le pacte entre la Russie de Staline et l'Allemagne de Hitler jusqu'à l'action clandestine des communistes français en pleine défaite, on peut tout craindre et tout supposer, y compris donner crédit à l'installation de Thorez à l'Élysée. Il suffit d'un propos plus ou moins réinterprété d'un officier de la garde mobile ou de la garde républicaine de Paris pour allumer la mèche.

Et même si rien n'est vrai, toute cette affaire doit arranger bien du monde : Darlan, par qui l'« information » est arrivée, pour démolir Reynaud ; Mandel, par qui elle a été démentie grâce à Langeron, pour humilier Weygand.

1. Georges Groussard, *Chemins secrets*, Mulhouse-Lausanne, Bader Dufour, 1948.

L'affaire ne fera en définitive qu'une victime. Le généralissime est rentré dans un tel état d'exaspération du Conseil des ministres de Cangé, où il a eu le sentiment de s'être fait posséder devant les ministres, qu'il a communiqué cet énervement au chauffeur de sa voiture. Durant le parcours de nuit qui devait le ramener à Briare, le chauffeur a percuté un muret ; la voiture a brutalement accusé le choc. Weygand, assis sur la banquette arrière avec son chef d'état-major, a été projeté en avant, mais sans dommage. En revanche, à la droite du chauffeur, son officier de sécurité a été envoyé sur le côté. Une balle était engagée dans le canon de son arme. Le choc a fait partir le coup. Il a été sérieusement blessé à la main

3

La croix gammée flotte sur l'Élysée

Marqué aux initiales de la République française, le téléphone du bureau d'Albert Lebrun à l'Élysée fonctionne encore, mais il est muet. Il n'y a plus personne au bout des touches d'appel, ni le secrétaire général, André Magre, ni le chef de la maison militaire, le général Braconnier, ni les membres du cabinet civil, René Ferry, directeur de cabinet, Oswald Durand, directeur adjoint, Antoine Ottavy, sous-directeur. Tous partis. On a tout de même laissé une feuille de papier sur laquelle est indiqué : « En cas d'urgence, appeler M. Marchal en composant Anjou 02 42. » Quelle urgence ? Le chef du service intérieur lui-même a quitté Paris. Il n'y a plus que Police secours (le 17) et les pompiers (le 18) pour répondre.

Dans ce palais abandonné à son sort comme la capitale, un photographe se promène tranquillement, Roger Parry, trente-cinq ans, reporter à *Match* et à *Marie-Claire*, ami de Malraux avec qui il a publié un album sur Tahiti… Traversant le jardin d'hiver, il photographie les lustres emballés comme de gros jambons qui pendent de la verrière. Les rideaux ont été retirés, pas une banquette, pas une chaise, même les bacs à fleurs sont vides[1].

1. *À Paris sous la botte des nazis*, photographies présentées par Jean Éparvier, Paris, Éditions Raymond Schall, 1944.

Le palais n'est plus habité que par une dizaine de personnes dont le plus gradé doit être Lucien Jamot, quarante-cinq ans, ancien gardien de musée devenu brigadier d'administration et de conservation des Beaux-Arts (le secrétariat d'État qui veille sur l'Élysée), auprès de qui se trouvent le surveillant militaire, l'adjudant-chef Claude Arnaud, quarante-neuf ans, qui dispose encore d'une huitaine de gardes armés, l'électricien Lagrange et sa femme, deux agents de service, André Armelle et Émile Babonneau, la lingère, Mme David, et deux jardiniers. Il y a aussi, et surtout, le concierge. C'est en effet grâce à lui, aux témoignages qu'il fournira après guerre à un journaliste de *France Soir*, que nous sont parvenus ces détails inconnus du public et oubliés des historiens[1].

Car, à l'époque, la loge d'entrée du palais de l'Élysée est occupée par un concierge et non pas comme aujourd'hui par des gendarmes de la garde. Ce concierge s'appelle Jean-Baptiste Hanotaux ; il porte une petite moustache, sourit volontiers et va avoir cinquante ans ; il a pour cousin germain l'ancien ministre et académicien Gabriel Hanotaux. Il s'est courageusement battu durant la guerre de 1914-1918, à Charleroi, en Champagne, à Verdun ; il a reçu un éclat d'obus à la tête. Il est médaillé militaire, décoré de la Croix de guerre, de la médaille du combattant et de celle des mutilés. Cela lui a valu d'être recruté par le président Poincaré comme agent intérimaire à l'Élysée, le 1er juillet 1918. Le chef du service intérieur lui a alors adressé quelques conseils : « Vous entrez à l'Élysée ; c'est une maison qui n'est pas comme les autres. Il faut être très sérieux, ne pas courir le guilledou en ville. Le plus tôt possible, il faudra vous marier. Le service et la morale exigent que vous ayez une femme… »

Il a ainsi servi tous les présidents de l'entre-deux-guerres, Millerand, Deschanel (celui qui tomba du train), Doumergue, Doumer et puis Lebrun. Le 15 septembre 1936, celui-ci lui a

1. Témoignage de Jean-Baptiste Hanotaux, qui se fait appeler Jean, propos recueillis par Jacques Chantraine dans *France Soir*, 29 novembre-11 décembre 1949. Jean Hanotaux prendra sa retraite à la date du 1er août 1949. Archives nationales, 4 AG 472.

remis le ruban rouge de la croix de chevalier de la Légion d'honneur pour son dévouement tant à Rambouillet, la résidence estivale des présidents de la République, qu'à l'Élysée où il porte fièrement sa casquette à feuilles de chêne, avec les initiales des palais nationaux, et son uniforme à boutons dorés.

En ces journées de la mi-juin 1940, des deux côtés de la rue, les hôtels particuliers du faubourg Saint-Honoré sont fermés ; leurs occupants ont suivi le mouvement général et fui la capitale ; les concierges eux-mêmes ont disparu, à l'exception de celui du 82, l'immeuble situé sur le trottoir d'en face et qu'Hanotaux connaît bien – la police aussi parce qu'on y a une vue imprenable sur la cour du palais.

« Quelques passants erraient encore, certains entraient dans ma loge, me demandaient si le président était encore là. Quand ils apprenaient qu'il était parti, la panique les saisissait. On commençait à dire : “Les Allemands sont dans Paris” alors que ce n'était pas vrai... » Il dort la nuit, un pistolet Browning sous l'oreiller – comme si ce Paris angoissé par l'arrivée de l'ennemi n'était pas déjà en plein cauchemar.

Le vendredi 14 juin, Hanotaux prend son service à 8 heures. Ménage de la loge et de l'entrée du palais. Il sort même un instant dans la rue du Faubourg-Saint-Honoré, plongée dans le silence, pour donner un coup de balai sur le trottoir. Les habitudes sont plus fortes que tout. Une demi-heure plus tard, l'adjudant-chef Arnaud lui conseille de partir. Une voiture civile passe, il en connaît le conducteur : l'occasion de s'en aller, de rejoindre sa femme. Mais il reste car le chef du service intérieur lui a demandé de demeurer, quoi qu'il arrive, à son poste.

C'est ce matin-là que les Allemands ont pénétré dans Paris à 5 h 35 par la rue de Flandre, les gares du Nord et de l'Est, la rue La Fayette. Ils se sont répandus sur tous les axes. Des inspecteurs des Renseignements généraux de la préfecture de Police notent avec précision les heures et les lieux de leur passage. À 7 h 45, quatre voitures de la Wehrmacht entrent dans la cour de la Préfecture, dans l'île de la Cité. Un quart d'heure plus tard, même mouvement aux Invalides, chez le gouverneur militaire où les officiers allemands demandent que leur soient remis les drapeaux de leurs régiments capturés durant la Grande Guerre. Un lieutenant se présente au colonel Groussard et lui précise qu'il a reçu l'ordre de couper les fils du téléphone – ce qu'il ne fait pas encore, attendant la suite des événements. La 1re division blindée de Silésie de la Xe armée, commandée par le général von Kuchler, défile sur l'esplanade. À l'Étoile commence aussi l'interminable défilé des troupes motorisées qui traversent Paris. « D'abord des motocyclistes avec leurs side-cars, dans leurs manteaux de cuir, puis un déferlement de chars[1] », retient le préfet Langeron. Partout, les drapeaux français sont descendus de leurs mâts et remplacés par les étendards rouge et noir à croix gammée du vainqueur : à l'Arc de Triomphe, à l'Hôtel de Ville, à l'hôtel Crillon et au ministère de la Marine, place de la Concorde, aux Invalides et sur la tour Eiffel.

Une unité allemande emprunte la rue du Faubourg-Saint-Honoré à 9 h 25. Une autre colonne de motos et de side-cars aux soldats casqués arrive de la Concorde, passe par l'avenue Gabriel et tourne à droite, rue de l'Élysée, pour se présenter devant la grille d'honneur.

— Ouvrez ! dit l'ordre glacial.

Hanotaux ouvre la grande porte du 55. Deuxième ordre :

— Retirez les couleurs ou je les fais sauter !

On retire le drapeau tricolore qui flotte au mât de l'entrée du palais. Aucun soldat étranger n'avait envahi la cour du palais depuis le mois de mars 1871, après la défaite de Napoléon III devant les Prussiens.

Le sous-officier allemand qui commande le peloton motocycliste demande à hisser également les couleurs hitlériennes sur le mât central de l'Élysée, laissé nu par le départ du président – tradition de la marine. Le brigadier Jamot et l'élec-

1. Roger Langeron, *Paris, juin 40*, *op. cit.*

tricien Lagrange, qui connaissent la maison des sous-sols au grenier, accompagnent le sous-officier et ses hommes, leur font traverser le bureau du secrétaire général (qui, à la même heure, roule en voiture de Tours à Bordeaux avec le président de la République), et montent jusque sur le toit par un étroit escalier. Les Allemands déploient leur drapeau à croix gammée si grand qu'il frotte l'ardoise. Le vent vient du nord, le ciel est clair.

Cette suprême humiliation, peu la vivront car les photographes sont à la même heure, place de la Concorde, avec des centaines de badauds devant le Crillon. « Sa pourpre sanglante mettait en valeur la monstrueuse araignée noire, se rappellera le concierge. Il était si grand que ses plis retombaient jusqu'aux gouttières[1]... » Dans la cour, les soldats allemands rassemblés crient : *Heil Hitler !* Hanotaux pleure.

Alors commencent la perquisition systématique des bureaux, la recherche des archives, la fouille des tiroirs des rares meubles demeurés sur place. En même temps et comme s'ils se préparaient à faire de ce palais une forteresse, les soldats placent des affûts de mitrailleuses sur le perron, sous la verrière extérieure, et dans l'encadrement des portes latérales. Ils installent même un canon antiaérien – mais quel avion allié pourrait avoir l'idée de venir bombarder ces murs et ces toits, épargnés depuis deux siècles par les guerres et les insurrections ?

Un jeune officier arrive à son tour en voiture, se fait ouvrir l'appartement qui était celui du général Braconnier, chef de la maison militaire de la présidence, et prend le commandement du palais. Il envoie ses hommes au poste de sécurité, à l'entrée de la cour d'honneur, fait prisonniers les huit gardes républicains présents, les désarme, et les dirige vers les casernes de Babylone et de République. Puis il se fait donner toutes les clés et coupe les lignes téléphoniques. Surtout pas de contact avec une autorité française ; on ne peut même plus appeler ni les pompiers ni la police : l'Élysée est entre des mains allemandes. À Berlin, le quotidien hitlérien, le *Volkische*

1. *France Soir*, 4 décembre 1949.

Beobachter, écrit : « Paris était la cité de la frivolité et de la corruption où les Juifs avaient leurs entrées à l'Élysée et les Nègres dans les salons. Ce Paris-là ne se relèvera pas. »

Le général von Stutnitz, qui prend le commandement de la capitale, installe ses services à l'hôtel Crillon et occupe lui-même un vaste salon du premier étage dont il fait son bureau. Son premier geste est de convoquer les deux autorités parisiennes : le préfet de police et le gouverneur militaire. Langeron, accompagné du préfet de la Seine, Villey, se rend à son invitation.

— Garantissez-vous le maintien de l'ordre ?

— Je le garantis si on me laisse tranquille, dit Langeron.

— Si l'ordre est maintenu, reprend Stutnitz, si je peux compter sur la sécurité de mes troupes, vous n'entendrez pas parler de moi.

— Nous sommes d'accord, conclut Langeron avant de fixer avec son interlocuteur les horaires du couvre-feu dans Paris.

De son côté, au nom de l'honneur militaire et de ses fonctions, le général Dentz, gouverneur militaire, refuse de se rendre au Crillon en plein jour, sous les yeux de la population. Le rendez-vous est repoussé à 22 heures. Le gouverneur se déplace avec Groussard.

Langeron voit en Stutnitz, avec son monocle et sa moustache, « l'allure un peu démodée d'un officier de cavalerie, peu différent de l'armée du Kaiser[1] ». Groussard le décrit comme « un de ces Allemands standard comme on en rencontre à la pelle en se promenant du Rhin à l'Oder ; il semblait avoir vu le jour en uniforme tant il portait la tenue feldgrau avec aisance. Il avait à la main gauche une petite badine de cuir roux dont il frappait constamment les bottes luisantes qui lui montaient jusqu'au ras des genoux. Son visage très coloré – un visage au teint de brique rajeuni par des yeux assez petits et très bleus – devenait d'une couleur apoplectique quand il se mettait en colère ou haussait le ton[2] ».

1. Roger Langeron, *Paris, juin 40*, *op. cit.*
2. Georges Groussard, *Chemins secrets*, *op. cit.*

Stutnitz demande à Dentz d'énumérer les unités françaises encore présentes dans la capitale.

— Des représentants des services de l'intendance et de la santé, dit le gouverneur, quelques pelotons de la garde républicaine et de la garde mobile, c'est tout.

— Vos buts ?

— Nous n'en avons plus aucun. Nous devions assurer l'ordre dans Paris et pourvoir au ravitaillement des habitants ainsi qu'à l'évacuation des services utiles à la défense de l'État. Votre arrivée nous a bien entendu dégagés de toutes obligations.

— N'avez-vous pas de consignes à passer ?

— Il nous est aussi impossible de passer des consignes à une armée en lutte avec la nôtre, dit Dentz, que d'assumer une fonction quelconque pour le compte de cette armée.

— Par conséquent ? fait Stutnitz en dévisageant le gouverneur militaire.

— Par conséquent, je considère ma mission et celle de nos officiers comme terminée[1].

Le lendemain samedi 15 juin 1940, en début de matinée, se présente enfin une autorité militaire allemande à l'Élysée. Jusque-là, on n'y a vu que des sous-officiers et des officiers subalternes. C'est un colonel de l'état-major de Stutnitz qui descend de voiture devant le 55.

— Bonjour, monsieur, dit-il à Hanotaux, surpris par cette courtoise entrée en matière, et séduit par ce visiteur « mince, élégant, parlant un français impeccable ».

— Bonjour, monsieur, répond le concierge.

— Le président Lebrun n'est pas là ?

1. L'attitude du général Dentz contraste ici avec celle qui sera la sienne lorsqu'il commandera par la suite les éléments français durant la campagne de Syrie, assurant la liberté de circulation de l'aviation allemande, contre les Forces françaises libres. Arrêté à la Libération, il sera condamné à mort pour trahison, et mourra à Fresnes.

— Il ne vous a pas attendu.

— Où est-il ?

— Il est parti sans laisser d'adresse.

Après un temps de silence, le colonel reprend :

— Pourquoi nous faites-vous la guerre ?

— Il y a dix ans que vous vous préparez à nous la faire.

— Pendant que vous vous battiez dans les rues, nous avons travaillé, poursuit le colonel. Mais je vois, ajoute-t-il en observant les décorations du concierge, que j'ai affaire à un ancien combattant de 1914...

— Oui, dit Hanotaux.

— Où avez-vous fait la guerre ?

— Retraite de Belgique, la Marne, la Champagne, Verdun.

Le colonel se met au garde-à-vous et dit :

— Il faut dix soldats de 1939 pour en remplacer un de 1914 ! Au revoir, monsieur !

Que vient faire ce colonel à l'Élysée ? Une visite de curiosité ? Improbable quand son état-major est au Crillon depuis la veille et que ses troupes prennent position dans toute la ville. Un bref passage, une inspection du dispositif mis en place par l'escadron qui occupe le palais ? Vient-il tout simplement se renseigner sur l'état des lieux ? Quoi qu'il en soit, un inspecteur des Renseignements généraux de la Préfecture note, ce même jour à 13 h 20, la présence insolite de trois camions chargés de prisonniers français, sous bonne garde, place de l'Opéra[1]. D'où viennent-ils, où vont-ils ? Étrange stationnement pour des soldats prisonniers qu'on imagine plutôt destinés à des camps situés aux portes de Paris ou en banlieue.

En fait, ces camions repartent vers la Madeleine qu'ils contournent pour arriver... à l'Élysée ! Un palais pour prisonniers ! Décidément, il aura tout vu. L'hôtel de la marquise de Pompadour, le café-concert des temps révolutionnaires, l'annexe des Tuileries, la résidence des présidents de la République, ce décor de fêtes, de bals, de feux d'artifice et de crises politiques nocturnes, le voilà transformé en forteresse pour des

1. Roger Langeron, *Paris, juin 40*, *op. cit.*

fantassins français capturés, humiliés, désemparés. Plus encore que l'humiliation, cette fois, c'est la honte.

Les trois camions ne sont que les premiers d'une noria qui dure plusieurs heures pour acheminer ces prisonniers. Ils seront près de huit cents à 17 heures. On comprend pourquoi ont été disposés ces affûts de mitrailleuses, ces sentinelles sur les toits, pourquoi les soldats allemands sont encadrés par des sous-officiers – on ne fait pas de sentiment quand il s'agit de parquer des prisonniers et de les dissuader de s'enfuir.

Désarmés, portant des uniformes souillés, ces hommes ont été capturés en banlieue, au nord de Paris et à l'est, à Vincennes. Parmi eux se trouvent des blessés et même de grands blessés qui réclament des soins urgents, témoignant tout de même de la violence des combats autour de la capitale. Il y a des Parisiens, des provinciaux, mais aussi des tirailleurs sénégalais. Les derniers à s'être battus pour retarder l'avancée ennemie dans Paris.

C'était l'avant-veille, le 13 juin. Ces hommes faisaient partie des arrière-gardes de l'armée de Paris commandée par le général Héring, le prédécesseur du général Dentz. Au moment de quitter Paris, Héring notait dans son journal de marche : « Exode des populations. Spectacle tragique. Embouteillage des routes et même des chemins secondaires. Encombrement des carrefours. Le service de police a été assez bien préparé, mais il est débordé. Nous mettons trois heures, mon chef d'état-major et moi, pour atteindre notre PC de Soisy-sur-École. » Dentz avait téléphoné à Héring qu'il venait de recevoir un appel de l'ambassadeur des États-Unis, Bullitt : Paul Reynaud envisageait une ultime résistance en Bretagne de façon à conserver la liaison avec les Britanniques. Et pourtant, remarquait Héring, « les ordres que je reçois du haut commandement me prescrivent le repli sur la Loire. C'est l'incohérence complète. *Quos vult perdere, Jupiter dementat*[1]. »

1. « Quand Jupiter veut perdre un homme, il lui ôte la raison. » Journal du général Héring, juin 1940, voir www.genelralhering.org.

En plein repli, les unités d'arrière-garde agissaient donc de leur propre initiative. C'est ainsi que le soir du 13 juin, à Sarcelles, avait eu lieu un accrochage qui aurait pu mal tourner. Un petit poste de résistance français, fantassins, mitrailleuses et canons antichars, se trouvait au carrefour de deux routes. Des voitures allemandes arrivaient, occupées par des officiers qui devaient parlementer avec le commandement français. Ceux du petit poste n'en savaient rien ; ils ouvrirent le feu malgré le drapeau blanc arboré par un des véhicules ; les voitures flambèrent. Les Français obtinrent alors le soutien d'un autre détachement. Fusillade générale. Puis des chars allemands se mirent de la partie. Chacun décrocha de son côté. On ne déplora heureusement aucun tué. Mais les Allemands étaient fous furieux : on avait tiré sur leurs parlementaires !

Du coup, le général von Kuchler, le patron de la 10e armée allemande, se demanda si l'accès à Paris ne cachait pas un « piège ». C'est alors que son chef d'état-major lui dit à propos des soldats français de la fusillade de Sarcelles :

— Mais, mon général, c'étaient des Nègres !

— Des Nègres, vous en êtes sûr ?

— Certain. Nos parlementaires les ont vus.

— Des Nègres…

Le détachement en question appartenait en effet à un régiment de tirailleurs sénégalais.

« L'horreur des Allemands pour les troupes noires françaises, leur racisme instinctif allaient curieusement contribuer à épargner Paris », écrit Jean-Marc de Foville, ancien officier de carrière devenu journaliste[1].

— Si ce sont des Nègres, dit Kuchler, ils n'ont aucune moralité militaire, je le sais bien ! Ils ne savent peut-être même pas ce que signifie le drapeau blanc ; il faudra qu'on me les retrouve et qu'on me les pende. Mais, allez-y, envoyez un nouveau message aux Français ! Ce sera le dernier !

---

1. Jean-Marc de Foville, *L'Entrée des Allemands à Paris*, Paris, Calmann-Lévy, 1965.

Les soldats français et sénégalais prisonniers sont donc rassemblés dans la cour ouest du palais, les uns logés dans les garages, les autres parqués par terre, tandis que les blessés sont mis à l'abri dans le poste de garde. Les officiers capturés sont séparés de leurs hommes et gardés sous la verrière de l'entrée d'honneur. Malgré la rupture de tout contact avec l'extérieur, les nouvelles vont vite. Les familles des soldats parisiens sont bientôt informées que leurs fils se trouvent en captivité dans une cour de l'Élysée. Elles confectionnent pour eux des colis d'alimentation. Les commerçants du quartier de la Madeleine s'empressent également de leur faire apporter des vivres. Mais là, conformément aux propos tenus par le général von Kuchler, les Sénégalais sont détenus à part : pour eux, rien ! Ni pain ni soins ! C'est donc en cachette qu'ils sont alimentés. Quant aux blessés, la femme de l'électricien et la lingère font de leur mieux pour les soigner.

Le soir de ce samedi 15 juin éclate une première fusillade. Les Allemands, qui soupçonnent un embryon de rébellion, tirent. Un jeune caporal auvergnat, blessé à la tête, est achevé à coups de crosse sous les yeux de ses camarades. Dans la nuit a lieu un nouveau tir de mitrailleuse. Un deuxième prisonnier est tué. Les Allemands demandent à enterrer les deux soldats dans les jardins du palais... Le brigadier Jamot, qui représente le ministère des Beaux-Arts, intervient pour l'empêcher, il est écouté : ils seront transportés ailleurs.

Les Allemands autorisent le personnel le lendemain à s'occuper des blessés. Le concierge appelle l'Hôpital américain de Neuilly qui envoie plusieurs ambulances avec des vivres, des médicaments et emmène les hommes les plus gravement atteints.

Puis, sans un quelconque préavis, le matin du mardi 18 juin, les camions reviennent à l'Élysée chercher les prisonniers pour les emmener dans un camp de la Croix-de-Berny, au sud de la capitale. Les familles se précipitent pour apercevoir leurs pères, leurs maris, leurs enfants avant leur départ, mais elles sont tenues à l'écart. Une fois les prisonniers évacués, les Allemands quittent aussi le palais, ne laissant sur place qu'une garde légère.

À la même heure, un immense défilé de troupes se déroule sur les Champs-Élysées et les Grands Boulevards. Aux Invalides, le gouverneur militaire et son chef d'état-major sont considérés comme prisonniers et vont être conduits à Maisons-Laffitte. Au Crillon, les Allemands installent toujours des lignes téléphoniques ; ils se hasardent même sur le toit de l'ambassade des États-Unis. L'ambassadeur Bullitt appelle aussitôt le général von Stutnitz :

— Il s'agit d'une irruption intolérable sur le sol américain. Si cette présence ne cesse pas dans l'heure, nous ouvrirons le feu sur tout soldat allemand qui serait encore là !

Bullitt se poste alors avec ses collaborateurs, revolver à la main, aux fenêtres de l'ambassade. Les Allemands retirent leur matériel instantanément.

À Londres, Winston Churchill prononce un grand discours sur la résistance à la barbarie et le général de Gaulle lance son appel. À Bordeaux, le gouvernement, constitué par le maréchal Pétain dans la soirée du 16, attend les réactions allemandes à sa demande d'armistice – « C'est le cœur serré que je vous dis aujourd'hui qu'il faut cesser le combat », a déclaré le maréchal le 17. La nouvelle de cette demande atteint Hitler lors d'un arrêt de son train spécial en Forêt-Noire : il exulte de joie, esquisse un pas de danse, et s'en va rencontrer Mussolini. La grosse horloge électrique de l'Élysée est mise à l'heure allemande.

Les soldats de la Wehrmacht n'ont pas perdu de temps pour découvrir les vins et alcools fins de la cave du palais. Ils saluent l'armistice par une belle beuverie qui alerte le petit personnel français, lequel saura ainsi, dans un bâtiment coupé du monde et qui n'intéresse apparemment personne puisque le préfet de police ignore ce qui vient de s'y passer, que la fin des combats a sonné. L'armistice est signé entre la France et l'Allemagne le 22 juin à 18 h 50, puis entre la France et l'Italie le 24 à 19 h 15 ; le cessez-le-feu sur l'ensemble du front est fixé au 25 à 2 heures.

Hitler est-il venu visiter Paris le dimanche 23 après la signature de l'armistice franco-allemand et avant le cessez-le-feu, ou bien le vendredi 28, date anniversaire du 28 juin 1919, jour de la signature de ce traité de Versailles qu'il s'est promis de déchirer ? Après tout, il a voulu que la France signe sa défaite dans le wagon de Rethondes où l'Allemagne rendit les armes en 1918. La date du 23 est citée par le pilote du Führer, le commandant Hans Baur[1], par le sculpteur Arno Breker[2] qui accompagnait Hitler, par le préfet de police de Paris dans son journal, par le film d'actualité qui en sera réalisé, et aussi par les archives de l'Opéra où Hitler s'est arrêté.

Ce même 23 juin, à 5 h 30, l'heure où le Führer atterrit au Bourget, la délégation française qui doit se rendre à Rome pour l'armistice franco-italien embarque elle-même à bord de trimoteurs Junker 52 ; on imagine que le commandement allemand a dû prendre toutes ses précautions pour qu'Hitler ne puisse pas les croiser. Pourtant, laissant subsister un léger doute sur la date, Albert Speer, qui est aussi l'invité du Führer à Paris, retient le 28 juin comme jour de cette visite[3].

Quoi qu'il en soit, le parcours d'Hitler décrit par les différents témoins est bien le même. Le Führer a invité ses trois « artistes » : son décorateur préféré, Hermann Giessler qui nourrit ses rêves grandioses avec des maquettes de Berlin ou de Munich, son architecte officiel, intime et futur ministre Albert Speer, et enfin le sculpteur néoclassique Arno Breker, élève de Maillol, grand amateur de corps élancés ; tous trois connaissent Paris, y ont des relations dans le milieu artistique.

— Paris m'a toujours fasciné, dit Hitler à Breker. Depuis des années, j'avais l'ardent désir de m'y rendre. Les événements ont rendu ce désir réalisable. Maintenant les portes de

1. Hans Baur *J'étais pilote de Hitler*, Paris, France-Empire, 1955.
2. Arno Breker, *Paris, Hitler et moi*, Paris, Presses de la Cité, 1970.
3. Albert Speer, *Au cœur du IIIe Reich*, Paris, Fayard, 1971.

la ville sont ouvertes pour moi ! Depuis, je n'ai pas d'autre idée en tête que celle de visiter cette métropole de l'art avec mes artistes.

Ceux-ci ont été priés de mettre une tenue qui puisse les confondre avec des militaires. Speer porte une casquette, Giessler et Breker des calots ; on leur a fourni des gabardines qui leur tombent sur les chevilles. Hitler emmène son aide de camp, ainsi que le *Reichsleiter* Martin Bormann et plusieurs généraux de son état-major. Le QG du Führer se trouve alors, depuis le 6 juin, dans une petite localité située à six kilomètres au nord de la frontière franco-belge, non loin de Rocroi : Brûly-de-Pesche, dont tous les habitants ainsi que ceux des environs ont été évacués. Hitler loge dans l'une des maisons de la rue principale, son état-major occupe les autres et deux bunkers de six cents tonnes de béton ont été construits en un temps record pour l'abriter en cas de bombardement. Il l'appelle le « ravin du loup »[1].

Son quadrimoteur Condor beige décolle d'une vaste piste en herbe au sud de la commune de Regniowez[2], du côté français de la frontière, pour mettre le cap sur Le Bourget, qui est alors le grand aéroport de Paris. L'avion est attendu à son arrivée par une colonne de Mercedes noires, en tête de laquelle sa voiture découverte de parade, avec son fanion rouge à croix gammée sur l'aile droite. La présence de ces voitures, acheminées au préalable sur place, témoigne d'une préparation minutieuse de la visite qui ne s'improvise pas en quelques heures. Le cortège compte aussi cameramen, photographes et journalistes, outre les hommes de la sécurité personnelle du Führer. Celui-ci s'assoit à la droite du chauffeur ; son aide de camp et ses trois invités sur les banquettes arrière.

Le cortège entre dans Paris par la nationale 2 et la porte de la Villette et prend, comme le gros des forces allemandes le 14 juin, la rue de Flandre puis la rue La Fayette pour arriver

1. Hitler quittera ce quartier général le 4 juillet 1940.
2. Cette piste devait être agrandie après la guerre et bétonnée pour devenir une base de l'Otan. Elle est aujourd'hui désaffectée en tant que telle.

à la première étape de la visite : l'Opéra. « Paris semblait mort. Pas une âme. Les groupes d'immeubles que la vie paraissait avoir désertés passaient fantomatiques et irréels », raconte Arno Breker. On serait étonné du contraire en cette heure matinale et en présence de l'occupant…

Les Mercedes contournent l'Opéra pour s'arrêter devant l'entrée principale. Un détachement de la Wehrmacht présente les honneurs. Le parcours du Führer est très précisément balisé. Des ordres ont été donnés pour évacuer les sacs de sable qui protégeaient les monuments publics. Cela n'a pas échappé aux Renseignements généraux : le préfet Langeron prend le risque – « imprudent », pense-t-il – d'envoyer deux inspecteurs suivre discrètement les déplacements d'Hitler. Ils notent qu'il arrive à l'Opéra à 6 heures et qu'il en repart une heure plus tard – ce sera sa plus longue étape. Hitler en connaît les plans jusque dans le plus petit détail. « Le grand escalier, le foyer fastueux, la salle chargée d'or, tout fut visité en détail. Toutes les lumières brillaient comme pour une soirée de gala. Fasciné par l'Opéra, Hitler s'exalta sur sa beauté inégalée, les yeux brillants, perdus dans une extase qui ne laissa pas de m'inquiéter[1] », dira Albert Speer.

À un moment, il se tourne vers Arno Breker :

— Demandez donc au gardien de nous montrer le chemin qu'emprunte le président de la République quand il se rend dans sa loge…

« Nous nous acheminâmes vers la loge du président par un petit escalier tortueux et d'étroits couloirs. Hitler jeta encore un dernier coup d'œil dans la grandiose salle puis se retourna :

— Demandez à monsieur où se trouve le salon de réception du président…

Le gardien n'en connaissait aucun. Je lui demandai de réfléchir, quand il lui vint soudain à l'esprit que derrière la cloison de la loge se trouvait une salle qui pourtant n'était pas à la disposition du président. Amusé par cette précision, Hitler nous dit :

— Voyez-vous, messieurs, voilà la démocratie !…

1. A. Speer, *Au cœur du IIIe Reich*, *op. cit.*

Sa question, qui avait été posée ironiquement, ne visait qu'à confirmer ses présomptions. Il y voyait le mépris pour le premier personnage de l'État, la démocratie par essence ne souffrant pas de chef. Pour lui, au contraire, le président représentait la figure centrale, donc un personnage que l'on devait partout honorer et placer au premier plan. Ici, il était relégué à l'écart, discrètement effacé, tenu sous surveillance[1]. »

Le cortège reprend son parcours : la Madeleine, la perspective de la rue Royale, la place de la Concorde. Hitler se tourne vers le Crillon, le ministère de la Marine. « Il ordonna de remonter les Champs-Élysées au ralenti pour s'abandonner plus complètement à ses impressions. » Après l'Arc de Triomphe, les voitures empruntent l'avenue Foch, tournent avenue Raymond-Poincaré et s'arrêtent au Trocadéro d'où le Führer admire la tour Eiffel. Étapes suivantes : l'École militaire, la chapelle des Invalides, le tombeau de l'Empereur. « Hitler tenait sa casquette à la main contre sa poitrine. Il s'inclina. Un silence solennel et imposant nous entourait », poursuit Arno Breker. Hitler décide alors que les cendres du duc de Reichstadt, le roi de Rome, fils de Napoléon, qui reposaient à Vienne, seront transférées à Paris pour être placées aux côtés de son père.

La visite se poursuit par le quartier Latin, le Panthéon, puis l'Hôtel de Ville, le Louvre et elle s'achève au pied de la basilique de Montmartre où le Führer descend également de voiture pour embrasser la capitale du regard.

— Je remercie le destin, dit-il devant ses invités. Il m'a permis de voir cette grandiose cité qui m'a toujours fasciné. Au commencement des hostilités, j'ai donné ordre à mes troupes de contourner la ville et d'éviter tout combat dans sa périphérie ; il fallait absolument préserver cette merveille de la culture occidentale. Il fallait la garder intacte pour la postérité.

Il est près de 9 heures. Moins de trois heures dans Paris avant de reprendre son avion. Hitler est passé comme une ombre. Il n'a croisé qu'un pêcheur à la ligne, des marchandes de poissons, un vendeur de journaux. Aux Champs-Élysées,

1. A. Breker, *Paris, Hitler et moi*, *op. cit.*

il ne s'est même pas arrêté là où le roi de Prusse Frédéric Guillaume vit ses troupes descendre la grande avenue, aux côtés de celles du tsar Alexandre et du prince de Schwarzenberg. Il n'a pas voulu d'un défilé de la victoire devant lui. Il n'a pas demandé non plus où était l'Élysée qu'avait occupé le général von Werder avec ses Prussiens au mois de mars 1871. Du chef de l'État français, il n'a retenu que sa modeste loge à l'Opéra ; comme symbole, cela lui suffisait. Était-ce par mépris ou par calcul ?

Le vendredi 28 juin, les derniers soldats allemands qui gardent l'Élysée se retirent en emportant leurs drapeaux. La croix gammée a été descendue du mât du palais, comme s'il fallait préserver ce lieu. L'explication, on la trouve dans l'article 3 des clauses de la convention d'armistice rédigée par les services du Führer : « Le gouvernement français est libre de choisir son siège dans le territoire non occupé, ou bien, s'il le désire, de le transférer même à Paris. » Le texte précise ensuite ceci : « Dans ce dernier cas, le gouvernement allemand s'engage à accorder toutes les facilités nécessaires au gouvernement et à ses services administratifs centraux, afin qu'il soit en mesure d'administrer de Paris les territoires occupés et non occupés. »

C'est pour respecter cet engagement et avoir ainsi un gouvernement sous sa surveillance directe que le commandement militaire allemand protège l'Élysée, l'hôtel de Matignon, les Affaires étrangères ou le ministère de la Guerre. Il préfère réquisitionner le Palais Bourbon, le palais du Luxembourg et de grands hôtels plutôt que de priver les autorités françaises de l'espoir de rentrer à Paris.

Deux jours après le retrait du dernier soldat de la Wehrmacht de l'Élysée, le jeudi 30 juin, Albert Lebrun et sa femme arrivent à Vichy ; il est encore le président de la République[1].

1. Le 10 juillet, la Constitution de la IIIe République est abrogée par l'« acte constitutionnel » du maréchal Pétain.

Il est logé au pavillon Sévigné, boulevard des États-Unis, pavillon que les ministres s'empressent de surnommer le « petit Élysée ». L'envoyé spécial du *Petit Parisien* n'hésite d'ailleurs pas à rapprocher les deux résidences, celle des rives de l'Allier devant bien rappeler au président celle de la capitale, écrit-il : « L'entrée donne sur une place pittoresque du vieux Vichy qu'un donjon ennoblit de son altière et massive silhouette. C'est le faubourg Saint-Honoré. La façade s'ouvre sur les jardins. Des marronniers, des platanes, des peupliers et des frênes mêlent les nuances diverses de leur feuillage et les cygnes glissent sur la transparence des bassins. Ce sont les Champs-Élysées[1]. » Mais un petit détail change tout néanmoins ; les gardes mobiles qui assurent la sécurité du pavillon montent leur faction devant un mur où l'on peut lire : « Restaurant ».

Le 10 juillet, députés et sénateurs convoqués en Assemblée nationale au casino de Vichy votent les pleins pouvoirs au maréchal Pétain ; les lois constitutionnelles qui fondaient la IIIe République sont abrogées. Le lendemain, le maréchal Pétain rend une visite de courtoisie à Albert Lebrun, qui n'a plus d'existence légale comme président de la République. L'échange des propos d'usage pour les « grands services rendus à la patrie » ne peut dissimuler le cynisme de la situation : Lebrun a appelé Pétain à prendre la tête du gouvernement, et celui-ci vient le « remercier ». Le « coup d'État légal » rend inconcevable toute passation de pouvoirs. Lebrun n'a plus rien à faire à Vichy. Trois jours plus tard, accompagné par le fidèle André Magre, le président démis vient prendre définitivement congé du maréchal[2]. Celui-ci conserve le « petit Élysée » pour les Conseils des ministres. Il n'est pas inutile de les faire rêver à l'autre, à Paris.

---

1. Eugène Quinche, *Le Petit Parisien*, 12 juillet 1940.
2. Il s'installera dès le 15 juillet dans une maison de famille à Vizille, dans l'Isère, pour la durée de l'Occupation.

4

Pas d'ausweis pour le maréchal

Depuis le 10 juin 1940, le gouvernement passait son temps sur les routes ; désormais, c'est dans les chemins de fer. Le train pour Vichy quitte tous les soirs la gare d'Austerlitz à Paris à 21 h 38 ; il arrive le lendemain matin à 7 h 22. En sens inverse, le départ de Vichy est à 19 h 50 et l'arrivée à Paris à 8 h 10. Une seule liaison par jour. La locomotive s'arrête à Moulins en pleine nuit, sur la ligne de démarcation qui sépare la France occupée de celle qui ne l'est pas, le temps de permettre la vérification des autorisations de passage – les *ausweis*. Le service a été rétabli à partir du 10 juillet 1940, jour du vote solennel de l'Assemblée nationale remettant les pleins pouvoirs au maréchal Pétain. Les cheminots avaient quitté Paris par échelons vers le sud dès le 10 juin. Le 12, il n'y avait plus de contrôle du trafic. Il a repris deux jours après l'armistice.

Entre Vichy et Paris, la liaison ferroviaire et téléphonique n'a jamais été coupée. Les Allemands y veillent. C'est leur moyen de tenir les Français sous bonne garde. « Vichy s'intitule capitale, mais c'est à Paris qu'on trouve les bâtiments, les communications, le décor nécessaires pour gouverner. De lui-même le trop-plein des ministères s'y déverse et les ministres, au lieu de pousser une porte, font trois cents kilomètres entre leurs services[1]. » Quelques membres du cabinet de l'ancienne présidence de la République, André Magre, le secrétaire général, Oswald Durand, directeur adjoint du cabinet civil, le général Braconnier, chef de la maison militaire, l'intendant Marchal, privés d'emploi ailleurs et perdus entre Bordeaux et Vichy, sont revenus provisoirement au palais de l'Élysée demeuré vide.

Rentrer à Paris ? Comme l'article 3 de la convention d'armistice l'autorise, tout le monde en parle. Mais comment assurer la liberté d'action d'un gouvernement dans une capitale entièrement occupée par une armée étrangère ? Peut-on créer un « couloir » entre Paris et la zone libre, une « enclave démilitarisée » pour les autorités françaises ? Au lendemain du 10 juillet, le maréchal ne pense qu'à abandonner l'hôtel du Parc et le pavillon Sévigné pour s'installer dans un hôtel particulier à Versailles, dans l'idée de rejoindre Paris, « siège naturel de l'autorité gouvernementale »... Il demande au gouvernement de faire le nécessaire. Il se confie même à une jeune Américaine ravissante et très anti-allemande, Polly Peabody[2], venue découvrir la France en ces tristes temps et présentée par le sénateur-maire de Versailles, Gaston Henry-Haye ; le maréchal l'a invitée à prendre le café.

— Dans deux semaines je vais à Versailles, lui dit Pétain. Cette fois, je me suis décidé. J'ai fait demander aux Allemands d'évacuer les lieux. Ma valise est déjà quasiment prête...

On répartit même les ministères entre Paris et Versailles : à Paris, les administrations techniques, Finances, Ravitaillement, Industrie, Agriculture ; à Versailles, les plus politiques, l'Intérieur et ce qui subsiste de la Guerre ou des Affaires étrangères... Le 22 juillet, le ministre des Finances et celui des PTT sont les premiers à annoncer leur retour à Paris. Mais les Allemands n'évacuent pas Versailles et le maréchal devra garder sa chambre d'hôtel à Vichy, en attendant mieux.

1. Alfred Fabre-Luce, *Journal de la France*, *op. cit.*
2. Polly Peabody, *Occupied Territory*, Londres, The Cresset Press, 1941.

Il a donc expédié un délégué officiel, le général de La Laurencie, dans la capitale, où le vrai pouvoir est détenu par le nouvel ambassadeur d'Allemagne, Otto Abetz, trente-sept ans, envoyé à Paris dès le soir de l'entrée de la Wehrmacht, le 14 juin. Il a épousé une Française[1] originaire des Flandres et a su se constituer un fort réseau d'amitiés dans le milieu intellectuel français – il a été expulsé du territoire l'été 1939 pour sa propagande hitlérienne, avant même la déclaration de guerre. Le Führer l'a reçu en audience avant son départ pour l'ambassade, lui donnant pour instruction d'être « responsable de toutes les questions politiques en France occupée et non occupée », avec cette précision : « Si des intérêts militaires se trouvent mis en cause lors de l'exécution des tâches qui lui sont assignées, il (Abetz) devra agir en accord avec les services militaires intéressés ; il (Abetz) est chargé de maintenir régulièrement le contact avec le gouvernement français et de surveiller ses relations politiques avec les autres pays. » Rien ne manque.

Il a ses bureaux au premier étage de l'ambassade, 78, rue de Lille, d'où il a non seulement vue sur la Seine, mais droit de regard sur tout ce qui se fait en France. Et quelle ambassade ! Ce fut l'hôtel d'Eugène de Beauharnais, le frère de la reine Hortense ; la Prusse s'y installa lors de la première occupation de Paris en 1814, puis ce fut l'Allemagne lors de la deuxième occupation en 1871…

Vichy n'est qu'une capitale « provisoire et dérisoire », « clinquante et étriquée », une « sorte de cité vaticane », selon le mot de Laval[2], où le maréchal Pétain règne, faute de mieux, à la tête d'une pseudo-monarchie. Son directeur du cabinet civil, l'inspecteur des finances Henri du Moulin de Labarthète, quarante ans, était son attaché financier lorsqu'il était ambassadeur à Madrid. Celui-ci n'a guère d'illusions sur cette situation : « Il

1. La secrétaire de Jean Luchaire, journaliste proallemand, créateur des *Nouveaux Temps*, lié au milieu collaborationniste jusqu'au bout. Condamné à mort à la Libération, il sera exécuté à quarante-cinq ans.

2. Cité par Henri Amouroux, *Pour en finir avec Vichy*, t. 1, *Les Oublis de la mémoire 1940*, Paris, Robert Laffont, 1997.

y avait, jusque dans le cérémonial, pourtant modeste, de l'hôtel du Parc, tout un côté "émigration de l'intérieur", toute une friperie de souveraineté défraîchie, qui serrait le cœur. » Cette « maison de l'Élysée, sans tubes, sans gants, sans jaquettes, à la flanelle un peu triste d'une colonie de vacances[1] », ne tient que par le maréchal qui se prend au jeu, celui du souverain acclamé par les foules, qui a fait don de sa personne à la France, et dont l'âge – il est né sous le Second Empire – ne marque l'usure que pour son entourage immédiat, tandis que pour le grand nombre, c'est au contraire un gage supplémentaire de hauteur et de sagesse dans un pays auquel manquent un million et demi de jeunes hommes, prisonniers, et où l'âge de décès est en moyenne de quinze ans inférieur à celui du chef de l'État.

Une fois l'été passé, les brumes de l'automne ramènent avec elles l'idée du retour à Paris. C'est de Pierre Laval qu'elle vient. Il en reparle le 29 août. L'homme à la cravate blanche sur son col blanc, l'auvergnat né à Chateldon, cinquante-sept ans, passé du socialisme à l'opportunisme, huit fois ministre ou président du Conseil en quinze ans, a vu son heure sonner à nouveau grâce au maréchal. Le 16 juin, il était à Bordeaux pour écarter Reynaud ; le maréchal lui a donné le titre de ministre d'État dans son cabinet. Arrivé à Vichy, il a « sauvé la mise » au maréchal (ce sont ses mots) en fabriquant le vote de l'Assemblée nationale le 10 juillet 1940 (cinq cent soixante-neuf voix pour les pleins pouvoirs, quatre-vingts contre et dix-sept abstentions[2]). Et l'acte constitutionnel abrogeant la Constitution de la IIIe République, c'est encore lui qui l'a imaginé sinon rédigé. En témoignage de remerciement, le maréchal en fait son vice-président du Conseil et l'inscrit comme son « dauphin ». À l'hôtel du Parc, il a son bureau au deuxième étage, au-dessous de celui du chef de l'État, mais il

1. Henri du Moulin de Labarthète, *Le Temps des illusions*, Genève, À l'enseigne du cheval ailé, 1946.

2. L'Assemblée nationale réunissait alors la Chambre des députés et le Sénat, soit six cent dix-huit députés et trois cent quatorze sénateurs. Le 10 juillet 1940, deux cents parlementaires étaient absents. Il s'agissait de la Chambre dite « de Front populaire » élue en 1936. La majorité du Sénat était également de gauche.

est encore plus souvent à Paris, à Matignon, qu'il n'est à Vichy. Paris ou le vrai pouvoir. Comment y revenir vraiment ?

Il est le premier membre du gouvernement à avoir parlé avec Otto Abetz, dès le 20 juillet, grâce au beau-frère de celui-ci, Jean Luchaire. Et ils se sont très bien entendus – sur le dos des Anglais. Laval avait déjà avec eux un vieux contentieux datant de 1935, quand ils avaient fait capoter sa diplomatie. Mais surtout, ils ont bombardé la flotte française à Mers-el-Kébir le 3 juillet et ont voulu, vainement, prendre Dakar de vive force le 23 septembre. Cela suffit à désigner l'allié de la bataille de France comme le nouvel adversaire. Laval ménage son effet en de multiples occasions jusqu'à obtenir le rendez-vous dont il rêve : Hitler ! Il a envie de lui acheter l'avenir de la France, qu'il confond avec son propre avenir. Et il l'obtient : le 22 octobre, le Führer lui accorde un entretien dans le wagon-salon de son train blindé, armé de canons de DCA, qui le ramène d'Hendaye où il vient de rencontrer le général Franco, vainqueur de la guerre civile espagnole, qu'il voulait convaincre de se joindre à l'alliance contre l'Angleterre.

Le train s'est arrêté dans une gare de campagne, à Montoire-sur-le-Loir, tout près de Vendôme. Pourquoi là ? Parce que la voie passe, à trois kilomètres, sous un tunnel, à Saint-Rimay, la meilleure protection qui soit en cas d'alerte aérienne.

La ligne Vichy-Paris bifurque par Montoire. L'aiguillage de l'Histoire va diriger le cortège du maréchal sur une nouvelle voie.

Le mardi 23 octobre, lendemain de son entretien avec Hitler, Laval regagne Vichy et se précipite chez le maréchal dans l'état d'esprit d'un lycéen ivre de joie parce qu'il vient de réussir son baccalauréat. Il annonce qu'« Hitler veut recevoir le maréchal dès demain » et qu'« il entend dominer sa victoire et fournir à la France une chance de sortir de sa défaite[1]... »

1. Henri du Moulin de Labarthète, *Le Temps des illusions*, *op. cit.*

— Comment ça ? demande le directeur de cabinet du maréchal. Cette entrevue était prévue ?

— Pas du tout, dit Laval, je n'en savais rien moi-même ! C'est Abetz qui m'a fait venir rue de Lille avec ma valise et m'a conduit, les yeux bandés, vers une petite gare. Je lui ai dit : « On va voir Ribbentrop ? – Non, Hitler ! – Sans blague ! » Et j'ai eu avec lui un long entretien. Il veut maintenant voir le maréchal. Ce sera un événement historique.

Laval informe Pétain. « Toute cette histoire est effarante », dit l'entourage. Faut-il vraiment y aller, sans délai, sans préparation ?

— Retarder l'entrevue ? Je n'y ai même pas pensé, tranche le maréchal. Laval m'a dit que ce serait faire offense à Hitler. À quoi bon s'énerver d'ailleurs ? Nous ne sommes pas libres. Et puis il y a des précédents ! On ne vous a jamais parlé de Tilsitt ?

Le Führer et le maréchal, comme l'Empereur et le tsar !

C'est ainsi qu'un cortège de quatre ou cinq voitures quitte Vichy le matin du 24 octobre : Pétain, Laval, leurs conseillers, leurs policiers. Direction : Tours ! La préfecture où les 12 et 13 juin, quatre mois plus tôt à peine, tout s'est noué. Et là, sous la même pluie fine mais froide de cette fin d'octobre, attente. Le maréchal en profite pour faire une sieste. Puis, peu avant 17 heures, les Allemands donnent le signal du départ pour la destination finale. Plus d'une heure de route. La pluie a cessé. Voici Montoire et sa gare. Dans la lumière du jour qui décline, Hitler se tient entre les voies, encadré par Ribbentrop, son ministre des Affaires étrangères, et le maréchal Keitel, le chef d'état-major de la Wehrmacht devant qui a été signé l'armistice.

On se salue. La poignée de main devant les photographes. Ce qui se dit ne compte pas. Pour l'Histoire, c'est la poignée de main qui restera. Le vainqueur de Verdun passe en revue la garde personnelle du Führer… Au retour de l'entretien, du Moulin de Labarthète demande au maréchal :

— Est-ce qu'il avait une belle voix ?

— Eh bien, mon cher, lui répond le chef de l'État, je vais vous faire une confidence, je ne l'ai pas entendu...

Un moment, puis :

— Vous ne l'avez pas entendu ? reprend du Moulin, mais c'est grave pour l'Histoire, monsieur le maréchal !

— Non, je ne l'ai pas entendu. Cet homme qui hurle à la radio parle presque à voix basse et comme je suis dur d'oreille... Mais l'interprète, le Dr Schmidt, avait une voix très nette, très distincte.

— Est-ce que vous vous reverrez ?

— Pas avant longtemps, nous n'avons fixé aucune date. N'est-ce pas, Laval ?

Cette main donnée à Hitler, ce sera la honte. Le maréchal n'en a pas conscience. Le 30 octobre, il confirme dans un discours à la radio : « C'est dans l'honneur et pour le maintien de l'unité française que j'entre aujourd'hui dans la voie de la Collaboration. C'est la Collaboration sincère », dit-il. « La vraie Collaboration », insiste Laval.

À ce moment, le dauphin perd pied avec la réalité. Il est submergé par son « coup ». Hitler n'a pas réussi à abattre l'Angleterre, donc il va avoir besoin de la France, donc la France va pouvoir jouer un grand rôle en Europe, et la France, c'est lui. Il n'est plus un politique mais un prophète, dit Yves Bouthillier, le ministre des Finances, qui se méfie. « Il se prend sincèrement pour le maître légitime de la France... » Bouthillier l'a entendu lui expliquer : « Mon secret, dans de tels moments, est de me croire grand. Plus la situation est périlleuse, plus l'interlocuteur m'apparaît comme inaccessible, plus je me sens grand[1]... »

Le 12 novembre, Laval résume à du Moulin l'essentiel des propos d'Hitler durant l'entrevue de Montoire : « Si vous voulez comprendre la situation, a déclaré le Führer au maréchal, si vous voulez m'aider non point à vaincre l'Angleterre, je m'en charge, mais à hâter la création d'un nouvel ordre

1. Témoignage d'Yves Bouthillier, dans *La Vie de la France sous l'Occupation*, Stanford et Paris, Plon, 1957.

européen, si vous acceptez le principe d'une collaboration, j'accorderai à la France quelques satisfactions : retour des prisonniers, assouplissement de la ligne de démarcation, diminution des frais d'occupation. Mais donnant-donnant. »

Laval commente :

— Vous vous rendez compte de la chance qui nous est offerte ?

Il veut aller vite et, pour aller vite, il faut ramener le maréchal à Paris, former un nouveau gouvernement dont le maréchal lui confierait la direction, peut-être même convoquer l'Assemblée nationale pour ratifier une nouvelle Constitution et une nouvelle politique, se retourner contre les Anglais... Lui à Matignon, le maréchal à l'Élysée ?

Peut-être pas encore à l'Élysée, mais des choses se préparent. Le 15 novembre, l'administrateur du Mobilier national reçoit pour instructions de prévoir l'installation de « M. le maréchal de France, chef de l'État français, à Versailles, au 9, boulevard de la Reine ». Le mobilier proviendra de ce qui n'a pas été évacué du palais de l'Élysée et il pourra être apporté à partir du 28 novembre. La date est précise.

Du Moulin le confirme : « Deux officiers de la maison du maréchal franchirent la ligne (de démarcation) en novembre pour préparer le cantonnement. On avait déjà blanchi les murs, posé quelques tapis, accroché cinq ou six tableaux, obtenu le départ du piquet de la Wehrmacht[1]... »

À Paris, Roger Langeron, toujours préfet de police, le sait aussi : « On aménage avec un manque de discrétion voulu le Trianon Palace de Versailles. Les commentaires reprennent sur l'installation prochaine du maréchal dans la région parisienne[2]. »

Le projet abandonné pendant l'été est donc en train de prendre corps – Montoire est passé par là. Le Vichy-Paris va-t-il faire un détour par Versailles ?

1. Henri du Moulin de Labarthète, *Le Temps des illusions*, *op. cit.*
2. Roger Langeron, *Paris, juin 40*, *op. cit.*

À l'hôtel du Parc, tout le monde ne voit pas ce détour d'un bon œil. Si, en allant à Versailles, le maréchal doit être l'otage de Laval – et des Allemands –, mieux vaut renoncer, estime l'entourage. D'autant que la presse parisienne, rédigée par les amis du dauphin, est extrêmement virulente contre la politique conduite par le maréchal et son gouvernement à Vichy. Comment empêcher la précipitation des événements ? Le complot se noue durant un déplacement de Pétain à Marseille et à Toulon, à la fin novembre et au début décembre – c'est-à-dire au moment où un camion transporte à Versailles le mobilier qui devrait accueillir le maréchal. Ils sont quatre ce soir-là, à la préfecture de Marseille, quatre intimes réunis dans la chambre du chef de l'État : Bouthillier, son ministre des Finances, le Dr Ménétrel, son médecin, le général Laure, son secrétaire général militaire, attaché à son état-major depuis seize ans, et Henri du Moulin – à qui l'on doit le récit. Le projet : renvoyer Laval, effacer son titre de dauphin. Condition : le secret.

Mais, de son côté aussi, Laval manigance.

Le 11 décembre 1940 au soir, qui est un mercredi, le bruit se répand à l'hôtel du Parc d'après lequel « Laval reviendra de Paris le lendemain », en ayant l'intention de « ramener le maréchal dans la capitale, sans ministres »... Il aurait même prévu d'organiser une grande cérémonie à l'Hôtel de Ville. Ce n'est pas tout à fait cela – mais ce doit être plus grandiose encore.

Le même 11 décembre à 1 heure du matin, Jacques Benoist-Méchin, journaliste récemment nommé ambassadeur des prisonniers français, reçoit un appel téléphonique de son ami Otto Abetz :

— Je ne veux pas que vous quittiez Paris sans vous annoncer que votre vœu le plus cher va se réaliser !

— Mon vœu le plus cher ?

— Les cendres de l'Aiglon vont rentrer à Paris ! Le Führer a décidé de transférer aux Invalides le cercueil du roi de

Rome, à l'occasion du centième anniversaire du retour de la dépouille de Napoléon… le 15 décembre.

— Dans quatre jours ?

— De très belles cérémonies sont prévues à cette occasion. Pour l'instant, elles sont encore tenues secrètes…

— Ce n'est pas possible, ne faites pas cela, dit Benoist-Méchin, d'une voix étranglée[1].

Le transfert des cendres, c'était en effet son idée. Il en avait fait part deux ans plus tôt à Otto Abetz parce qu'il espérait la voir adoptée par Hitler. Mais cela n'avait pas abouti. Il ignore qu'Hitler en a publiquement parlé, devant le tombeau de l'Empereur aux Invalides, durant sa visite à Paris. Historien de l'armée allemande, c'est-à-dire de la montée d'Hitler au pouvoir, également confident de Proust et de D'Annunzio, Benoist-Méchin n'a jamais caché sa ferveur pour la collaboration franco-allemande. Il s'y consacre tout entier depuis plusieurs années. Pourtant, l'appel d'Otto Abetz, en pleine nuit, le laisse stupéfait. La bonne idée imaginée pour symboliser la réconciliation entre les deux pays, qui était la sienne, a-t-elle encore un sens quand la France est à terre, humiliée par l'Occupation ? Il redoute que cette soudaine précipitation ne la ruine définitivement.

— Si le maréchal vient à la cérémonie, on dira chez nous qu'il est votre prisonnier, dit-il à Abetz. S'il ne vient pas, Hitler sera en droit de considérer son absence comme un affront. De toute façon la cérémonie se déroulera dans une atmosphère de tristesse et de deuil.

— La cérémonie aura lieu comme prévu, maintient Abetz. Le fourgon transportant le cercueil a déjà quitté Vienne. Il ne va pas tarder à arriver à Compiègne. Et vous voudriez qu'on l'aiguille sur une voie de garage ?

Décidément, on ne sort par des voies de chemin de fer. C'est le 10 décembre, si l'on en croit le préfet Langeron, que Laval est saisi de l'offre d'Hitler et qu'il charge le général

1. Jacques Benoist-Méchin, *À l'épreuve du temps. Souvenirs*, Paris, Julliard, 1989.

de La Laurencie d'en informer le maréchal par téléphone. Laval attend le 12, à 17 heures, pour appeler, de Matignon où il se trouve, du Moulin qui ne sait rien de plus que ce que disent les rumeurs :

— Eh bien, dit Laval, l'idée du voyage du maréchal à Paris fait des progrès. Les Allemands ne s'opposent plus à son installation à Versailles... Je me demande si nous n'avons pas intérêt à brûler les étapes. Je rentre demain à Vichy. Et j'ai bien envie de ramener le maréchal avec moi. Qu'en dites-vous ?

— Je ne crois pas que le maréchal ait besoin de vous pour rentrer à Paris.

— Comment ?

— Il y rentrera bien tout seul.

Ainsi le ton monte et l'un des conjurés du complot anti-Laval se dévoile. Aussi, quand celui-ci arrive à Vichy le lendemain après-midi, accompagné par Fernand de Brinon, un ultra de la Collaboration qui succédera au général de La Laurencie, il se rend directement dans le bureau du maréchal Pétain, sans passer par celui du directeur de cabinet. Il vient annoncer tout rayonnant une nouvelle aussi sensationnelle que celle du rendez-vous de Montoire : un nouveau cadeau d'Hitler !

— Le Führer, monsieur le maréchal, a décidé de faire une grande surprise à la France ! Il veut lui rendre, pour le centième anniversaire du retour de Sainte-Hélène, les cendres du duc de Reichstadt... Il croit que rien ne flattera davantage les Français que le retour des cendres de l'Aiglon.

— C'est une idée, dit sobrement le maréchal qui le sait déjà par l'appel du général de La Laurencie.

— Seulement, il faut que vous soyez là...

— Mais je n'ai rien à y faire ! Vous me voyez à Paris, par ce froid, au milieu des Allemands, présidant une cérémonie à laquelle les Français ne comprendront rien ?

— Mais vous ne pouvez pas vous dérober...

— Alors quoi, c'est toujours la carte forcée, comme à Montoire ?

— Ne vous fâchez pas, ce que je vous en dis, c'est dans votre intérêt. Je ne me bats pas pour une cérémonie. Mais ce serait dommage. Tout est prêt. Le corps arrivera samedi soir à la gare de l'Est. Une prolonge d'artillerie, l'esplanade des Invalides, le caveau de l'Empereur, en pleine nuit, à la lumière des torches. Ils aiment ça, les Allemands, ça leur rappelle Wagner, les nuits romantiques… Moi, je trouve ça très beau.

— Surtout si Hitler n'est pas là, coupe le maréchal.

— Mais il n'y sera pas ! s'exclame Laval.

Alors, subitement, Pétain demande à son vice-président de lui décrire les préparatifs de cette affaire :

— Quand partons-nous ?

— Demain, par un train spécial.

— Et que je ferai-je après ?

— Après, vous coucherez à l'hôtel de Matignon, le seul qui soit chauffé. Je vous laisserai ma chambre. Vous irez vous promener dans Paris le lendemain.

— Et si nous allions au café de Paris ? demande le maréchal.

« C'est gagné », pense Laval, qui se sent non seulement rassuré mais plus fort que jamais. Il emmène le maréchal à Paris !

Les comploteurs se réveillent, Bouthillier, Alibert, ministre de la Justice, Baudouin, celui des Affaires étrangères, Peyrouton, de l'Intérieur, l'amiral Darlan… Pour la première fois, ils discutent de l'arrestation de Pierre Laval, de la déchéance du dauphin. Pas moins… Bouthillier, Peyrouton et Baudouin sont chargés de se faire les porte-parole du groupe auprès du maréchal. En un quart d'heure, tout est déballé : les manœuvres en coulisses du « président » – c'est toujours ainsi que Laval se fait appeler, les injures proférées contre l'entourage du maréchal dans la presse, etc. Pétain est d'autant mieux préparé à entendre ces arguments qu'il n'aime pas Laval.

« Il sentait bien que Laval jouait son propre jeu, que lui, Philippe Pétain, maréchal de France, n'était pour l'Auvergnat qu'un marchepied, marchepied violemment antipathique de surcroît. C'étaient deux caractères d'autant plus inconciliables que l'un et l'autre étaient gonflés d'orgueil. Or, à ce moment-là, tous deux avaient le même but : gouverner la France[1]. » Celui qui écrit cela est alors l'inspecteur général des services de la Sûreté nationale à Vichy : c'est Groussard, l'ancien chef d'état-major du gouverneur de Paris, à qui le cabinet du maréchal a confié l'un de ses services de renseignement ; il en a profité pour créer des « groupes de protection » (GP), destinés à préserver le gouvernement d'une intervention surprise des Allemands.

— M. Laval nous trahit, dit le maréchal à son directeur de cabinet, et je vais le lui dire en face-à-face. Convoquez le Conseil des ministres pour 20 heures.

En même temps, il demande au général Laure de préparer une lettre à Hitler pour l'informer qu'il ne pourra pas se rendre à la cérémonie des Invalides et qu'il se passe des services de Laval.

On est un vendredi 13. Jour de chance ou de malchance ? Laval ne comprend pas ce qui se passe : pourquoi ce Conseil si soudain ? Mais il est sûr de lui. À l'ouverture de la réunion, le maréchal demande à ses ministres de lui remettre une lettre de démission. Chacun signe la sienne, Laval comme les autres : comment le maréchal qui voulait tout à l'heure l'accompagner à Paris se séparerait-il de lui maintenant ? Le maréchal rassemble les lettres, suspend le Conseil pendant vingt minutes, se retire, revient : seules les démissions de Laval et de Georges Ripert, le secrétaire d'État à l'Instruction publique, sont acceptées.

Au début, Laval n'y croit pas. Il ne peut pas s'être fait rouler dans la farine à ce point, lui ! Alors le maréchal enfonce le clou :

— Oui, c'est pour vous que je parle. Je n'ai plus confiance en vous. Vous entraînez la France beaucoup trop loin. Vous m'avez fait aller à Montoire par surprise. Vous acceptez presque tout ce que les Allemands vous demandent. Vous allez même au-delà de leurs désirs. Et vous ne me tenez plus au courant de rien…

1. Georges Groussard, *Chemins secrets*, *op. cit.*

Les GP de Groussard assurent la sécurité de l'opération. Laval est arrêté, assigné à résidence dans sa propriété de Chateldon. Il n'assistera pas à la cérémonie nocturne du retour des cendres de l'Aiglon. Il ne conduira pas le maréchal à Paris. Mais Otto Abetz, furieux de ce quasi-coup d'État exécuté contre lui, va venir le chercher, protégé par une escorte d'automitrailleuses, pour le mettre à l'abri à Paris. C'est Darlan, dont le fils a été décoré par le maréchal en personne durant sa visite au port militaire de Toulon, qui part pour la capitale, avec le général Laure, chef de la maison militaire du maréchal, représenter le chef de l'État aux Invalides.

De la presse, seul l'hebdomadaire *L'Illustration*, qui continue de paraître à Paris avec tous les soutiens utiles de l'ambassade d'Allemagne[1], a été mis dans la confidence et associé à l'événement. Le samedi 14 décembre, il publie, en avant-première de la cérémonie qui va suivre, mais sans l'annoncer, huit pages sur le retour des cendres de Napoléon, cent ans plus tôt, les 14 et 15 décembre 1840. La rédaction de ce récit a été confiée à Albéric Cahuet, le romancier périgourdin de *Pontcarral*. Il décrit « l'apothéose de la rue, avec son tumulte délirant qui restera dans l'histoire », et par contraste, « l'apothéose des Invalides qui fut un simulacre mal réglé, dans un décor surchargé et faux ; ce fut la comédie politique après l'exaltation nationale ». Faut-il y lire une mise en garde voilée de Cahuet ? Il a pour lui la référence et l'autorité de Victor Hugo, qui fut le témoin direct des cérémonies de 1840 : « On avait l'air tout à la fois de montrer et de cacher Napoléon. On a laissé dans l'ombre tout ce qui eût été trop grand ou trop touchant. On a dérobé le réel et le grandiose sous des enveloppes plus ou moins splendides, on a escamoté le cortège impérial dans le cortège militaire, on a escamoté l'armée dans la Garde nationale, on a escamoté les Chambres dans les Invalides, on a escamoté le cercueil dans le cénotaphe[2]… »

1. Il a alors un tirage de quatre-vingt-quinze mille exemplaires.
2. Victor Hugo, *Choses vues*, Genève, La Palatine, 1944.

Que pouvaient donc faire les Allemands ? Le numéro suivant de *L'Illustration* déborde de photographies d'une cérémonie nocturne que personne n'a vue, à l'exception des invités, puisqu'elle s'est déroulée à 1 h 30, éclairée par deux lignes de trois cents torches, sous des rafales de neige fondue, dans un froid glacial, les gardes républicains faisant une étrange haie aux dignitaires allemands présents à Paris : le général von Stülpnagel, commandant en chef des forces allemandes en France, et l'inévitable Otto Abetz. Une batterie de la garde républicaine a sonné « Aux Champs » devant le cercueil couvert de voile noir. Sacha Guitry faisait partie des invités. « Il fait un froid mortel, écrira-t-il, et nous sommes là, deux ou trois cents Français, tous grelottants dans l'ombre. C'est solennel et c'est sinistre[1]. »

Le lendemain, dimanche, messe à Saint-Louis des Invalides, en présence de la princesse Napoléon et du prince Paul Murat. « À la sortie, rapporte le rédacteur de *L'Illustration*, comme si c'était parfaitement naturel, de l'autre côté des grilles, une compagnie de soldats allemands et une musique militaire rendent les honneurs au passage de M. Abetz, de l'amiral Darlan et des généraux[2]... »

On verra sur les murs de Paris, écrits à la craie, ces mots vengeurs : « Ils nous prennent notre charbon, ils nous renvoient des cendres. »

Malheureux roi de Rome. « Toute mon histoire, lui fit-on dire, tiendra dans ma naissance et dans ma mort. » Né aux Tuileries, il n'eut pas le temps de grandir pour voir se bâtir son palais au Champ-de-Mars ; il eut tout de même un appartement à l'Élysée. Et voilà que ses cendres étaient transférées de nuit, sur l'ordre d'un dictateur à la tête de soldats héritiers de ceux qui avaient vaincu son père.

---

1. Sacha Guitry, « Quatre ans d'occupation », dans *Cinquante ans d'occupation*, Paris, Presses de la Cité, 1992.

2. Robert de Beauplan, *L'Illustration*, 21 décembre 1940. Dans un numéro précédent, sous la même signature était paru un reportage sur les Allemands à Paris : des « touristes en uniforme »...

C'est peu dire qu'Hitler est hors de lui après cette cérémonie ratée et inutile, ce « cadeau » gâché, qui couronne l'éviction de Laval le 13 décembre. La Collaboration est morte, dit Abetz, que les Français déconcerteront toujours. Le maréchal a-t-il vraiment renoncé au train de Paris ? Il cherche à calmer les choses malgré l'agitation qu'il a provoquée. Ses émissaires font savoir à l'ambassadeur d'Allemagne que le limogeage de Laval ne change rien sur le fond. Il charge l'amiral Darlan, qui préside une sorte de directoire à trois – est-ce le « consulat » dont lui parlait le maréchal à Briare ? –, de faire de son mieux pour rencontrer le Führer, s'expliquer et raccommoder ce qui peut l'être. Toujours présent là où il faut, Otto Abetz fait le nécessaire.

C'est encore dans une gare, celle de Laboissière-Le Déluge, sur la ligne Paris-Beauvais, que l'amiral de la Flotte a rendez-vous avec Hitler, le 25 décembre, jour de la Noël 1940. Une gare au nom prédestiné : Darlan reçoit un déluge d'imprécations, une « engueulade » telle qu'il n'en a jamais entendu de pareille. « Indignation », « infamie inqualifiable », etc. Hitler ne parle plus avec sa voix basse de Montoire, c'est plutôt celle de la radio.

— Le gouvernement français m'a fait demander à diverses reprises l'autorisation de rentrer soit à Versailles, soit à Paris, dit le Führer. J'ai chaque fois rejeté cette demande et ceci dans l'intérêt même du gouvernement français, afin qu'il ne puisse pas être dit que, par suite de sa présence à Paris ou à Versailles, il fonctionne sous la pression de la puissante occupante.

Mais il ajoute :

— Cependant, ce retour aurait pu être une conséquence de la Collaboration et la première étape aurait pu être marquée par la venue du maréchal Pétain à Paris, à l'occasion de la cérémonie qui a entouré le retour en France des cendres du duc de Reichstadt. Les choses étant devenues ce qu'elles sont maintenant, je ne veux plus entendre parler de cette question du retour du gouvernement français à Paris[1].

---

1. Alain Darlan, *L'amiral Darlan parle*, Paris, Amiot-Dumont, 1953.

Conséquence du renvoi de Laval, il punit le maréchal et raye de la convention d'armistice son article 3. Hitler a bien dit qu'il ne voulait plus en entendre parler. Les ministres de Vichy sont placés en quarantaine : plus de billet de chemin de fer ni d'ausweis pour Paris. La presse de la zone occupée n'est même pas autorisée à publier la liste du nouveau gouvernement… L'Élysée ne sera donc pas chauffé cet hiver. Le thermomètre descend à moins douze degrés en janvier 1941.

5

L'amiral joue et perd

L'amiral Darlan est donc le seul à disposer d'un sauf-conduit permanent pour se rendre de Vichy à Paris. Les autres ministres du maréchal sont pour le moment punis, interdits de passage de la « ligne ». Et pourtant, personne ne croit que la route de Paris soit définitivement coupée par les Allemands. N'est-ce qu'une question de patience et de temps ? Ou bien faut-il négocier et agir ? Quoi qu'il en soit, le cabinet du maréchal prend les devants : si des événements devaient se précipiter, il faudrait que l'Élysée soit prêt. On envoie donc deux officiers en avant-garde. Leur seule mission est l'entretien et la surveillance du lieu. Rien de plus puisque tout le reste est encore exclu.

Le colonel Lionel Barré et le commandant Léon Bonhomme ont leur chambre dans les appartements des officiers de permanence, au premier étage de l'aile Marigny du palais. Les visiteurs peuvent discrètement y entrer en empruntant la porte latérale sans passer par la porte principale. À la différence des autres pièces de l'Élysée, les appartements de l'étage sont chauffés. Ils donnent sur l'avenue Marigny, sous laquelle fut percé un passage souterrain[1]. À chacune de leurs visites, au

1. Il date de Louis Napoléon Bonaparte, futur Napoléon III, qui résidait à l'Élysée comme président de la IIe République, et pouvait ainsi rendre visite, en toute discrétion, à son amie anglaise, Miss Howard.

moins une fois par mois, les deux officiers veillent à la sécurité et à la bonne tenue du bâtiment.

Barré est gendarme ; petit, carré, myope, il a cinquante ans. Il s'est battu sur les fronts de 14-18 avant d'entrer comme capitaine au cabinet du maréchal, en 1934, quand celui-ci est devenu ministre de la Guerre ; depuis, il l'a suivi partout. Le 25 novembre 1940, il a été nommé commandant militaire de la maison du chef de l'État. À l'Élysée, il aurait sous ses ordres les escadrons du 1er régiment de la garde républicaine affectés à la protection du palais ; à Vichy, il est le chef de la garde personnelle du maréchal, laquelle compte quatre cents hommes, sous-officiers et gendarmes. Il fait partie du « premier cercle » des proches du chef de l'État, admis à déjeuner à sa table, à l'hôtel du Parc.

De quelques années son cadet, Bonhomme est l'officier d'ordonnance du maréchal ; il ne l'a pas quitté depuis vingt ans, l'accompagne dans ses promenades et ses déplacements, le précède là où il doit se rendre.

À Paris, les deux officiers ont pour interlocuteurs principaux le secrétaire général des Beaux-Arts, responsable du Patrimoine artistique national[1], et l'administrateur général du Mobilier national, lequel gère les dizaines de milliers d'objets meublant les ministères et palais nationaux. Le premier, Louis Hautecœur, est nommé à la succession de Georges Huisman le 24 février 1941. À cinquante-six ans, il est couvert de diplômes : normalien, agrégé d'histoire et de géographie, grand spécialiste de l'architecture classique en France, historien du palais du Louvre, conservateur du musée d'Art moderne, appelé à Genève pour y accompagner de grandes expositions, il est rentré à Paris le 11 juin 1940 tout juste à temps pour veiller au déménagement des dernières collections du palais de Tokyo. Le second, Guillaume Janneau, cinquante-trois ans, dirige le Mobilier national depuis quatorze ans quand les Allemands occupent Paris. Un décret du 8 mars 1941 fait de lui un administrateur général.

1. Ancêtre du ministère de la Culture, fondé par André Malraux.

L'Élysée désert va devenir un chantier. Dès le mois de janvier 1941 sont définis les premiers travaux de réfection, d'abord de la façade du jardin d'hiver, situé sur la partie ouest du palais, ensuite de la cour d'honneur et de sa verrière, puis ceux du dallage du perron donnant sur les jardins.

Le 10 mars, l'architecte en chef du palais et des résidences présidentielle, Jean Démaret[1], signe le cahier des charges imposé à l'entrepreneur qui a obtenu le marché pour tous les travaux à venir. « L'entrepreneur, est-il mentionné, devra se conformer aux ordres qui lui seront donnés par l'architecte en ce qui concerne les mesures à prendre pour l'entrée et la sortie des ouvriers, l'approche des équipages et des matériaux[2]. Quels que soient les difficultés d'accès des lieux d'exécution des travaux et le parcours à suivre, l'administration pourra toujours modifier l'emplacement, la disposition des accès aussi souvent qu'elle le jugera utile… L'entrepreneur devra prévoir les protections nécessaires, tant extérieures qu'intérieures, pour qu'aucune gêne ou entrave ne soit apportée aux services du palais de l'Élysée. Il devra formellement interdire au personnel du chantier de pénétrer dans des pièces ou services où ne sont pas effectués les travaux[3]. »

Quel luxe de précisions, de protections, d'interdictions pour procéder à des travaux dans un palais vide et sans autre emploi que celui d'abriter le concierge, l'électricien, les femmes de chambre et les jardiniers ! Ce descriptif si détaillé correspond certes aux procédures de l'administration, mais il doit se comprendre ici pour un motif évident : pour les ordonnateurs des travaux, qu'il s'agisse des officiers de la maison du maréchal ou des services des Beaux-Arts, le palais doit pouvoir à tout moment retrouver un rôle, si ce n'est *son* rôle…

Trois dates accompagnent la mise en œuvre du chantier : le 30 avril 1941, il est demandé aux ateliers du Mobilier national de confectionner des paires de rideaux en étoffe de

1. Futur inspecteur général des bâtiments civils et palais nationaux, sous la IVe République.
2. Échafaudages et échelles.
3. Archives nationales, F² 7180.

soie façonnée à feuilles de chêne et de laurier pour les portes-fenêtres du grand salon du premier étage[1] ; le 7 juin, les ouvriers déposent leurs outils et leurs matériaux dans la salle des fêtes, le jardin d'hiver et les différents salons de réception du rez-de-chaussée donnant sur la façade sud ; le 2 juillet enfin, l'administrateur général du Mobilier national décide de renvoyer au palais pour les rassembler dans le jardin d'hiver et la salle à manger Napoléon III tous les meubles, fauteuils, chaises, bureaux plats, etc., qui ont été confiés aux ateliers de restauration pour remise en état.

Ainsi, entre le mois de janvier 1941, au moment où le grand tapis du salon Murat est inondé, et le mois de juillet où le mobilier, qui n'a pas été évacué à Aubusson, doit revenir au palais, le chantier épouse, comme on va le voir, l'accélération de la politique de Collaboration jusqu'à son échec. Mais en janvier, ni le maréchal Pétain, ni l'amiral Darlan, ni même l'ambassadeur Otto Abetz ne savent que les choses vont mal tourner. Ce que Laval a voulu faire, l'automne précédent, avec maladresse et précipitation, l'amiral veut le reprendre, en croyant naturellement qu'il va réussir.

Darlan n'a son ausweis permanent pour Paris que pour une raison : sa flotte. Sortie invaincue de la défaite, elle est parvenue à s'échapper des ports de l'Atlantique devant l'avancée allemande pour rejoindre la Méditerranée et l'Afrique du Nord, et a été préservée par la convention d'armistice ; réchappée du bombardement britannique de Mers el-Kébir, elle a résisté à la tentative d'assaut des mêmes Anglais à Dakar ; à l'abri dans son port de Toulon, dispersée entre Alexandrie, Bizerte, Alger et Oran, ses cuirassés, croiseurs, contre-torpilleurs, torpilleurs et sous-marins demeurent une puissante force en Méditerranée. Darlan s'est engagé sur

1. Dit « Salon doré », au centre du palais. Le général de Gaulle en fera son bureau en 1959.

l'honneur devant Churchill, à de multiples reprises en 1940 et la dernière fois le 18 juin, à ne pas livrer ses bateaux aux Allemands. Du coup, dit Paul Baudouin, « les Allemands aiment Darlan jusqu'à l'embrasser, lui et ses cuirassés ». Otto Abetz l'a suggéré dans son entretien avec le maréchal, au lendemain du renvoi de Laval : « Dans l'Europe future, chaque nation aura son rôle – si toutes pourront entretenir des forces armées de toute nature, l'Allemagne aura surtout l'aviation, la France la marine, parce qu'une fois la tradition britannique disparue, il ne reste que la tradition française. Le successeur d'Hitler est un aviateur, la logique voudrait que le successeur du maréchal fût un marin[1]... » Darlan pourrait-il être l'amiral de toutes les flottes de l'Europe hitlérienne ? Son pouvoir dépend de la capacité de nuire que les Allemands lui accordent.

Après quatre ou cinq rencontres avec Abetz à l'ambassade d'Allemagne, six semaines de « directoire » à trois avec le général Huntziger et Pierre-Étienne Flandin, deux ou trois tentatives avortées de réconciliation avec Laval qui préfère avoir, grâce à sa fille Josée de Chambrun, un bureau aux Champs-Élysées, Darlan finit par concentrer entre ses mains tous les pouvoirs. Le 9 février 1941, Flandin ayant démissionné, il est nommé non seulement vice-président du Conseil (le maréchal demeurant le président du Conseil en titre), mais aussi ministre des Affaires étrangères, de la Défense nationale et de la Marine ; il le sera même de l'Intérieur et de l'Information. Et naturellement en conservant ses fonctions d'amiral de la Flotte. Pouvoir consacré par l'abrogation de la main du maréchal de son précédent acte constitutionnel dans lequel sa succession était assurée par Pierre Laval ; le nouveau décret prévoit qu'il est aussi le dauphin !

Parmi les quatorze ministres et secrétaires d'État de son gouvernement, il y en a un que le maréchal a désigné sans

1. Compte rendu de l'entrevue entre le maréchal Pétain et l'ambassadeur Otto Abetz, le 17 décembre 1940, reproduit en fac-similé par Claude Huan et Hervé Coutau-Bégarie, *Darlan,* Paris, Fayard, 1989.

trop demander l'avis de l'amiral, c'est Joseph Barthélemy, ministre de la Justice et garde des Sceaux. Darlan ne le connaît que pour l'avoir croisé dans des réceptions au ministère de la Marine. C'est un Toulousain (son père a été maire de la ville rose) malicieux et physiquement imposant ; c'est surtout un très grand professeur de droit public et d'histoire parlementaire qui a marqué de son autorité vingt ans d'enseignement à l'École libre des sciences politiques, tout en étant élu député durant deux législatures. « Un républicain de gauche, disait-il de lui en riant, est un homme du centre que le malheur du temps oblige à siéger à droite. » En un mot, c'est un « libéral » ; il a été élu à l'Académie des sciences morales et politiques en 1927, à cinquante-trois ans, ce qui est un record de jeunesse pour un académicien. Le maréchal avait besoin auprès de lui d'un expert pour les affaires judiciaires, et il y en aura – du procès de Riom à celle des sections spéciales de la cour d'appel de Paris[1] ! Mais il reste un esprit indépendant, pour autant qu'on puisse l'être à l'époque, et c'est en cela que son portrait de Darlan mérite d'être retenu.

« Il marchait précédé de la réputation d'être un marin politicien ayant surtout navigué dans les eaux de la rue Royale », dit Joseph Barthélemy qui, pour illustrer son propos, raconte l'une de ces histoires fabriquées pour les dîners en ville du casino de Vichy où, à défaut de pouvoir passer les Allemands à la moulinette de la caricature – on est écouté –, on n'hésite pas à le faire pour les membres du gouvernement. Celle qui circule avec beaucoup de succès sur Darlan comporte trois volets ; sur le premier, « il y a l'amiral qui n'avait jamais connu l'amour (Esteva[2]) ; sur le second, l'amiral qui n'avait jamais connu la mer (Darlan) ; et enfin, sur le troisième, le plus authentique loup de mer qui avait bourlingué pendant trente ans à travers les océans ; et lui, il n'avait jamais connu Darlan… »

1. Loi du 14 août 1941, à laquelle il affirmera être totalement étranger.
2. Jean-Pierre Esteva, résident général en Tunisie, de 1940 à 1942, était célibataire.

Voilà pour la réputation. Celle d'un soldat, mais d'« origine politicienne » : le collaborateur de cinq ministres de la Marine successifs, depuis Georges Leygues jusqu'à Alphonse Gasnier-Duparc qui lui a conféré le titre, jusque-là inconnu, d'« amiral de la Flotte ». « À la différence du maréchal, remarque Barthélemy, il présentait un curieux mélange de simplicité affectée et de goût du faste. À Vichy, il occupait deux villas à huit cents mètres de distance l'une de l'autre, l'une, celle d'hiver, appartenant à un médecin, sur la rive droite de l'Allier, l'autre pour l'été, propriété de Casino, grande entreprise d'épicerie à succursales multiples[1]... » Darlan a demandé à l'administrateur du Mobilier national, à Paris, de lui meubler son bureau à l'hôtel du Parc : il reçoit des sièges anciens, époque Empire, recouverts de tapisserie de Beauvais ; cela ne lui plaisant pas, il fait venir son mobilier du ministère de la Marine, rue Royale : « Ensemble de noyer frisé et ciré, de style Louis XV-1900, issu du faubourg Saint-Antoine[2]. » Il voyage accompagné de sa musique, composée de quatre-vingts musiciens, l'ancienne musique des équipages, et ne se déplace qu'en train spécial, « un luxe véritable à une époque où les trains étaient strictement limités pour les masses, en raison de la pénurie de charbon, de personnel, de matériel, de lubrifiants ». De même, sa table est « fastueuse » ; son seul plaisir simple : il adore fumer la pipe. Comme il impressionne déjà le maréchal avec ses cinq étoiles sur la manche, il en voudrait sept lui aussi.

Parvenu au sommet du pouvoir, il ne s'en contente pas ; il a besoin d'une consécration : ce ne peut être qu'un nouveau rendez-vous avec Hitler. Otto Abetz est chargé de le préparer, avec la complicité de Jacques Benoist-Méchin, officiellement nommé secrétaire d'État à la présidence du Conseil. « Si vraiment on veut demander à la France un engagement efficace contre l'Angleterre, tant moral qu'économique et militaire,

1. Joseph Barthélemy, *Ministre de la Justice, Vichy 1941-1943. Mémoires*, Paris, Pygmalion, 1989.
2. Jean Chauvel, *Commentaire*, *op. cit.*

écrit Abetz dans une dépêche adressée à Berlin au mois d'avril 1941, il faudra choisir entre encourager par des succès politiques les forces françaises qui sont positives à notre égard, ou les abandonner à une lente dissolution[1]. »

Au début, Berlin ne répond pas. C'est alors que se produit, bien loin des affaires européennes, au cœur du Proche-Orient, un de ces coups d'État dont la région est familière, mais celui-là va tout changer. Le Premier ministre Rachid Ali al-Gillani a pris le pouvoir à Bagdad et appelé l'Allemagne à son aide. Les Britanniques, qui s'estiment chez eux en Irak, envahissent le Sud du pays et se dirigent vers la capitale pour en chasser l'imposteur. Hitler décide de lui porter secours en lui envoyant des avions. Mais, pour attaquer les Anglais, ses avions doivent faire escale en Syrie. Et la Syrie, c'est Vichy – puisque le pays est sous protectorat français ! Voilà le coup du destin : le Führer est demandeur…

Le samedi 3 mai 1941, à 10 heures, l'ambassadeur d'Allemagne appelle Benoist-Méchin, dont le bureau se trouve à Matignon, en le priant de bien vouloir passer le voir rue de Lille. Benoist-Méchin lui répond que son agenda est couvert de rendez-vous. Eh bien, Abetz se déplace ! C'est dire si la requête de Ribbentrop est urgente. Le gouvernement allemand demande en effet officiellement à la France d'autoriser la Luftwaffe à se poser en Syrie. Benoist-Méchin téléphone aussitôt à Darlan à Vichy. L'amiral décide de prendre son train spécial pour être à Paris le soir même :

— Dites à l'ambassadeur qu'il aura notre réponse au plus tard demain matin, à 10 heures, précise-t-il à Benoist-Méchin. D'ici là, j'aurai eu le temps d'en parler au maréchal et d'y réfléchir pendant la nuit…

Ces escales pour la Luftwaffe, on va pouvoir les négocier ! Voilà donc Darlan et Benoist-Méchin rédigeant un document destiné à Berlin mettant des conditions à l'accord français : retour des prisonniers, assouplissement de la ligne de démarcation, diminution de la charge des frais d'Occupation. Hitler

1. Otto Abetz, *Histoire d'une politique franco-allemande*, Paris, Stock, 1953.

va-t-il les accepter ? N'est-ce pas trop ? Darlan se dit qu'en sacrifiant quelques aérodromes en Syrie, il sauve sa situation en France. Hitler va même plus loin : alors qu'il n'a pas répondu aux sollicitations précédentes de son ambassadeur pour accorder un rendez-vous aux Français, il trouve une date sur-le-champ ; ce sera le deuxième dimanche de mai, le 11. Il invite l'amiral, toujours escorté par Benoist-Méchin, à se rendre au « nid d'aigle », à Berchtesgaden. C'est le jour de la fête de Jeanne d'Arc, brûlée vive par les Anglais... Un symbole pour sceller un accord franco-allemand contre l'Angleterre.

Cinq mois après la colère de Laboissière-Le Déluge, revoilà Hitler, mais cette fois au centre de son immense salle de travail. Benoist-Méchin observe chaque détail de son personnage, « un être à la fois irréel et plus réel que les autres » : « Très droit, immobile dans sa tunique feldgrau et son pantalon noir, sans autre décoration que la Croix de fer de première classe, les mains jointes, le regard absent, il semblait à mille lieues de ses interlocuteurs. La sensation dominante qui se dégageait de lui était un mélange indéfinissable de puissance et de solitude... »

La conversation s'engage. Darlan n'a rien d'autre à donner que la Syrie. Hitler argumente :

— Toute concession allemande en vue d'une collaboration avec vous affaiblit notre effort de guerre tant militaire qu'économique. La guerre contre l'Angleterre étant une question de vie ou de mort, je n'ai le droit, en tant que Führer du peuple allemand, d'affaiblir notre potentiel que si je peux obtenir des compensations en faveur de notre effort de guerre.

Un silence. Hitler poursuit :

— La France ne peut plus exercer aucune influence sur l'issue du conflit. Je n'ai pas besoin d'elle pour vaincre. Mais elle peut prolonger ou raccourcir la durée des hostilités. Si elle choisit de les prolonger, elle s'en repentira. Si elle les abrège, je lui accorderai en échange un avantage proportionné à chaque acte positif qu'elle accomplira dans ce sens. Pour une grande chose, une grande chose ; pour une petite chose, une petite…

— Vous voulez dire que ce sera donnant-donnant ?

— C'est bien ça, répond Hitler. Ce n'est pas un marchandage, c'est une précaution. Après les avanies que j'ai subies lors de la restitution des cendres du duc de Reichstadt, j'ai quelques raisons de rester sur mes gardes. Or les relations franco-allemandes sont avant tout une question de confiance.

— C'est également mon avis, acquiesce l'amiral[1].

Darlan voit-il dans quel engrenage il est en train de mettre la main ? Non seulement il ne le voit pas, mais il estime qu'il tient là l'occasion d'aller plus vite et plus loin que Montoire, de réussir là où Laval a échoué six mois plus tôt. Dès son retour à Vichy, il invite le maréchal et le gouvernement à ouvrir des pourparlers militaires avec les Allemands. On discute pendant deux semaines, puis, le 28 mai, le général Huntziger, pour la France, et le général Warlimont, pour le Reich, signent un « protocole ». Celui-ci ouvre la Syrie au passage de toute l'aide militaire destinée à l'Irak et plus seulement aux avions de la Luftwaffe ; il permet aux renforts de l'Afrikakorps de passer par Bizerte et autorise la marine du Reich à utiliser la base de Dakar pour conduire sa guerre dans l'océan Atlantique.

Otto Abetz se fait un plaisir de détailler les concessions les plus spectaculaires obtenues de la partie française : ainsi le ravitaillement des forces allemandes de Libye est assuré par des convois partant de Toulon et aboutissant à Bizerte sous protection de navires de guerre français ; la France est prête à céder à l'Afrika Korps ses canons lourds et son artillerie côtière, elle met à sa disposition plus de deux mille camions et véhicules divers pour le transport des vivres… En contrepartie de quoi ? De ce qui avait déjà été accordé sans garantie. Darlan y ajoute même une mesure supplémentaire, qui n'a rien à voir avec cette collaboration militaire, mais qui se veut « symbolique » – et qui ne le sera pas : il durcit, le 2 juin

1. Récit de Jacques Benoist-Méchin, *À l'épreuve du temps*, *op. cit.*

1941, le statut des Juifs décrété le 18 octobre précédent, pour élargir les interdictions qui leur sont faites d'occuper des emplois publics et les recenser. Comme si ces interdictions nouvelles et ce recensement devaient assouplir ses approches avec l'Allemagne.

Quand le protocole est examiné, le mardi 3 juin, à la table du Conseil dans le salon contigu à la chambre du maréchal, personne ne parle, personne ne se regarde, les ministres sont atterrés. « Je suis effrayé par les abandons qui sont exigés de la France, raconte Barthélemy. La France fera les concessions, elles seront réalisées tandis que les contreparties qu'on fait miroiter à nos yeux resteront lettre morte. L'abandon français est dur pour notre fierté et pour ce qui nous reste d'indépendance. Il est en outre extrêmement dangereux parce qu'il nous expose à la guerre avec l'Angleterre et avec les États-Unis. »

Surprise, Weygand est là. Pétain lui a demandé de venir. « Il est fatigué, émacié ; son teint jaune tourne au marron, observe Barthélemy. Mais son esprit reste jeune et ardent[1]. » Il arrive d'Alger d'où il commande, depuis le 6 septembre 1940[2], les troupes françaises d'Afrique.

— Général, lui dit Pétain, avez-vous quelque chose à dire comme responsable de l'Afrique ?

Oui, il a quelque chose à dire ; il a même préparé une lettre qu'il va lire ; elle est longue. C'est « le cri d'angoisse de l'Afrique », dit-il, le cri de l'Afrique française encore libre. Il a pris l'engagement de ne jamais accepter les Allemands sur le sol de l'Afrique française. Il a signé trois mois et demi plus tôt, le 26 février, avec le représentant des Américains à Alger, Robert Murphy, des accords assurant le ravitaillement de l'armée française d'Afrique. Et voilà que l'on est en train d'offrir Bizerte et Dakar aux Allemands, en trahissant même la convention d'armistice. Alors le ton monte :

1. Joseph Barthélemy, *Ministre de la Justice*, *op. cit.*
2. Le maréchal lui avait demandé sa démission de ses fonctions de ministre de la Défense nationale qu'il lui avait confiées le 16 juin 1940. C'est Pierre Laval qui a obtenu sa tête l'année précédente.

— Je ne discute pas la politique du gouvernement, je n'en ai pas le droit, dit Weygand. Mais ce que vous présentez là est une autre politique que celle que j'ai été chargé de faire en Afrique. Elle me ferait mentir avec tout ce que j'ai affirmé, en accord avec le gouvernement. Le gouvernement change de politique ; à politique nouvelle, homme nouveau…

— Ce n'est pas une politique nouvelle, corrige Darlan, c'est celle de l'armistice.

— Non, les deux politiques n'ont aucun rapport, reprend Weygand. L'armistice n'a pas dit : collaboration militaire avec l'ennemi.

Weygand se lève.

— Ma place n'est pas dans vos délibérations.

Et dans le même mouvement d'humeur, il ajoute :

— On m'a fait accepter une défaite que j'avais tout fait pour éviter, dit-il en rappelant juin 1940. On m'a chassé du gouvernement parce que j'avais exprimé franchement ma pensée à l'égard de M. Laval. Je ne suis qu'un homme libre qui n'espère plus rien, qui ne craint plus rien, mais ne veut pas se déshonorer.

Un peu plus tard, le maréchal tente de le retenir :

— Lorsque vous aurez abandonné l'Afrique, vous serez quand même et plus que jamais responsable de ce qui arrivera.

Nouveau Conseil des ministres le vendredi 6 juin 1941. Nouvelles équivoques. Pour en sortir, Weygand dit à Darlan :

— Si quelqu'un veut venir à Bizerte, je le jette à l'eau à coups de canon.

Là-dessus, il quitte Vichy le samedi 7 à 8 heures, après avoir pris congé du maréchal. Il retient que celui-ci était heureux d'avoir évité une crise, sinon « il eût été obligé de rompre avec l'amiral Darlan, ce qui l'eût amené à rappeler M. Laval dont, à Paris, on continuait de pousser la candidature[1] ».

Le lendemain, dimanche 8 juin à l'aube, Churchill et de Gaulle ripostent aux accords de Berchtesgaden du mois précédent : deux divisions britanniques ainsi que la première division

1. Selon les mémoires du général Weygand, *Rappelé au service*, *op. cit.*

française libre aux ordres du général Legentilhomme passent à l'attaque au sud de la Syrie et du Liban, contre trente-cinq mille soldats également français, commandés par le général Dentz, l'ancien gouverneur militaire de Paris devenu haut-commissaire à Damas, resté fidèle à Vichy. La bataille va être rude. Darlan sent le sol se dérober sous ses pas. Au Levant, ses troupes résistent, mais pour combien de temps ? Quel sens peut avoir ce combat fratricide, quasi suicidaire ? Des Français tirent sur des Français au nom de quelle souveraineté, de quelle alliance ? Mourir pour l'Allemagne d'Hitler ?

Le 10 juin, l'amiral tente d'expliquer sa politique à la radio : « L'armistice étant un acte signé par l'Allemagne, si nous voulons le modifier, il faut négocier avec l'Allemagne. Le maréchal m'a chargé de cette négociation. Je la poursuis depuis plusieurs semaines pour améliorer notre situation. » Le devoir du gouvernement, ajoute-t-il, est de « créer un climat favorable à l'établissement d'une paix honorable… »

Alors qu'il croit pouvoir demander aux Français de « dominer leur défaite », en réalité la méfiance s'installe ; il est en train de perdre la Syrie et de ruiner le peu de crédit qui lui restait dans l'opinion, même maréchaliste. Alors il pousse sa carte jusqu'à l'absurde. Au moment où Hitler s'engage, le 22 juin 1941, dans sa gigantesque offensive (quatre millions et demi d'hommes, trois mille cinq cents chars, quatre mille avions) contre la Russie de Staline, Darlan reprend les protocoles Huntziger-Warlimont dans l'idée d'en faire la partie militaire d'un vaste plan de collaboration politique, stratégique et économique avec l'Allemagne et l'Italie. Il demande le remplacement des conventions d'armistice par des traités préliminaires de paix entre les trois pays.

Tandis que le général Dentz et ses hommes tiennent encore à Damas et à Beyrouth, dans un conflit sans espoir, Darlan prépare une « note » pour Berlin dans laquelle il assure que « le gouvernement français s'associera aux gouvernements allemand et italien dans toutes les initiatives qu'ils prendront pour rétablir la paix et organiser l'Europe ». Ce qui signifie qu'il est prêt à prendre part aux opérations de guerre conduites par Hitler ! Il affirme aussi qu'« il entreprendra la conquête des territoires illégalement occupés par les forces britanniques, la défense des lignes de communication impériales », ce qui revient à se lancer dans des hostilités avec la Grande-Bretagne…

En échange, le gouvernement français revendique la libération progressive des prisonniers, le rétablissement de sa souveraineté sur l'ensemble du territoire, la suppression de la ligne de démarcation et le rétablissement de la liberté de communication. Darlan pense-t-il vraiment pouvoir ramener le gouvernement à Paris – et le maréchal à l'Élysée – en s'abandonnant à l'Allemagne ?

Benoist-Méchin remet la note de l'amiral à l'ambassade d'Allemagne le matin du 14 juillet 1941. À Beyrouth, les Britanniques remportent leur première victoire : le général Dentz a cessé toute résistance et demandé l'armistice, comme l'avaient fait Weygand et Pétain un an plus tôt à Bordeaux. Quant à Hitler, il a quitté Berlin pour installer son QG en Prusse-Orientale où il est accaparé par ses opérations sur le territoire soviétique. Que vient faire la note de l'amiral au milieu d'un aussi formidable bouleversement ? Hitler ne la prend pas au sérieux, ou plutôt il l'interprète comme une tentative de chantage et une rupture du protocole du 28 mai. Il a autre chose à faire : ses armées sont victorieuses partout. Il renvoie sèchement sa note à Darlan.

En l'absence d'Abetz qui se trouve au QG du Führer, le conseiller politique de l'ambassade d'Allemagne dit à Benoist-Méchin, le 15 juillet :

— Je suis chargé de vous notifier que M. von Ribbentrop a décrété l'état de tension entre le gouvernement du Reich et le gouvernement français et la suspension, jusqu'à nouvel ordre, de toute négociation franco-allemande.

Cependant, une réponse écrite parviendra quelques jours plus tard de Berlin au maréchal Pétain pour lui expliquer que les conversations ne sont pas tout à fait rompues pour autant et qu'elles reprendront le moment venu. « En l'an quarante ou à la semaine des quatre jeudis ? » griffonne le malicieux

Barthélemy sur son buvard, en prenant connaissance de cette lettre au cours d'un Conseil des ministres.

— Je ne me laisserai pas bouffer ! assure Darlan, conscient d'avoir perdu la partie.

Au palais de l'Élysée, les travaux du chantier de rénovation se poursuivent, mais sans grande urgence. Personne ne viendra plus. Au moins dans l'immédiat.

Désormais, Vichy s'engourdit dans la chaleur de ce deuxième été. Les choses se passent ailleurs. Le maréchal Pétain se met à regarder les cartes de la Russie et à scruter la stratégie hitlérienne là-bas. Dans son agenda diplomatique, les rendez-vous s'espacent ; le téléphone ne sonne guère. Juste quelques télégrammes de condoléances, ici et là, à signer. Cela laisse du temps aux intrigues de palais. Et elles ne manquent pas ! Lui aussi désœuvré depuis le *nein* sec de Ribbentrop, Darlan prend son stylo pour en dresser la liste à l'attention du maréchal. Son « résumé des intrigues » porte la date du 22 juillet 1941. Il en compte au moins une dizaine, de toutes origines.

« Intrigue allemande. *Il s'agirait de confier le pouvoir* à une équipe Darlan-Laval (d'après les Allemands, du Moulin aurait été sondé au sujet d'un retour de Laval).

Intrigue parisienne, qui a les sympathies de l'ambassade d'Allemagne – *celle indiquée par Pétain à Weygand le 6 juin* : reprise du pouvoir par Laval seul, et probablement, renaissance du parlementarisme. Le maréchal "dans les nuages".

Intrigue Déat – *du nom du directeur du quotidien collaborationniste* L'Œuvre, *fondateur du Rassemblement national populaire, qui se veut un parti "fasciste"* – la France naviguerait dans le sillage allemand.

Intrigue cabinet du maréchal. Pour une politique intérieure réactionnaire et pour une politique extérieure anglophile.

Intrigue Weygand. Retour du général au pouvoir. Politique extérieure américanophile avouée, anglophile cachée.

Intrigue anglaise et américaine. Renversement de l'amiral, écartement définitif de M. Laval. Faire reprendre la lutte à la France aux côtés de l'Angleterre.

Intrigues diverses. Soutenir le maréchal et sa politique, s'emparer du pouvoir à sa disparition au profit du chef qui suivra les conjurés.

Intrigues parlementaires. Rien ne marchera tant que l'on ne convoquera pas les Chambres[1]. »

L'énumération de ces scénarios résume assez bien ce qui traîne dans les couloirs des hôtels de Vichy ; cela révèle le climat délétère, de soupçon et de délation, dans lequel baigne cette politique, mais aussi, d'une certaine manière, la lucidité de l'amiral, car il perçoit bien l'intrication de tous les jeux de pouvoir qui vont emporter successivement les différents acteurs du drame. Y compris lui-même.

À cette énumération, il manque tout de même une intrigue : la sienne. Car il intrigue lui aussi. Quel peut être son but ? Retrouver la confiance des Allemands afin de se maintenir au pouvoir, malgré leurs rebuffades ? Certes. On le voit donc retourner à Paris dès la fin de l'été. Otto Abetz le reçoit à l'ambassade le 1er octobre 1941. De cet entretien, il ressort avec la certitude d'un double chantage pratiqué par les Allemands, chantage qu'il confie à son fils Alain :

— Tant que le général Weygand ne sera pas rappelé, aucune conversation politique n'aura lieu entre l'Allemagne et la France. Si le général Weygand est maintenu à Alger, aucun renforcement ne sera plus accordé à l'armée d'Afrique[2]...

Convaincus, à juste titre, que Weygand entretient des contacts réguliers avec les Américains, les Allemands exigent la résolution de son « cas ». À leurs yeux, il incarne au sein du régime l'opposition radicale à toute collaboration militaire avec l'Allemagne. Son limogeage embarrasse le maréchal qui aurait bien préféré trouver une autre solution ; celui-ci tergi-

1. Note citée par Hervé Coutau-Bégarie et Claude Huan, *Darlan*, *op. cit.*, retrouvée par eux aux Archives nationales dans les papiers Pétain.

2. Alain Darlan, *L'amiral Darlan parle*, *op. cit.*

verse, temporise, mais finit par se laisser convaincre. Le 16 novembre, Weygand est à nouveau appelé à Vichy.

— C'est lui ou moi, dit Darlan.

Benoist-Méchin rapporte un propos d'Hitler : « Liquidez l'affaire Weygand et vous pourrez recevoir en cadeau ce que vous avez essayé de négocier[1]. » Vrai ou faux ? L'amiral obtient en tout cas du maréchal la suppression des fonctions de délégué général du gouvernement de Vichy en Afrique du Nord. Privé de son poste, Weygand n'a plus qu'à s'en aller.

La négociation avec Berlin interrompue au mois de juillet va-t-elle donc pouvoir reprendre ? Le maréchal pourra-t-il librement voyager en zone occupée et se rendre à Paris ? Pétain veut en avoir le cœur net et rencontrer un « haut personnage » de l'entourage du Führer. Un an après Montoire, ce n'est pas Darlan qui prend l'initiative, mais lui, le chef de l'État, par l'intermédiaire de son représentant à Paris, Fernand de Brinon, l'ami de Laval, entouré par tout un réseau de militants de la Collaboration.

Le sang français a coulé des deux côtés en Syrie, il coule à nouveau sur le territoire français ; aux premiers attentats de l'été, le commandement allemand réplique par d'atroces représailles : les exécutions d'otages. L'Occupation prend un tour sanglant. Beaucoup de fusillés sont communistes, à Nantes, à Châteaubriant ; entré dans la lutte clandestine depuis l'attaque allemande contre la Russie soviétique, le parti communiste se sent d'autant plus libre d'intensifier ses actions armées qu'il est directement pris à partie. Pétain condamne les attentats ; effrayé par les exécutions, il annonce à ses ministres qu'il veut se présenter lui-même en otage sur la ligne de démarcation ; il n'en fait rien et se garde même de condamner publiquement les représailles.

C'est qu'il ne faudrait pas différer le nouveau rendez-vous franco-allemand, fixé au 1er décembre 1941 dans la gare de Saint-Florentin-Vergigny, à une quarantaine de kilomètres au nord-est d'Auxerre, en zone occupée. Une ligne de chemin de fer où ne circulent plus que des trains de marchandises.

1. Jacques Benoist-Méchin, *À l'épreuve du temps*, *op. cit.*

Pétain et Darlan, tous deux en uniforme, arrivent par train spécial en gare de Coulanges-sur-Yonne. Pourquoi ne vont-ils pas directement à Saint-Florentin ? Singulière symbolique que ces voies de chemin de fer qui ne se rejoignent pas.

Sur le quai de la gare de Coulanges, le maréchal et l'amiral sont attendus par Brinon. Le chef de l'État et son vice-président du Conseil, ainsi que leur délégation, montent alors dans plusieurs voitures et le cortège prend la route pour l'autre gare, en traversant Auxerre.

Le haut personnage à la rencontre duquel ils se rendent n'est autre que Goering. Pourquoi le *Reichsmarschall* de la Luftwaffe, en grand uniforme de ministre de l'Air, ne s'est-il pas posé en avion dans une région où les aérodromes ne manquent pas ? Parce qu'il n'aime pas l'avion ! Il préfère, comme le Führer, se déplacer en wagon-salon, au point que les aviateurs lui ont donné le titre de « ministre des chemins de fer »...

Il salue ses hôtes et entraîne le maréchal dans une salle de ce bâtiment pur style SNCF. Salle d'attente ? Plutôt des pas perdus. On déjeune dans le wagon salon du Reichsmarschall, chacun répète, plusieurs heures durant, ce que l'autre a déjà entendu : les prisonniers, les charges d'Occupation, la ligne, la liberté de rentrer à Paris... Goering, qui n'a rien d'un diplomate, finit par poser la question :

— Mais entre nous, monsieur le maréchal, qui est le vainqueur, vous ou nous ?

On en restera là. Il n'était pas nécessaire de faire déplacer des trains spéciaux, dans un sens et dans l'autre, pour finir sur une voie de garage. Les Allemands n'ont plus l'intention de négocier.

De toutes les intrigues dénoncées par Darlan, une au moins l'a emporté, celle dont Weygand a été le jouet. Deux autres ne sont pas d'actualité, celle visant à remettre le pouvoir à une même équipe Darlan-Laval, et celle qui consisterait à convoquer les Chambres. La première parce que l'amiral est affaibli et qu'il serait obligé de céder devant Laval ; la seconde parce que les Allemands n'ont toujours pas rouvert les portes de Paris au retour du gouvernement.

Mais toutes les cartes ne sont pas abattues.

6

Darlan complote dans les salons

Quand Darlan est à Paris, l'Élysée n'est jamais loin... Amiral de la Flotte, il avait son bureau au premier étage de l'hôtel de la Marine, rue Royale, à trois cents mètres du palais. Chef du gouvernement du maréchal, il ne réside pas à l'hôtel de Matignon lorsqu'il vient à Paris, mais au Bristol, 112, faubourg Saint-Honoré, à deux pas de l'Élysée.

Les Allemands ont réquisitionné tous les palaces durant l'été 1940 pour loger leurs services et leurs états-majors. Ils ont commencé par le Crillon, le jour même de leur entrée dans Paris. Puis ç'a été le Meurice, occupé par le gouvernement militaire, le George V par le quartier général de l'armée de terre, le Prince de Galles par la poste militaire, le Scribe par les services de renseignement de l'armée, le Majestic et le Raphaël par le haut commandement de l'armée, le gouvernement militaire et les services commerciaux, l'hôtel Édouard VII par la police militaire et une annexe de l'Abwehr, dont le commandement ainsi que l'état-major des armées se trouvent, rive gauche, à l'hôtel Lutetia. Tous réquisitionnés donc, sauf un, le Bristol. Le maréchal Goering a voulu, un jour, l'attribuer à la Luftwaffe ; devant les protestations, il a dû y renoncer. Ses aviateurs se sont finalement installés un peu plus loin, au 62, rue du Faubourg-Saint-Honoré[1].

Le Bristol est donc libre. Cet ancien hôtel XVIIIe qui fut la propriété de Jules de Castellane sous Napoléon III a été racheté, en mauvais état, en 1923 par un riche entrepreneur, Hippolyte Jammet, qui décidait de le mettre par terre pour bâtir, après de très gros travaux, un hôtel de grand luxe. Celui-ci a ouvert ses portes en 1925. Et, s'il a été sauvé de la réquisition l'été 1940, ce n'est pas à cause de toutes les stars de l'époque qui y avaient leur suite, mais parce que son propriétaire avait eu l'intelligence de conclure un accord avec l'ambassadeur des États-Unis, William Bullitt, pour en faire une annexe résidentielle de l'ambassade, celle-ci étant située un peu plus loin sur le trottoir impair du même faubourg Saint-Honoré.

Grâce à cet accord, de nombreux ressortissants américains, diplomates ou pas, vont pouvoir être accueillis en toute tranquillité. Le Bristol comporte en effet non seulement plusieurs accès à l'écart des indiscrets, mais un aménagement qui a suffi à convaincre les Américains : un abri souterrain antigaz et, de fait, antibombardement, capable de recevoir deux cents personnes, analogue à celui construit par Lebrun à l'Élysée. Jammet, qui s'était battu pendant la Grande Guerre et avait été impressionné par l'emploi des gaz, avait demandé la réalisation de cet abri dès la construction de l'hôtel. À Paris, on n'en connaît pas d'autre dans un palace. Le propriétaire pourra ainsi dissimuler, pendant les pires heures de la persécution, son architecte juif, Léo Lerman. Le statut d'annexe de l'ambassade américaine, alors que les États-Unis étaient encore neutres, a dissuadé les Allemands de l'occuper. C'est ainsi que nombre de diplomates étrangers s'y rencontreront et que plusieurs chefs militaires de Vichy pourront y trouver refuge et sécurité. En particulier l'amiral de la Flotte qui en apprécie la décoration, le confort, la qualité de la table, et ce

1. À ce sujet, voir chapitre 9.

d'autant plus que la location de ses appartements lui est offerte par le propriétaire[1] !

Le Bristol n'est séparé de l'Élysée que par l'hôtel de la place Beauvau, siège du ministère de l'Intérieur depuis 1870. La Gestapo s'en est attribué les locaux dès son arrivée à Paris, c'est dire si le quartier est surveillé. Or, dans ces différents bâtiments affectés à la police hitlérienne, le bureau qui était celui de Georges Mandel jusqu'au 10 juin 1940 est resté français, mais il est occupé par un personnage que l'ancien ministre de l'Intérieur aurait sûrement inscrit sur ses listes noires : il s'agit de Fernand de Brinon, délégué général permanent du gouvernement de Vichy à Paris, avec le rang d'ambassadeur.

Un personnage que ce Brinon. Né dans une vieille famille du Bordelais, il a cinquante-six ans. De métier, il est journaliste. Il a commencé sa carrière au *Journal des débats*, avant de rejoindre *L'Information économique et financière*. Très en vogue dans le Paris artistique des années de l'entre-deux-guerres, ses liaisons avec Madeleine Renaud, Berthe Bovy ou Yvonne Ducos, de la Comédie-Française, sont célèbres. Il a surtout ses entrées dans le monde de la politique et de la finance. Pacifiste, il est incroyablement attiré par l'Allemagne, la culture allemande, la politique allemande. Ses relations anciennes et amicales avec Ribbentrop, quand personne ne connaissait le futur chef de la diplomatie hitlérienne, lui ont valu d'obtenir un scoop formidable : il a été le premier journaliste français à publier, au mois de novembre 1933 dans *Le Matin*, un entretien avec Hitler. Entretien retentissant qui consacre Brinon parmi les grandes signatures de la presse parisienne et le fait figurer dans le cercle étroit des amitiés franco-allemandes, où il retrouve Otto Abetz, qui va assurer, dès le mois de juillet 1940, sa promotion auprès des autorités de Vichy.

1. Les amiraux paient leur chambre cent francs la nuit, mais Darlan et son épouse sont reçus gracieusement par courtoisie à l'égard des autorités. Témoignage à l'auteur de M. Pierre Jammet, fils du fondateur.

Fernand de Brinon a une autre singularité. National-socialiste convaincu, antisémite affiché, il a fait la connaissance en 1932, durant ses enquêtes de journaliste, d'une jeune femme non seulement mariée (et mère de deux fils), mais qui plus est issue d'une famille de la bourgeoisie juive très en vue, les Franck. Sa passion pour Lisette Ullmann, son nom d'épouse, est telle qu'elle l'emporte sur tout le reste. D'abord clandestine, leur relation sentimentale devient publique. L'existence de « cette petite femme brune, agitée, sautillante, volubile, championne du coq à l'âne, faussement gaffeuse et fidèle à ses amis, dotée d'une inaltérable vitalité[1] », est à elle seule un roman : avant même la mort soudaine de son premier mari, elle choisit de divorcer, se convertit au catholicisme, épouse Brinon, éblouie qu'elle est par la renommée, l'élégance, les faveurs de cet homme qui connaît tant de monde à Paris et porte le titre de marquis ! Mais que lui réservent les imprévus de l'histoire, la persécution des Juifs, l'étoile jaune, la saisie de leurs biens, malgré sa conversion ? Certes son mari la protège, avec la complicité de son ami Otto Abetz, pourtant la prudence l'invite à quitter Paris, à oublier ses années folles, à se réfugier dans la Creuse auprès de sa belle-famille, se limitant à quelques séjours aux environs de Vichy, et de brefs passages à Paris pour y retrouver Fernand de temps à autre. Et où descend-elle, à l'abri des regards ? Au Bristol. L'hôtel où se nouent les liens entre la capitale exilée et la capitale occupée.

Le 1er janvier 1942, dans un message de vœux diffusé à la radio, le maréchal Pétain sort un instant de sa prudence pour laisser paraître ses états d'âme en évoquant son régime de « semi-liberté » et son « exil partiel ». Derrière ces quelques mots sibyllins, il faut savoir décrypter son intention de prendre

1. Bernard Ullmann, *Lisette de Brinon, ma mère. Une Juive dans la tourmente de l'Occupation*, Paris, Éditions Complexe, 2004.

ses distances avec l'action de l'amiral, lequel ne ferait rien qui puisse déplaire aux Allemands ; le lendemain, le maréchal s'oppose aux livraisons de ravitaillement autorisées par Darlan pour l'Afrika Korps *via* la base de Bizerte, en Tunisie.

Or la Wehrmacht piétine devant Moscou et Leningrad, prisonnière du froid, de la boue, de la neige et mal équipée pour y résister ; en Afrique du Nord, elle recule devant les assauts britanniques au point que certains estiment que Rommel va bientôt faire retraite jusqu'en Tunisie – terre de souveraineté française. Dans le Pacifique, les Américains viennent d'entrer en guerre, à la suite de l'attaque japonaise contre Pearl Harbor. Une fois de plus, la carte mondiale est bouleversée.

Abetz se demande s'il n'y a pas là une occasion de ramener les Français dans une négociation. L'affaire de Tunisie se présente comme celle de Syrie, six mois plus tôt : pourquoi les Allemands ne feraient-ils pas appel aux Français pour soutenir leurs forces ?

De retour à Paris, après avoir passé quelques jours au quartier général du Führer, l'ambassadeur du Reich est persuadé qu'Hitler est disponible pour de nouvelles conversations. Il appelle Benoist-Méchin à qui il veut faire des propositions, en le priant d'en informer l'amiral et le maréchal. « Je suis prêt à examiner le problème français et à y apporter une solution très large, lui a dit Hitler, pour peu qu'elle s'en montre digne... » C'est-à-dire ? « La France est-elle disposée à marcher avec moi la main dans la main jusqu'au terme du conflit ? »

Le 10 janvier 1942, Benoist-Méchin descend à Vichy par le train afin d'annoncer à Darlan que le Führer et Ribbentrop, son ministre des Affaires étrangères, sont prêts à lui accorder un nouvel entretien les jours suivants. L'amiral ne retient pas son exaltation :

— Nous sortons enfin du tunnel ! s'exclame-t-il. Je n'osais plus l'espérer. Comment avez-vous réussi à obtenir tout cela ?

Benoist-Méchin l'admet honnêtement :

— Ce sont les événements qui ont travaillé pour nous[1].

1. Jacques Benoist-Méchin, *À l'épreuve du temps*, *op. cit.*

Et les deux hommes prennent les escaliers pour confier leurs espoirs au maréchal. On est le samedi 10 janvier ; comme toujours, Abetz voudrait une réponse au plus vite, pour le lundi. Peut-on réunir un Conseil des ministres le dimanche ? Difficile, même par ces temps d'Occupation. Il n'y aura donc pas de Conseil pour délibérer de la proposition d'Hitler, mais un échange de vues entre le maréchal, l'amiral et quatre ou cinq ministres.

— Pour ma part, dit Darlan, je considère la question posée par le chancelier du Reich non comme un choix nouveau mais comme l'aboutissement de mes efforts.

L'idée même de répondre non n'effleure personne, à condition que cela ne signifie pas déclarer la guerre à l'Angleterre, ce qui n'aurait aucun sens.

— Puisque vous êtes tous d'accord, conclut le maréchal, j'autorise Benoist-Méchin à répondre favorablement aux propositions du chancelier, en précisant bien que sous aucun prétexte je ne replongerai la France dans la guerre.

Pendant que le secrétaire d'État se rend auprès d'Otto Abetz, le 12 janvier, afin de lui apporter la réponse du maréchal, l'amiral réunit les membres de son cabinet militaire et décide, lui aussi, de partir pour Paris. L'ambassadeur d'Allemagne ayant indiqué que le rendez-vous pourrait avoir lieu dans les « tout prochains jours », Darlan se tient prêt à rejoindre le quartier général d'Hitler à tout moment. Son train arrive le 27 janvier à 18 heures en gare d'Austerlitz. Et il attend les consignes d'Abetz.

Celui-ci a entre-temps envoyé une dépêche à Berlin dans laquelle il n'hésite pas à affirmer que « les délibérations, qui ont eu lieu à Vichy le 11 janvier, ont abouti, à l'unanimité, à la décision de déclarer la guerre à l'Angleterre et aux États-Unis, après clarification des questions préliminaires » ! Le maréchal a pourtant dit le contraire. Alors, pourquoi l'écrit-il avec cet aplomb ? Pour convaincre Ribbentrop de presser Hitler de recevoir les Français ? Abetz ignore apparemment que Rommel vient de conduire une contre-attaque victorieuse en Libye, tandis que la Wehrmacht résiste mieux sur le front de l'Est. Du coup, Hitler est moins pressé de parler avec les Français et Darlan lanterne au Bristol, tandis que son train spécial reste sous pression, quai n° 6.

Après trois jours d'attente, Abetz comprend que la réponse du Führer ne viendra plus. L'amiral et sa délégation remontent dans leur wagon-salon le 30 janvier à midi à destination de Vichy ; on devine dans quel état d'esprit : vexés. Une fois de plus. Alors Darlan décide d'en savoir plus et de rencontrer, l'œil dans l'œil, de marin à marin, le grand amiral Raeder ; en même temps, il envoie son fils Alain, sous couvert d'une mission commerciale, nouer des contacts à Alger, c'est-à-dire du côté américain. Le rendez-vous avec Raeder a encore lieu dans une gare de chemin de fer, celle d'Évry-Petit-Bourg, au sud de Paris, où se trouve une écluse de la Seine. La Gestapo locale a occupé le château de Petit-Bourg.

Raeder, qui a cinq ans de plus que Darlan, a pris le commandement de la Kriegsmarine un an après que l'amiral de la Flotte eut obtenu le sien à la tête de la marine nationale. Les deux marins parlent lignes de communication, ravitaillement, libération de prisonniers de guerre, mouvements de navires, techniques de guerre sous-marine. Là au moins, Darlan a l'impression de causer d'égal à égal. Mais son homologue allemand croit comprendre de sa conversation – c'est en tout cas ce qu'il confiera à Otto Abetz – que « Darlan a la volonté sincère de faire entrer, le moment venu, la flotte française dans le combat contre la Grande-Bretagne ». L'amiral l'a-t-il vraiment dit ? Il connaît la haine de l'Angleterre qu'éprouve son interlocuteur. Appuyant dans le même sens, peut-être estime-t-il pouvoir ainsi reconstituer son crédit auprès du Reich. Le voici couvert côté allemand. En même temps, il se couvre aussi côté américain, car, dans quelques jours, son fils Alain rencontrera très confidentiellement à Alger Robert Murphy, le représentant des États-Unis.

Pressentant que ses jours à la tête du gouvernement sont désormais comptés, Darlan prend ses précautions dans les deux camps. Une note des Renseignements généraux de la préfecture de Police l'indique dès le 29 janvier 1942 :

« Remaniement ministériel en faveur de Pierre Laval, qui est aux yeux des dirigeants du Reich la seule personnalité pouvant leur inspirer confiance… » Au début du mois de mars, l'amiral en convient : « Je n'ai plus la confiance du maréchal », dit-il, après que le conseiller politique de l'ambassade d'Allemagne a expliqué qu'il n'est décidément plus possible de négocier avec ce gouvernement-là. Notamment à cause de l'affaire de Riom.

Une cour suprême de justice avait été installée dans cette petite ville voisine de Vichy pour y ouvrir le procès de la défaite ; les Allemands souhaitaient que soient mis en accusation les dirigeants politiques responsables du déclenchement de la guerre, mais quoi qu'ait pu faire Darlan, l'audience s'est transformée en procès des chefs militaires battus. L'effet recherché étant raté, l'ambassade d'Allemagne a fait fermer ce lamentable théâtre judiciaire…

À partir de là, les manœuvres s'intensifient en coulisses pour écarter l'amiral et le remplacer ; le maréchal rencontre son vieux rival Pierre Laval. Darlan cesse de résister : « Il s'abandonne, note le directeur de cabinet de Pétain, du Moulin de Labarthète ; il s'effiloche. Il sent que le pays, qui ne l'a jamais aimé, se refuse de plus en plus à le suivre, que les Allemands ne lui font plus le même degré de confiance, que Benoist-Méchin l'observe d'un œil aigu. Il erre à la dérive[1]. » Il laisse venir Laval.

Le mouvement s'accélère quand une déclaration de l'ambassadeur des États-Unis à Vichy donne à entendre que la nomination de Laval serait très mal vue à la Maison Blanche. Tiens donc, réagissent les Allemands, M. Roosevelt ne veut pas de Laval ? Mais qui fait donc la loi sur le territoire français ? Eh bien, ce sera Laval.

La démission de Darlan est acquise le 17 avril, la nomination de Laval officielle le 18. Celui-ci forme le nouveau gouvernement. L'amiral n'en est plus.

---

1. Henri du Moulin de Labarthète, *Le Temps des illusions*, *op. cit.*

Que peut faire le maréchal pour le consoler puisqu'il reste son dauphin désigné en cas d'empêchement ? L'amiral de la Flotte garde ses bateaux. En plus, le maréchal le nomme « commandant en chef des forces françaises ». Certes, il ne s'agit plus que d'une armée d'armistice, des restes d'une armée, réduite de deux millions d'hommes à soixante-quinze mille – il est vrai qu'il y a un million et demi de prisonniers –, mais c'est un titre, un commandement. Darlan se fait attribuer par décret les pouvoirs d'un quasi-ministre et ceux d'un chef d'état-major général. Il ne siège plus au Conseil, mais le maréchal a promis de l'y inviter quand même. Ce ne sera pas le dernier épisode de sa dispute avec Laval. Au contraire, dans la foulée de sa nomination, il médite un coup d'éclat.

Puisque Laval descend à Matignon durant ses séjours à Paris, Darlan lui répond par un pied de nez : il s'attribue l'Élysée ! Le commandant en chef des forces françaises, l'amiral de la Flotte, s'installe au cœur de la capitale occupée, où le drapeau tricolore est interdit, dans le palais des présidents de la République. Un an plus tôt, il avait pensé installer ses services au ministère de l'Intérieur, place Beauvau. Cela ne s'est pas fait. L'Élysée, c'est le cran au-dessus. Et c'est tout à fait légitime, n'est-ce pas, puisqu'il demeure le successeur désigné du maréchal. Il ne fait qu'anticiper... En tout cas, il emmène avec lui son état-major, les amiraux Le Luc, Négadelle et le jeune contre-amiral Battet, son directeur de cabinet ; ceux-ci se partagent entre l'Hôtel thermal à Vichy et les salons de l'Élysée.

Ce choix, Darlan l'a fait seul ; il n'a demandé son avis à personne. L'Élysée était vide, il en fait une prise de gage. Le maréchal n'est pas content ; il est même très déçu. Le garde des Sceaux, Joseph Barthélemy en est témoin : « Le maréchal, écrit-il, a pour son dauphin les sentiments trop humains que l'on peut avoir à l'égard d'un homme qui attend votre propre mort pour prendre votre place. Le maréchal a toujours eu infiniment de tenue et de retenue. Il faut qu'il y soit contraint pour qu'il manifeste des impressions qu'il entend ne pas extérioriser. C'est ce qui arriva lorsque Darlan s'installa au palais de l'Élysée. On aurait dit qu'il prenait ses précautions à l'avance pour n'avoir pas à faire deux installations. Le maréchal fut blessé de ce manque de tact[1]... »

La maréchale elle-même, généralement d'une prudence de chat pour tout ce qui touche aux personnes, y va de son indignation. On la rapporte à Darlan.

— Mais je n'avais pas d'autre local disponible, proteste-t-il, et le palais de l'Élysée a l'avantage d'être voisin de l'hôtel Bristol où je descends.

Et comme pour confirmer qu'il veut éviter d'avoir « à faire deux installations », l'amiral de la Flotte prévoit le détail de la sienne. Il entre à l'Élysée dans l'après-midi du mercredi 29 avril 1942, passe le 1er mai à Paris, en compagnie de sa femme et de sa belle-fille. On les photographie, muguet à la main, dans la rue du Faubourg-Saint-Honoré. Ce sera l'une des dernières photos de lui publiées dans la presse parisienne. Le 6 mai, l'agence de presse de Vichy précise que l'amiral « a installé ses services à l'Élysée » et qu'« à cette occasion, des aménagements ont été effectués[2] ».

Le même jour, en effet, il fait adresser par sa secrétaire, Yvonne Leroux, à l'administrateur général du Mobilier national, Guillaume Janneau, une lettre à en-tête « Palais de l'Élysée » dans laquelle il est dit : « L'amiral de la Flotte est d'accord pour faire revenir d'Aubusson un certain nombre de pièces du Mobilier national nécessaires à l'installation de quelques salons du rez-de-chaussée de l'Élysée qui peuvent servir pour recevoir des personnalités étrangères. Il serait souhaitable de reconstituer des ensembles dignes de nos traditions artistiques, entre autres le salon Murat et le salon de l'Hémicycle devraient être meublés dans les styles qui correspondent à leur architecture. Il serait bon également que les salles qui

1. Joseph Barthélemy, *Ministre de la Justice, op. cit.*
2. *Le Figaro*, 6 mai 1942.

y donnent accès ne soient pas complètement démunies comme elles le sont actuellement[1]. »

Deux ans après l'évacuation du palais de son mobilier et de ses collections de valeur, il s'agit ni plus ni moins de le remettre en état et de le remeubler. Est-ce seulement pour « recevoir des personnalités étrangères » ? Sans doute bien plus puisqu'il est demandé de « reconstituer » des ensembles mobiliers dans plusieurs des grands salons du rez-de-chaussée, le salon Murat, la plus vaste de ces pièces de réception, où l'on donnait des bals autrefois, qui porte le nom du maréchal d'empire et grand-duc de Berg[2], beau-frère de Napoléon, et celui de l'Hémicycle qui fut la chambre de parade de la marquise de Pompadour[3]. L'amiral choisit pour bureau le salon des Ambassadeurs, au centre du palais, lequel porte ce nom parce que le président de la République y recevait les lettres de créance des diplomates nommés à Paris.

Il loge son secrétariat, ses officiers d'ordonnance et les amiraux de son cabinet dans les bureaux de l'aile est du palais où travaillaient, auparavant, les membres de l'état-major particulier des présidents. Il fait attribuer à sa secrétaire une chambre des appartements privés d'Albert Lebrun, au premier étage[4]. L'amiral a pris soin de se faire accompagner non seulement par son officier de sécurité, l'inspecteur Pâtissier, mais aussi par un huissier, comme au temps des présidents, et, plus inattendu, par un argentier venu de l'administration du ministère des Affaires étrangères. Il a demandé au chef du service intérieur de Lebrun, Marchal, de reprendre ses activités et de faire revenir d'Aubusson le mobilier indispensable ainsi que l'argenterie… Le chantier entrepris au printemps 1941 est achevé ; la réfection des salles de bain des appartements privés qui avait été demandée par Lebrun, puis interrompue par la guerre, est accélérée.

1. Archives du Mobilier national.
2. Propriétaire de l'Élysée de 1805 à 1808.
3. Propriétaire de l'Élysée de 1753 à 1764, elle devait le léguer à Louis XV.
4. Témoignage du concierge Jean Hanotaux, *France Soir*, 7 décembre 1949.

À la suite de la lettre du 6 mai, l'administrateur du Mobilier national demande au secrétaire général des Beaux-Arts, Louis Hautecœur, son autorisation pour satisfaire aux demandes de l'amiral. Après avoir rappelé pourquoi il a mis à l'abri ces ensembles mobiliers, et notamment des sièges recouverts de tapisserie, Guillaume Janneau fait du zèle : « Le patrimoine d'art national se trouverait-il gravement éprouvé si un bombardement ou tout autre accident de guerre endommageait ou détruisait tout ou partie de cet ensemble ? Il est permis d'en douter. Je ne verrais donc, en ce qui me concerne, pas d'inconvénient majeur à faire revenir à Paris dans un lieu qui, vraisemblablement, sera respecté, une grande partie de l'ensemble dont il s'agit... » Rien ne s'oppose donc à ce que le palais soit remeublé. L'amiral va même obtenir qu'un tapis de la Savonnerie lui soit fourni pour son bureau du salon des Ambassadeurs.

Mais puisque le voilà installé à Paris, alors que Laval « souhaite la victoire de l'Allemagne[1] », approuve la rafle du Vél' d'Hiv, laisse recenser les Juifs, signe même les ordres pour les déportations en zone libre et alimente l'Allemagne en travailleurs pour la « relève » des prisonniers, que fait-il, lui, Darlan, de son séjour à l'Élysée entre ses allers et retours à Vichy ? Il travaille, il reçoit. C'est ce qu'il dit. Mais travailler à quoi, recevoir qui ? Qui sait ? Énigme.

L'amiral n'a peut-être pas beaucoup vu la mer mais il aime les océans et ne se trompe pas sur ce qui s'y passe. Or se déroule, au beau milieu du Pacifique, une formidable bataille navale dont l'importance stratégique ne lui échappe pas. Jusque-là, Américains et Britanniques ont partout été écrasés par la machine de guerre japonaise, de même qu'en Europe

1. Déclaration de Pierre Laval à la radio, le 22 juin 1942 : « Je souhaite la victoire de l'Allemagne, car sans elle, bientôt le communisme s'installera partout en Europe. » Darlan lui enverra un télégramme dans lequel il lui adresse ses « très vifs compliments pour son émouvante et courageuse allocution ».

rien ne résistait aux divisions de la Wehrmacht. Depuis le mois d'avril 1942, la flotte impériale nippone, rassemblée aux environs de Midway, guette le passage des navires américains rescapés de Pearl Harbor. Le 5 juin, contre toute attente, ce sont les marins américains qui infligent à leurs adversaires une vigoureuse correction – quatre porte-avions coulés contre un –, ce qui marque un tournant dans le conflit. Darlan y voit le signe du réveil des États-Unis. Le reflux du Japon dans le Pacifique peut-il se répéter pour l'Allemagne hitlérienne dans la redoutable steppe russe ? Il est trop tôt pour le dire, mais l'invasion de la Russie soviétique s'est nettement ralentie depuis le printemps, malgré la puissance des coups portés à l'Armée rouge. Ce ralentissement est-il aussi le signe annonciateur d'un retournement stratégique ? Depuis le début, Darlan a joué la carte de l'Allemagne ; elle ne lui a rien rapporté. Maintenant, il se pose des questions.

Mais ce qui l'occupe, en cette fin de printemps 1942, c'est la situation de l'empire, les colonies restées sous l'autorité du gouvernement de Vichy, en vertu des clauses de l'armistice. Il a surveillé l'évolution de la situation au Sénégal et au Maroc. C'est dans l'océan Indien que les Anglais ont frappé les 4 et 5 mai ; la base française de Diégo-Suarez, à Madagascar, a subi leurs assauts. Il a réagi par un cri de colère : « N'oubliez pas, a-t-il dit dans un message aux Français, que les Anglais nous ont trahis. Un jour viendra où l'Angleterre paiera ! »

Un cri d'indignation sincère ou feint ? Pour avoir la paix dans ses affaires, il affiche la plus parfaite loyauté vis-à-vis de Laval et de Brinon ; en même temps, il accélère le rythme de ses visites d'inspection dans les régiments et les chantiers de jeunesse, s'assure que ses réseaux d'amitié fonctionnent bien et qu'il bénéficie toujours de l'obéissance des cadres de cette armée – au besoin, il les change d'affectation ou les met à la retraite. Les 9 et 10 juin, il inspecte la 7e division militaire, à Nantua, Lons-le-Saunier, Mâcon ; le 1er juillet, il rend visite à l'école de Saumur déplacée à Tarbes ; le lendemain, il est à Toulouse ; le 16, à Toulon, auprès de la Flotte. Il poursuit son programme pendant le mois d'août : le 1er, il se rend à Montpellier, avec de Lattre de Tassigny, au sein de la 10e division militaire ; le 5, au camp de la Courtine ; le 23, à Chambéry chez les chasseurs alpins.

— Nous les militaires, nous sommes un modèle pour le redressement du pays, dit-il partout.

Le 18 septembre, il est à nouveau sur le littoral méditerranéen, à Saint-Mandrier, pour une visite à l'École navale repliée. En même temps, il envoie discrètement ses marins auprès de l'amiral Canaris, patron de l'Abwehr, le renseignement militaire allemand, cependant qu'à l'insu de tous, son chef d'état-major, le général Revers, noue secrètement des contacts avec les services de renseignement britanniques.

Manifestement Laval trouve qu'il en fait beaucoup. L'Auvergnat fait surveiller les faits et gestes du « commandant en chef », tout en lui pourrissant la vie par mille détails, en employant à cette tâche son secrétaire d'État à la Guerre, le général Bridoux, cavalier de cinquante-quatre ans, tombé aux mains des Allemands en juin 1940, libéré grâce aux interventions de Brinon en mars 1941, et devenu depuis un partisan fanatique de la Collaboration – il a créé la Légion tricolore à l'image de la Légion des volontaires français (LVF) recrutée en zone occupée pour se battre sur le front de l'Est sous l'uniforme de la Wehrmacht.

Mais, grâce à son bureau à l'Élysée, l'amiral occupe une position stratégique que personne ne peut lui disputer.

Or un défilé monumental se déroule le mercredi 29 juillet 1942 en plein Paris. Un déploiement de forces comme la capitale n'en a pas connu depuis l'arrivée des Allemands. Hitler a décidé de replier en France pour qu'elle s'y refasse une santé sa première division Waffen SS, la seule à porter son nom, la Leibstandarte Adolf Hitler, division historique puisqu'elle a été constituée à partir des bataillons de gardes du corps du Führer. Elle rentre du Caucase où elle vient de passer l'hiver et le printemps dans des combats épuisants en vies humaines et d'une extrême violence contre l'Armée rouge.

Elle est commandée par un général sportif, au visage buriné et à la démarche de félin, Sepp Dietrich. Celui-ci a commencé sa carrière comme caporal bavarois et vient de fêter ses cinquante ans dans les ruines de Kharkov. Deux ans plus tôt, le 5 juillet 1940, Hitler lui a remis les insignes de chevalier de la Croix de fer : Dietrich venait de couper la France en deux, sur un axe vertical, en fonçant de Château-Thierry à Saint-Étienne sans s'arrêter. C'est alors qu'il aurait dû parader dans Paris, mais Hitler ne l'a pas voulu. La parade aura attendu deux ans.

C'est donc ce matin du 29 juillet que sa division traverse la capitale, d'est en ouest, depuis la porte de Vincennes jusqu'à l'avenue de la Grande-Armée. Plusieurs heures durant et sur une seule colonne, les chars de combat Panzer IV, les canons autotractés et chasseurs de chars Marder II défilent, précédés par les unités d'éclairage motorisées, les convois de transmission, suivis par les camions de transport de troupes. Dix mille hommes avec leur matériel arrivent par la rue de Rivoli, traversent la Concorde et remontent les Champs-Élysées avant de contourner l'Arc de Triomphe, tandis que le ciel est balisé par des chasseurs de la Luftwaffe. On n'avait jamais vu, on ne reverra jamais une colonne aussi interminable, uniformément grise, de casques d'acier aux reflets mats.

Au milieu des Champs-Élysées, l'*Obergruppenführer* Sepp Dietrich, casqué, médailles sur la poitrine, présente ses troupes au *Generalfeldmarschall* Gerd von Rundstedt qui porte casquette et tenue de parade. La campagne de France lui a valu à lui aussi de recevoir des mains du Führer non seulement une décoration mais son bâton de maréchal ; après quoi, il a réquisitionné le pavillon Henri IV à Saint-Germain-en-Laye pour s'y loger lui-même ainsi que son état-major. Hitler l'a mis dans le secret de son invasion de la Russie où il allait se battre pendant près de huit mois, avant de fêter ses cinquante ans de service militaire en janvier 1942 et d'être nommé par le Führer au commandement en chef de la Wehrmacht pour l'ensemble du front occidental. Le revoilà à Saint-Germain, et ce jour-là à Paris, pour y passer en revue la division de Sepp Dietrich.

Darlan est revenu à l'Élysée le 8 juillet[1] ; il s'est fait accompagner par deux fidèles, l'amiral Battet et le commissaire général Louis de La Monneraye, qu'il a connu pendant la guerre de 14-18 et qui travaille avec lui depuis plus de dix ans. Le 10, il s'est rendu à l'ambassade d'Allemagne. Otto Abetz a retenu l'impression que l'amiral restait convaincu de la victoire allemande et qu'il souhaitait toujours, entre la France et l'Allemagne, cette alliance militaire si souvent tentée, jamais réalisée. Mais si son analyse d'un possible retournement stratégique en faveur des Américains et des Anglais se révèle juste, à quoi bon en faire tant ? En réalité, s'il veut conserver sa très relative liberté de manœuvre, Darlan ne le peut qu'en cultivant la confiance de l'occupant à son égard. Et puis, on ne sait jamais, rien n'est joué…

La présence à Paris du maréchal von Rundstedt lui fournit une occasion en or de pousser plus loin son avantage. Il lui réserve une réception prestigieuse ; l'Élysée est là pour ça. Le concierge, Jean Hanotaux, voit les deux hommes emprunter la porte de l'avenue Marigny pour gagner le palais. Ils visitent les salons ; l'amiral ne pouvait pas ne pas montrer au feld-maréchal le tableau représentant l'empereur Frédéric Guillaume de Prusse dans le salon des Portraits. À l'époque, la Prusse et l'Autriche étaient en paix avec la France du Second Empire. Le Français et l'Allemand échangent évidemment deux mots d'histoire sur ce palais qui aura toujours échappé à la guerre et aux émeutes, où Napoléon prépara la campagne de Russie et revint abdiquer après Waterloo. Le Prussien sait-il lui-même que le roi Louis XIV est né au pavillon Henri IV où il loge, que Thiers y conçut la reconquête de Paris occupée par la Commune ? En revanche, il n'ignore sûrement pas que ce fut déjà le siège du grand quartier général de von Kleist en 1871 lors de l'invasion prussienne.

---

1. Les registres de l'hôtel Bristol en font foi.

Les deux hommes vont se promener dans les jardins. Malgré le départ du président de la République, malgré l'occupation de Paris, les jardiniers ont continué à entretenir les pelouses, à peigner les parterres, les allées de gravier, le bassin aux canards, la roseraie, les iris... Quel contraste entre la douceur de la température, ce décor d'arbres centenaires et la brutalité des événements du dehors.

Ni photographe ni cinéaste et guère de témoins pour rapporter la scène. Le marin gascon en bleu marine, dans sa tenue au pantalon large, le fantassin prussien aux yeux clairs, serré dans sa vareuse par un ceinturon, culotte et bottes de cuir, deux chefs militaires de la même génération même si l'Allemand a soixante-six ans et le Français bientôt soixante et un. Deux hommes si dissemblables, aux cultures si opposées ; qui imaginerait les voir faire ensemble un bout de chemin ?

Fils de hussard, Rundstedt est un soldat de naissance, issue d'une famille de junkers, l'aristocratie prussienne ; à la maison, une nurse lui a appris l'anglais, à table on parlait aussi le français. Il était sur la Marne en septembre 1914, en Pologne et en Hongrie en 1917 ; il a vu de quoi les Français étaient capables en 1918 ; il a vécu, comme colonel, la capitulation de son armée, son humiliation, le traité de Versailles qui ne lui a laissé que cent mille hommes. Il doit à sa conduite au feu d'être resté dans l'encadrement de cette nouvelle armée quand tant d'autres de ses camarades étaient rayés des cadres. Il a gravi tous les grades de la hiérarchie. Nommé en 1932 au commandement des troupes de défense de Berlin, il sera, l'année suivante, le premier soldat du nouveau Reich. Il n'a pourtant rien d'un « soldat politique » ; il ne croit qu'au devoir, à la discipline, à la loyauté à l'égard de ses chefs. Mais c'est aussi ce qui vaut à ce « grand seigneur de la vieille école » la confiance du Führer, qui a fait de lui l'un des grands chefs des campagnes de Pologne, de France, de Russie.

Né à Nérac, le 7 août 1881, dans le Lot-et-Garonne, Darlan est d'origine plus modeste, même si son père, avocat républicain et franc-maçon, a été élu député puis nommé ministre. Sa carrière, il la doit à l'École navale, à la Grande Guerre où il a été quatre fois cité pour avoir combattu à terre à la tête de batteries de canonniers marins (ses chefs ont vu en lui « énergie, sang-froid, esprit de décision, bon sens et qualité de jugement »), à ses amitiés et à ses talents de navigation politique dans les cabinets ministériels qui l'ont promu au premier rang. Nommé contre-amiral, en novembre 1929, à quarante-huit ans, il était grand-croix de la Légion d'honneur à cinquante-six ans, amiral commandant en chef en juin 1939, amiral de la Flotte le 27 août, à la veille de la guerre. Le voici, comme Rundstedt en 1919, avec une armée d'armistice, une armée battue, quand lui-même n'est qu'un chef de gouvernement limogé. Mais il a conservé ses bateaux !

Que peut-il attendre de ce Prussien si raide, maître des armées d'Occupation sur le sol français, qui fait parader une division de panzers sur les avenues de Paris ? De quoi peuvent bien parler ces deux ennemis de la veille, dans les allées de l'Élysée ? De protocoles, de conventions, de collaboration militaire, de guerre contre l'Angleterre, la Russie, l'Amérique ? Ou plutôt de musique et de romans policiers, puisque Rundstedt en est amateur (« À propos, savez-vous que Dumas a écrit ses *Trois Mousquetaires* dans un salon de votre quartier général à Saint-Germain-en-Laye ? »), de beaux-arts, puisque le Prussien connaît déjà le Louvre (« Avez-vous vu l'exposition de sculptures d'Arno Breker à l'Orangerie ? Elle vient d'ouvrir, c'est de l'autre côté de la place de la Concorde »)…

Le contenu de leurs échanges est-il, après tout, si important ? Ce qui compte, c'est qu'ils se soient rencontrés, qu'ils aient déjeuné, qu'ils se soient promenés ensemble, qu'Otto Abetz le sache, et que cela se dise à Berlin. Car l'ambassadeur d'Allemagne se souvient d'un mot de Bismarck, prononcé durant la guerre de 1870 : « Le dieu romain de la guerre, Janus, avait deux visages, disait-il, l'un militaire et l'autre politique. » Dans les jardins et les salons de l'Élysée, chacun des deux hommes a joué sa partie : le feld-maréchal est resté un soldat, l'amiral a continué à faire de la politique.

La politique, c'est le jeu des circonstances. Jusque-là, Darlan a tout encaissé, les colères d'Hitler et les sarcasmes de Goering, les manœuvres de Laval et les soupçons de Pétain. Il enrage, il se plaint, il avale des couleuvres, mais au moins il dure. S'il a un talent, ce sera de savoir saisir sa chance. Quand Laval a été brusquement écarté du pouvoir, le 13 décembre 1940, il n'était pas l'âme du complot ; ce soir-là, il passait même les heures fatidiques dans un cinéma de Vichy, c'est pourtant lui qui en a profité. Qui dit que cette chance ne va pas lui sourire à nouveau ? Voilà pourquoi il veille. À Vichy, il est près du maréchal, prêt à lui succéder ; à l'Élysée, il est près des Allemands, prêt à en profiter. À Alger ? Ses antennes lui disent que des mouvements anglo-américains se préparent. Où cela ? Au Sénégal, en Afrique du Nord, ou dans les Balkans ? À quelle date ? Les renseignements, comme souvent, divergent.

L'amiral reprend la route de Vichy à Paris le lundi 7 septembre. Il rejoint son bureau de l'Élysée à 17 heures[1]. Le soir, comme d'habitude, il a sa chambre au Bristol. Il ne repart pour Vichy que le jeudi 10. Il aura donc passé trois jours dans la capitale. À quoi les aura-t-il utilisés ? À se renseigner, à sonder les entourages et l'ambassade d'Allemagne ?

Laval doit y voir un complot. Trop, c'est trop. L'Auvergnat fait éclater son exaspération et il va obtenir du maréchal d'expulser Darlan et ses amiraux de l'Élysée. Ordre lui est donné de bien vouloir l'évacuer ! Qu'il déménage son cabinet ! Après tout, il n'est pas encore le chef de l'État, de quel droit est-il dans ce palais ? Cela dure depuis le mois de mai, eh bien, il est temps que cesse cette « occupation sans titre » !

La décision prise à Vichy n'était pas connue. Elle figure dans un « message très secret », portant le numéro 1936/06/03, adressé par le capitaine de vaisseau de Lestrange, chef du cabinet particulier de l'amiral de la Flotte en zone occupée –

1. Note au préfet de police, datée du 5 septembre 1942, archives de la préfecture de Police.

son collaborateur à Paris – à l'amiral Battet, son directeur de cabinet à Vichy. Voici ce texte resté inédit à ce jour : « L'abandon de l'Élysée par le cabinet de l'amiral de la Flotte se présente en zone occupée sous un jour différent de celui de Vichy. Cet abandon paraît presque l'annonce d'une disgrâce. Peut-être d'ailleurs cet abandon est-il peu opportun au moment où l'ambassadeur d'Allemagne m'a dit avec insistance que l'autorisation pourrait être obtenue de hisser le pavillon français sur l'immeuble occupé par l'amiral de la Flotte lorsque celui-ci réside à Paris… » Disgrâce ? C'est tout dire. Laval veut avoir la peau de l'amiral. Quant au propos de l'ambassadeur d'Allemagne, il indique que le crédit de l'amiral auprès des Allemands est, à ce moment, loin d'être épuisé, ce qui doit être insupportable à Laval.

Mais voici la suite du « message très secret » : « Il n'est pas défendu de croire que notre présence (celle de Darlan) peut protéger le palais de l'Élysée de certaine occupation qui pourrait être étrangère. » Les Allemands auraient-ils en tête cette idée qu'ils ont jusqu'à présent repoussée depuis juin 1940, ou n'est-ce qu'un argument pour repousser la décision prise à Vichy ?

Le message poursuit : « Il est possible que l'occupation du palais de l'Élysée par nos services ait été un peu encombrante. Je me suis assuré qu'il était facile de la réduire à des limites plus modestes. L'abandon du palais et des installations matérielles de transmission pose d'ailleurs des problèmes très difficiles à résoudre. Je ne suis pas assuré de trouver un immeuble digne du rang de l'amiral de la Flotte. Je ne suis pas assuré non plus de pouvoir y réaliser facilement les installations matérielles nécessaires. J'insiste devant ces objections et ces difficultés pour savoir si vous maintenez votre décision ou si vous estimez possible d'obtenir l'agrément nécessaire à une installation réduite de nos services dans le palais[1]… »

1. Archives nationales, malle Pétain, 2 AG 616.

De ce long message secret entre deux collaborateurs directs de l'amiral, l'un qui le suit partout et notamment à Vichy, l'autre qui demeure à Paris, on retiendra la confirmation de ce que l'on savait déjà : l'amiral n'a effectivement lésiné ni sur les moyens, ni sur le nombre de collaborateurs qu'il a installés à l'Élysée, malgré l'Occupation, et il a trouvé au palais d'excellents outils de transmission !

Nous ne savons rien de la réponse de l'amiral Battet, à qui ce télégramme est adressé. Il semble qu'aucune décision définitive n'ait été prise ni par Laval ni par le maréchal. Mais tout montre que l'amiral a bien saisi le sens de cette tentative d'expulsion. Il lui faut d'urgence reprendre l'initiative.

Alors, il expédie une nouvelle fois son fils Alain à Alger. Et il décide d'effectuer une vaste tournée en Afrique française – au cas où... Il prévoit d'aller au Sénégal, au Maroc, en Algérie, mettant quelques milliers de kilomètres entre lui et les intrigues vichyssoises. Mais, peu après son arrivée à Alger, son fils tombe malade, crise de poliomyélite ; le 15 octobre, il est hospitalisé à l'hôpital Maillot. Darlan va-t-il renoncer à sa tournée africaine pour se rendre au chevet de son fils ? C'est sa femme qui part pour Alger, accompagnée des médecins de la famille.

Lui ne change rien à son plan et atterrit, comme prévu, le mercredi 21 octobre à Dakar, la base qui a résisté aux Britanniques et au général de Gaulle, l'année précédente ; il y demeure toute la journée du jeudi pour multiplier ses entretiens. Le lendemain, il est accueilli par le résident général, Noguès, à Rabat. Il passe le dimanche à Casablanca, visite Fès, avant de gagner Oran, le mardi 27, une ville encore sous le choc de la tragique affaire de Mers el-Kébir. Partout, il répète le même discours : « L'armée d'Afrique doit se préparer à remplir sa tâche à tout instant ». Discours dans lequel chacun peut trouver ce qu'il veut : qu'il s'agisse de résister aux Anglais et aux Américains, ou de s'opposer aux Allemands et aux Italiens.

Enfin, le 28 octobre, il se pose à Alger, terme de sa tournée – ignorant tout de ce qui se trame entre Washington, Londres et Gibraltar. Alger la blanche est alors le nid des complots, des manœuvres, où règnent les jalousies et la haine entre Français, maréchalistes, giraudistes, gaullistes, monarchistes, attentistes, où les services américains ou britanniques tirent les ficelles d'un improbable théâtre. Darlan n'y passe qu'une nuit, chez le général Juin, le temps de voir son fils, de s'entretenir avec les représentants de son gouvernement, autorité légale en Afrique du Nord. Il rentre à Vichy le vendredi 30 au matin pour assister à un Conseil des ministres présidé par le maréchal. Il y rend compte de sa tournée d'inspection, de l'excellent moral qu'il a constaté, de l'invitation du sultan au maréchal à se rendre au Maroc. De l'imminence d'un coup de théâtre ? Il n'y croit pas, tout au moins durant les prochains jours. L'écho de cette visite a fait disparaître Laval de la page une des journaux.

Et puis, le 4 novembre, il reçoit de l'amiral Fénard, chef de l'amirauté d'Alger, un télégramme dramatique : « État Alain désespéré. Présence indispensable. » Il n'hésite pas : il repart pour Alger dans la matinée du 5. En emmenant, détail non négligeable, son directeur de cabinet, l'amiral Battet, ainsi que ses archives personnelles – comme si, d'instinct, il redoutait d'être séparé de la métropole. Il a cependant prévu d'être le 14 novembre auprès du maréchal pour une visite à Toulon.

Ce qui se tramait dans l'ombre depuis plusieurs mois se produit trois jours plus tard, dans la nuit du 8 novembre 1942. Trois énormes vagues de bâtiments de guerre, escortés par des escadres de chasse, des *task forces*, comme disent les Américains, transportant cent mille hommes, rassemblées dans l'Atlantique au large de Gibraltar – que les Espagnols n'ont pas envahi – se présentent devant Casablanca, Oran et Alger. Juin prévient Darlan.

— Quel coup de tonnerre ! dit l'amiral.

Un coup de force. Serait-ce un coup de chance ? On entre dans la psychologie du personnage. Le diplomate Jean Chauvel, qui ne l'aime pas, dresse de lui un portrait acide mais sans doute proche de la vérité : « Darlan était myope. Il l'était au point de ne voir qu'une chose à la fois et à condition qu'elle fût proche du bout de son nez. L'intention était constante. Elle tendait à rouler l'adversaire. Et tout interlocuteur était l'adversaire. Machiavel, ou plutôt l'idée que se font de lui les gens sommaires, fait des ravages. Ces gens tissent des trames faites de cordes à puits et se croient Machiavel en effet. Notre homme donnait dans ce travers. La conscience qu'il avait de sa propre duplicité justifiait à ses yeux des prises de position successives et contradictoires. Son fil conducteur était sa duplicité même. Mais ce comportement était évident pour tous. L'adversaire voyait dans son jeu[1]... »

Comment ce Machiavel myope va-t-il donc gérer la situation ? Il est la seule et la plus haute autorité légale représentant le gouvernement de Vichy à Alger. Cette nuit-là, il s'est fait surprendre par l'événement. Il n'en connaissait ni le jour ni l'heure. Mais il est là, au bon moment et au bon endroit. Les autres autorités présentes à Alger, c'est lui qui les a nommées ou fait nommer : le général Juin, commandant suprême des forces françaises en Afrique du Nord, l'amiral Fénard, secrétaire général permanent en Afrique française, chef de l'amirauté à Alger, le vice-amiral Moreau, préfet maritime. Tous à ses ordres.

Quant aux autres, ceux qui pourraient lui disputer son autorité, aucun n'est physiquement présent en cette journée où le destin bascule. Ni Weygand, dont il s'est débarrassé l'année précédente et qui, à cette heure-là, vole vers Vichy. Ni Giraud, qui aurait pu être un concurrent de poids après sa spectaculaire évasion d'une forteresse allemande le 17 avril précédent. C'est même en son nom, à son « appel », que les Alliés viennent de débarquer, mais il est encore à Gibraltar, où l'a transporté un sous-marin britannique. Ni de Gaulle, qui est toujours à Londres et que Churchill n'a même pas mis dans la confi-

1. Jean Chauvel, *Commentaire, op. cit.*

dence… À Vichy enfin, l'amiral a conservé un fidèle, le contre-amiral Paul Gabriel Auphan, qu'il a fait nommer secrétaire d'État à la Marine au moment où il quittait ses fonctions de chef du gouvernement. En un mot, pour les heures qui viennent, il est seul maître à bord.

Du moins le croit-il. Car près de quatre cents jeunes combattants français, commandés par José Aboulker, ont préparé, en secret, aux ordres d'un certain « groupe des Cinq » – militaires et civils de la Résistance – avec les services américains qui leur ont fourni des armes, l'accueil du débarquement. Une sorte de putsch civil destiné à désorganiser la chaîne de commandement fidèle à Vichy. D'abord surpris, comme l'a été Juin, par l'occupation des commissariats et du central téléphonique par les conjurés, Darlan tente de les faire neutraliser par la police au cours d'une course contre la montre, mais la désorganisation facilite grandement la libération d'Alger par les Alliés[1] ; seules les forces côtières, obéissant aux premiers ordres de l'amiral, s'opposent durant les premières heures aux troupes anglaises et américaines. Combien de temps ce désordre peut-il durer ? Guère. Darlan ne va pas repartir prendre ses ordres à Vichy. Le maréchal, à Alger, c'est lui.

— Restons ici, dit-il bientôt devant le préfet maritime, il est plus important d'être prêts à négocier que de prolonger la lutte[2]…

Darlan cherche à gagner du temps et quand Juin lui fait savoir que « toute résistance est devenue impossible », il demande à signer un armistice avec les Américains. Mieux, « nous, amiral Darlan, en vertu des pouvoirs qui nous ont été conférés par le maréchal de France, chef de l'État français », il rallie, il est vrai sous la menace du général Clark qui commande la task force débarquée, l'adversaire honni de la veille, auquel il livre l'Afrique française. Nommé haut-commissaire de France en Afrique par un décret qu'il se

1. Christine Levisse-Touzé, *L'Afrique du Nord dans la guerre*, Paris, Albin Michel, 1998.
2. Amiral Moreau, *Les Derniers Jours de Darlan*, Paris, Pygmalion-Gérard Watelet, 1985.

signe à lui-même, il tiendra une conférence de presse pour s'expliquer :

— J'ai déclaré énergiquement au général Eisenhower (commandant en chef des opérations) qu'en entraînant l'Afrique du Nord contre l'Allemagne et l'Italie, je n'ai cherché aucune aide ni soutien pour des motifs d'ambition personnelle. Mon seul but est de sauver l'Afrique française, d'aider à la libération de la France et ensuite de me retirer dans la vie privée...

— L'amiral pourrait-il nous dire pourquoi il a collaboré avec l'Allemagne ? demande un journaliste impertinent.

— La Collaboration m'a été imposée par la force. J'étais pris à la gorge par les Allemands. Chacun de mes mouvements, tout ce que je disais ou écrivais, chacun de mes interlocuteurs était l'objet d'une étroite surveillance[1]...

Le 10 novembre à 11 h 45, le cessez-le-feu est officiel. À Vichy, le maréchal comprend qu'il est trahi par son dauphin.

— Singulière époque que celle où les gens trahissent au nom de ceux qu'ils trahissent, dira un marin qui le déteste, l'amiral Platon, militant de la Collaboration.

Se rendant compte qu'il a été joué, Laval est fou furieux. Hitler le convoque pour une réunion à Munich : le Führer exige l'ouverture de Bizerte et de la Tunisie à ses bateaux et à son armée ; il exige que la France déclare la guerre aux Anglais et aux Américains !

Mais puisque les Anglo-Américains ont débarqué en Afrique du Nord « avec la complicité des généraux, amiraux et officiers félons qui ont violé leur serment de fidélité (au maréchal) », Hitler tient le motif qu'il attendait pour écraser un peu plus les Français : au petit matin du 11 novembre 1942, quasiment à l'heure où vingt-quatre ans plus tôt les plénipotentiaires allemands signaient l'armistice dans le wagon de la clairière de Rethondes, il donne l'ordre d'envahir la totalité

1. Renée-Pierre Gosset, *Expédients provisoires*, *op. cit.*

du territoire français, de désarmer et de dissoudre les garnisons de l'armée d'armistice. Cet ordre, à qui le donne-t-il ? Au feld-maréchal von Rundstedt. Avec lui, pas d'état d'âme, ordre et exécution, loin des « finasseries ». Le contraire de cet amiral dont il méprise la trahison, après qu'il lui a fait tant de démonstrations d'amitié l'été précédent à l'Élysée. Trois divisions suffisent à mettre au pas, sans résistance, cette « zone libre » qui ne l'est plus.

Consterné et accablé, Pétain proteste. Il proteste auprès du feld-maréchal von Rundstedt, il proteste contre l'amiral Darlan. Dans un message qu'il lui télégraphie le 15 novembre, cinq jours après l'armistice d'Alger, il écrit : « La décision que vous avez prise en violation de mes ordres est contraire à la mission que vous aviez reçue. » Le lendemain, il déchoit Darlan de toutes ses fonctions. Il raye son nom du décret organisant sa succession. Il invite même le garde des Sceaux, Joseph Barthélemy, à lui retirer sa nationalité française… Laval reçoit les pleins pouvoirs. Darlan n'est plus qu'un « ex-amiral ».

Maintenant que le destin est accompli, que la bataille a changé de sens et qu'il a lui-même fini par changer de camp, Darlan ne rêve plus que de « réunir les Français » et de rentrer chez lui. Mais il va perdre sa carte maîtresse, cet atout qu'il conservait précieusement depuis la fin de la partie précédente.

Jusque-là, Toulon a été préservée. Rundstedt est entré partout, sauf dans la base navale. Mais lorsque Darlan appelle, dans un unique message, ses marins à le rejoindre à Alger, alors le prétexte est fourni à une action préméditée : les panzers investissent le port de guerre dans la nuit du 26 au 27 novembre. Vont-ils capturer les plus beaux navires de la flotte française ? L'amiral de Laborde, qui commande l'escadre, pourrait donner l'ordre d'appareiller, de fuir vers le large. Mais non, il déteste autant Darlan que les Anglais. Fuir, ce serait se rallier à eux. Et comme son patriotisme le dissuade tout de même de livrer ses bateaux aux Allemands, il se saborde. Le soir du 27, la flotte de Darlan, celle qui faisait trembler Hitler et vibrer Churchill, gît sur le flanc, dans un immense nuage de fumée et de fracas d'explosions...

« Ces navires bardés d'acier, ces canons, ces sous-marins, voilà deux ans que la folie et le crime de Vichy les maintenaient inertes, écrit Jacques Soustelle, le chef du service de renseignement du général de Gaulle. Ils auraient pu faire tant de mal à nos ennemis, tellement nous rapprocher de la victoire ! Et maintenant, après ces deux années perdues – et gagnées pour Hitler – ils disparaissent, masses de ferraille tordue que la nation avait payées si cher de son argent et de son labeur[1]. »

Il n'y avait de grand empire qu'avec une grande flotte ; désormais, l'« empire Darlan » est calciné.

À Paris, les officiers de l'état-major de l'amiral restés à l'Élysée ont compris qu'il n'était plus qu'un homme en sursis : ils envoient un télégramme d'obéissance au maréchal. Brinon qualifie son ancien voisin de « plus fourbe cynique qui soit au monde ». Sans ses bateaux, Darlan est un roi nu. Un « expédient provisoire », dit Roosevelt, malgré le soutien qu'il affiche. Un « traître », dit de Gaulle. « Dès lors qu'à Toulon, à Fort-de-France, à Alexandrie, les marins refusèrent de l'entendre et qu'à Casablanca, Oran, Bizerte, les navires ne furent plus qu'épaves, l'amiral Darlan reconnut que, si la France allait gagner la guerre, il avait, lui, perdu sa partie[2]. »

Le 24 décembre 1942, au début de l'après-midi, au palais d'Été à Alger, l'amiral est tué d'une balle de revolver tirée par un jeune homme de vingt ans encore inconnu. Celui-ci manifestait avec les lycéens le 11 novembre 1940 à Paris, il est passé par les chantiers de jeunesse et le corps franc d'Afrique. Il s'appelle Fernand Bonnier de La Chapelle. Il n'était pas seul à vouloir assassiner l'amiral, mais c'est lui

1. Jacques Soustelle, *Envers et contre tout. D'Alger à Paris, 1942-1944*, Paris, Robert Laffont, 1950.
2. Charles de Gaulle, *Mémoires de guerre*, t. 2, *L'Unité*, Paris, Plon, 1956.

qui a tenu l'arme[1]. « Le félon Darlan a été exécuté », titrent les journaux de la Collaboration.

Quelques jours plus tôt, un cortège de quatre voitures de la Wehrmacht s'était présenté devant l'hôtel du Parc à Vichy. C'était Rundstedt ; il avait pris rendez-vous avec le maréchal. Avant d'emprunter l'ascenseur et de monter au deuxième étage, le feld-maréchal salua la garde d'honneur aux capotes noires et aiguillettes blanches qui lui présentait les armes. C'est à peu près tout ce qui restait au maréchal de France chef de l'État comme symbole de souveraineté.

« Je suis convaincu que vous n'avez aucune part dans ces choses et que vous en souffrez d'autant plus cruellement », avait écrit le Führer dans une lettre personnelle que Rundstedt était chargé de remettre au vieux maréchal. Dans une lettre précédente, datée du 10 novembre, veille de l'invasion de la zone libre, Hitler lui expliquait que les armées du Reich et de l'Italie occupant désormais toutes les frontières de la France, « les raisons du maintien du gouvernement français à Vichy venaient à disparaître. Je voudrais vous assurer que vous pouvez, monsieur le maréchal, vous et votre gouvernement, vous déplacer désormais librement et sans aucune entrave dans toute la France… »

Hitler suggérait même qu'il s'installe à Versailles. C'eût été bien en juillet 1940, mais, à l'époque, le commandement militaire allemand s'y était fermement opposé.

— Vous avez dit Versailles, n'est-ce pas ? répéta le maréchal Pétain à Rundstedt. Eh bien, c'est non.

Il avait encore la liberté de prononcer ce non. Hitler n'avait pas eu l'audace de lui proposer l'Élysée.

1. Aussitôt arrêté, il déclarera avoir agi seul, sera présenté devant un tribunal militaire qui statuera dans l'urgence. Condamné à mort, au nom du maréchal Pétain, il sera fusillé le matin du 26 décembre 1942.

7

Des lits pour Pétain

Ni Paris, ni Versailles, ni Alger. Faute d'avoir trouvé une solution à son isolement, le maréchal se cramponne à Vichy. Sans doute songe-t-il à autre chose, mais de quels moyens dispose-t-il ? Plus de zone libre, plus d'armée d'armistice, plus de flotte, plus d'empire africain même, puisque celui-ci est passé à la « dissidence ». Il a les mains vides. Et il n'aime pas l'avion. Le général de Gaulle n'aurait jamais pu prononcer son appel historique s'il n'avait pas décollé de Bordeaux, le 17 juin 1940, dans l'avion du général Spears. Il disait : « Depuis juin 1940, à Bordeaux, jusqu'à Vichy, en 1942, l'un des secrets de la guerre est celui-ci : tout aurait changé si le vieux maréchal avait aimé prendre l'avion. Mais il ne prendra jamais, jamais, l'avion[1]. » S'il s'était échappé de Vichy au mois de novembre 1942, au moment de l'invasion de la zone libre, l'Histoire aurait pu prendre un autre cours. Mais il prétendait que « l'avion, l'altitude sont absolument contre-indiqués à mon âge », tout en continuant d'affirmer : « Un chef n'abandonne jamais ses troupes ; mes troupes, ce sont les Français. » C'est ainsi qu'il est resté prisonnier de sa capitale provisoire. Enfermé dans ses secrets ou dans ses rêves.

1. Cité par Jean-Raymond Tournoux, *Secrets d'État. Pétain et de Gaulle*, Paris, Plon, 1964.

Au mois d'août 1943, excepté ceux qui portent l'uniforme allemand, personne ne croit plus à la victoire du Reich. Après Stalingrad, la Wehrmacht vient d'être battue à Koursk, en Ukraine, la plus formidable bataille de chars de la guerre, et ce sera pour Hitler une défaite sans retour. « La défensive offensive elle-même n'est plus à la portée de la Wehrmacht. Elle n'est plus qu'un boxeur surclassé répondant de plus en plus faiblement à un orage de coups[1]. » En Méditerranée, les Américains ont débarqué en Sicile et l'Italie vient de capituler ; le Duce a été éliminé par le maréchal Badoglio, laissant la voie libre aux Alliés.

C'est alors que Pétain rappelle auprès de lui un colonel de l'armée de l'air, en congé de convalescence postopératoire dans les Pyrénées : André de Gorostarzu, son ancien attaché militaire de l'air à l'ambassade de France en Espagne, entré à son cabinet dès son arrivée à Vichy, avant même Henri du Moulin de Labarthète. Ce colonel porte la francisque, la décoration maréchaliste, n° 21. Et c'est lui, Gorostarzu, qui, tenant prêt son avion, a vainement tenté de convaincre le maréchal, lors du débarquement anglo-américain en Afrique du Nord, de partir pour Alger. Maintenant, c'est le maréchal qui a une mission pour lui. Confidentielle.

— Vous allez reprendre contact avec l'amiral Leahy et Roosevelt, lui dit Pétain.

William Leahy représentait les États-Unis à Vichy. Il avait gagné la confiance du maréchal et de son cabinet. Dans l'esprit de Roosevelt, il était l'âme du « pari » que l'Amérique faisait à Vichy, en contrepoint de la terrible pression allemande. Quand Berlin a imposé le retour de Laval, sa mission est devenue impossible. Il a été rappelé à Washington et nommé, trois mois plus tard, secrétaire général de la Maison Blanche.

Basque de pure souche, né le 14 juillet 1899, ayant donc tout juste quarante-quatre ans, Gorostarzu, « Goros » pour ses camarades, est un homme du renseignement. Certes, il a com-

1. Raymond Cartier, *La Seconde Guerre mondiale*, Paris, Presses de la Cité, 1980.

mencé par sortir de Saint-Cyr, promotion 1918. Incorporé comme cavalier, il a ensuite choisi l'armée de l'air ; en 1936, il était capitaine et commandait une escadrille de chasse basée à Pau, où l'on avait formé les pilotes américains de l'escadrille La Fayette durant la Grande Guerre. Le 15 décembre 1936, il se trouvait dans le bureau du colonel Rivet, le chef des services de renseignement de l'armée. « A des possibilités en Espagne », a noté le colonel[1]. Gorostarzu est parti pour Lisbonne d'où il allait gagner Burgos, capitale de l'Espagne franquiste, en pleine guerre civile. Mission : surveiller, étudier la légion Condor et rapporter tout ce qu'il pourrait apprendre. Cette escadrille Condor avait été engagée par la Luftwaffe, avec ses pilotes et ses avions, pour tester ses chasseurs et ses bombardiers, ainsi que ses tactiques sur un vrai théâtre d'opérations, l'Espagne, en attendant de les employer sur le front européen. Ce sont ces avions qui, le 26 avril 1937, ont détruit Guernica en faisant près de deux mille victimes. Cela ne pouvait laisser indifférent l'état-major français. Goros a rendu compte de sa mission une première fois en août 1937, puis remis un rapport qui lui vaudrait les compliments du Quai d'Orsay. Cela l'a fait connaître du maréchal Pétain lorsque celui-ci a été nommé, le 2 mars 1939, ambassadeur de France auprès du général Franco par le gouvernement français.

Nous sommes donc à l'été 1943, mais, un an plus tôt, Gorostarzu s'est fait remarquer dans une tout autre mission confidentielle, et déjà très politique. Autour du maréchal s'était constitué un noyau de militants monarchistes, sans doute formés par l'Action française, qui voulaient croire que, malgré ses démêlés avec Maurras, le théoricien du mouvement, le comte de Paris pouvait jouer le premier rôle dans le cas où s'ouvrirait une succession à Vichy. Encore fallait-il connaître les intentions du prince qui se trouvait alors en exil au Maroc, terre de son enfance, depuis le mois d'août 1940. Goros est parti pour Rabat le 22 juillet 1942, s'est présenté au comte de

1. Général Louis Rivet, *Carnets du chef des services secrets*, Paris, Nouveau Monde éditions, 2010.

Paris avant de revenir à Vichy convaincu que le prince s'estimait « investi par la Providence d'une mission à laquelle il ne pouvait se dérober » et que le maréchal devait parler avec lui. Il a rédigé une note circonstanciée datée du 27 juillet[1]. Quelques jours plus tard, prenant prétexte d'une visite d'inspection des bases aériennes d'Afrique du Nord, et muni des sauf-conduits officiels, Gorostarzu a quitté Vichy le 4 août à bord de son bimoteur Glenn-Martin, bombardier converti en avion de liaison ; il a fait escale à Oran et s'est posé à Rabat-Salé. Le comte de Paris l'attendait : « Assailli de toutes parts d'informations contradictoires, mais au fait de la proximité d'événements décisifs, je résolus d'aller directement à la source, c'est-à-dire à Vichy. Je voulais connaître la position exacte du maréchal[2]. » En cas de débarquement allié en Afrique du Nord, que ferait celui-ci ? Irait-il à Alger, enverrait-il Weygand ? Qu'en était-il de sa succession, de son projet de Constitution[3] ?

Gorostarzu ramenait donc de Rabat le prince à bord de son bimoteur. Celui-ci a été reçu, le jeudi 6 août 1942 dans la soirée, par le maréchal dans sa résidence estivale, le château de Charmeil, à trois kilomètres de Vichy, village où le directeur de cabinet de Pierre Laval, Jean Jardin, avait aussi sa maison. Il a eu un premier entretien suivi par un dîner en petit comité auquel assistait Gorostarzu. Le comte de Paris a confié qu'il était « prêt à prendre le pouvoir, étant donné la gravité des circonstances ».

— En somme, jeune homme, vous voulez ma place ?, répliqua Pétain.

Le comte de Paris avait trente-quatre ans. « Le maréchal me considérait à l'évidence comme un gamin, écrira le prince. Il y avait certes beaucoup de monarchistes jusque dans son entourage, jusqu'à la tête de son secrétariat privé. Mais per-

1. Papiers de famille du colonel de Gorostarzu, Archives nationales, 2 AG 616.
2. Henri comte de Paris, *Mémoires d'exil et de combats*, Paris, Atelier Marcel Jullian, 1979.
3. Le 10 juillet 1940, les députés et sénateurs réunis à Vichy avaient confié les pleins pouvoirs au maréchal pour rédiger une nouvelle Constitution.

sonne ne pouvait l'influencer. Il était bien plus obstiné, plus têtu qu'intelligent. C'était un militaire perdu dans le monde de la politique[1]. »

— Grâce à vous, la restauration devient possible, monsieur le maréchal, tenta le prince.

— Monseigneur, il y a un préalable à toute restauration, répondit le maréchal, c'est une Constitution et un traité de paix...

Le lendemain 7 août, le comte de Paris était invité à dîner, au restaurant du Payaret, par Pierre Laval. Ce fut un autre son de cloche. Laval l'écouta attentivement, et lui offrit, était-ce par ironie ou par désinvolture, « en manière de blague », la proposition d'occuper le secrétariat d'État au Ravitaillement !

— Si vous réussissez à ce poste dans les circonstances actuelles, alors la restauration de la monarchie deviendrait possible...

Décidément, il ne restait plus au comte de Paris qu'à demander à Gorostarzu de le raccompagner le lendemain à Rabat. Où le groupe des Cinq, qui préparait le coup d'Alger dans la perspective du débarquement américain, vint le rencontrer et le mettre au courant de ce qui se tramait. Sans illusion du côté de Vichy, se prit-il à espérer que l'occasion se présenterait à Alger ? Il entra dans l'imbroglio dont la conclusion provisoire fut l'assassinat de l'amiral Darlan. Arrivé à Alger le 10 décembre 1942, deux semaines avant l'attentat, descendu chez l'un des auteurs du complot, Henri d'Astier de La Vigerie, il a été sans doute manipulé par plus habile que lui. Il aurait pu prendre la tête de l'exécutif provisoire si les Américains l'avaient voulu. Mais ils ne l'ont pas voulu.

Les dés ont roulé autrement sur le tapis. Et c'est ainsi que le maréchal fait venir le colonel de Gorostarzu pour un tête-à-tête

1. Xavier Walter, *Un roi pour la France*, Paris, François-Xavier de Guibert éditeur, 2002.

dans son bureau de l'hôtel du Parc. L'homme a de l'allure ; il a l'esprit fin, acéré, volontiers moqueur, parfois dilettante et sait faire preuve d'initiative. Le maréchal connaît ses liens avec les services américains, sa familiarité avec Lisbonne, lieu de rendez-vous de l'espionnage européen ; c'est d'ailleurs pour cette raison qu'il lui demande de partir pour le Portugal afin d'y renouer une relation de confiance avec l'amiral Leahy et les Américains.

« Je m'installai à l'hôtel Atlantico, dans le quartier de l'Estoril, à Lisbonne. C'était le lieu de résidence des chefs de missions de renseignement de tous les pays belligérants. Dès mon arrivée, je me mis en rapport avec l'ambassade des États-Unis. L'ambassadeur prit le parti non pas de me recevoir, mais de me faire "traiter" par un de ses secrétaires qui me mit entre les mains du colonel Solborg », résume Goros dans une note. Solborg était l'attaché militaire des États-Unis à Lisbonne. Il agissait sous les ordres du colonel Bill Donovan, juriste distingué, conseiller personnel de Roosevelt, et créateur de l'OSS (future CIA), qui se consacrait à la situation en Méditerranée et en Afrique du Nord. « Le colonel Solborg fut pour moi d'une aide précieuse dans ma mission, poursuit Gorostarzu dans sa note. Par son intermédiaire, je transmis les desiderata du maréchal Pétain au président Roosevelt et au maréchal, les réponses du président. Le maréchal voulait surtout, au moins au début, faire connaître au président Roosevelt les grandes lignes de la Constitution qu'il avait élaborée[1]. »

Mais pourquoi donc la Constitution ? Parce qu'une Constitution, c'est rassurant pour Roosevelt, c'est respectueux de la légalité, c'est démocratique et c'est apaisant pour les Américains de savoir que ce maréchal n'a pas l'intention de s'éterniser dans son uniforme de dictateur militaire, qu'il a bien l'intention de revenir, dès la fin de la guerre et de l'Occupation, à des institutions vraiment représentatives…

Là encore, cette Constitution n'a que trop attendu ; elle aurait dû être proposée bien avant. Sans doute les Allemands

1. Note remise par le colonel à Jean-Raymond Tournoux en 1964. *Secrets d'État*, *op. cit.*

n'étaient-ils pas pressés de la voir débattue. Que le maréchal éprouve le besoin de s'en préoccuper à nouveau est bien un autre signe de ce que le vent est en train de tourner. La seule rédaction de ce texte est d'ailleurs l'aboutissement d'une autre aventure et, pour tout dire, d'un coup d'État raté.

Un nouveau personnage entre en scène : l'amiral Paul Gabriel Auphan. En fait, celui-ci n'a pas vraiment quitté la scène, si ce n'est que, parti côté cour, il revient côté jardin.

Promotion navale 1911, il a quarante-huit ans. Brillant, il a commandé aussi bien des sous-marins que le croiseur-école *Jeanne d'Arc* ; il a travaillé dans les cabinets ministériels, puis à l'état-major et se trouve être le plus jeune des amiraux. Il a rencontré Darlan à l'École navale, et Darlan en a fait non seulement un subordonné mais un homme de confiance. Il était sous-chef d'état-major quand Darlan était amiral de la Flotte, puis chef d'état-major de la marine quand l'amiral est devenu chef du gouvernement. Le 17 avril 1942, lorsque Darlan a été écarté au profit de Laval, Auphan a résisté avant d'accepter du maréchal les fonctions de secrétaire d'État à la Marine, ce parce que l'amiral conservait le commandement en chef des trois armées. Mais en pleine crise du débarquement américain à Alger, il a soutenu clandestinement le ralliement de Darlan aux Alliés et quand Laval a obtenu les pleins pouvoirs, le 17 novembre, il a remis sa démission au maréchal. C'est ainsi qu'il est sorti de la scène politique, tout en conservant des relations un peu partout.

Et il revient, côté jardin, puisque c'est au début du mois d'août 1943, le lundi 9 pour être précis, qu'il remet au maréchal, dans sa résidence estivale, une note sur l'évolution de la situation. Ils dînent ensemble. Le maréchal voudrait bien donner une « nouvelle orientation » à sa politique intérieure, même si cela doit entraîner pour la seconde fois le départ de Laval.

— Auphan, dit le maréchal, étudiez-moi à fond vos réflexions, et faites-moi des propositions.

Auphan est de retour le 2 septembre avec un nouveau papier : il conseille de rétablir les relations avec les

Américains, les Anglais, et même ceux que l'on appelle encore les « dissidents », c'est-à-dire les gaullistes, pour couper l'herbe sous le pied des fauteurs de guerre civile ; il lui suggère de reprendre directement en main le gouvernement, d'annuler les pleins pouvoirs qu'il a donnés à Laval en novembre 1942, et de le retirer de sa succession en cas d'empêchement, succession qui devrait revenir à l'Assemblée nationale – celle dont le chef de l'État détient, depuis le 10 juillet 1940, les pleins pouvoirs.

Pétain envoie Auphan à Paris recueillir différents avis sur ce document. Allers et retours. La note définitive, datée du 13 septembre, préconise « l'annulation de la délégation de pouvoirs à Laval, une allocution au pays, la constitution d'un gouvernement d'administration, la désignation d'un conseil de régence, l'établissement d'une liaison permanente avec le général Giraud (à Alger) et même l'utilisation de groupes de résistance métropolitains, non inféodés à de Gaulle, pour empêcher la guerre civile[1] ».

Quasiment à la même date – c'est dire l'agitation qui s'est emparée des esprits devant la perspective d'une défaite de l'Allemagne hitlérienne –, un autre groupe rédige un « plan de redressement national français » dans lequel on peut lire : « La situation intérieure de la France telle qu'elle se présente est particulièrement angoissante. Elle est caractérisée par le fait que les Français, dans leur immense majorité, persistent à demeurer convaincus d'une très proche victoire américaine – ce qui a pour conséquence de développer d'une façon considérable l'audace des ennemis de l'Axe et d'aboutir simultanément à une désagrégation des forces collaborationnistes et à un véritable effondrement de l'autorité de l'État… » Suivent dix-sept pages de considérations pour conclure à la nécessité de l'épuration des administrations, de la constitution d'un parti unique, d'une milice unique et d'un pacte franco-allemand. C'est signé par les chefs des partis ultras de la Collaboration qui trouvent que Laval n'en fait pas assez : Darnand, Déat, Luchaire…

1. Amiral Paul Auphan, *L'Honneur de servir*, Paris, France-Empire, 1978.

Une course s'engage entre le groupe Auphan et le groupe Déat. Le maréchal veut prendre ses extrémistes de vitesse, cependant qu'à Alger le général de Gaulle est en train de consolider son pouvoir au détriment de Giraud : le Comité français de libération nationale (CFLN), fondé le 3 juin 1943, se donne un président le 2 octobre, le Général en personne, et une assemblée consultative pour préparer les textes qui entreront en vigueur à la Libération... Et puis, il y a les parlementaires en congé depuis le vote du casino de Vichy. Anatole de Monzie, l'ancien ministre des Transports, écrit au maréchal : « Il est temps d'envisager la convocation de l'Assemblée nationale. L'unité nationale n'a d'autre expression que cette Assemblée dont vous avez reçu délégation provisoire. »

Bref, le temps presse. Entre la Constitution que le maréchal veut soumettre à Roosevelt, l'Assemblée nationale qui peut lui fournir une issue de sortie, le groupe Déat qui pousse ses ultras, le Comité d'Alger qui prend de l'avance, sans compter Laval et les Allemands, les événements se bousculent.

Or, le 9 novembre 1943, Hitler doit célébrer à Munich les vingt ans du putsch qui a été le premier fait d'armes de sa carrière. Le voilà donc retenu par d'autres préoccupations que les « complots » franco-français. Pétain lui-même n'oublie pas qu'il va aussi bientôt fêter le vingt-cinquième anniversaire du jour où il a reçu de Poincaré son bâton de maréchal de France.

Il prépare son coup pour le vendredi 12 novembre. Personne n'est au courant. Il doit annoncer ce que le groupe Auphan lui a proposé sans que Laval ni ses proches n'en sachent rien. « Pétain est le secret fait homme, dit son nouveau directeur de cabinet, le capitaine de vaisseau Jean Tracou. "On ne peut confier des secrets à personne, sauf aux maris infidèles, plaisante le maréchal, car ceux-là ont l'habitude du mensonge. Je n'ai que des gens sérieux autour de moi."[1] »

1. Jean Tracou, *Le Maréchal aux liens*, Paris, André Bonne, 1949.

Le vendredi 12 dans l'après-midi, alors que les documents sont signés et le discours prêt à être enregistré, le maréchal appelle tout de même son chef de gouvernement, dont il sait qu'il a été prévenu par une fuite, pour lui communiquer le texte de son nouvel « acte constitutionnel » et celui de son message aux Français.

Laval prend d'abord connaissance de l'acte. Article 1er : en cas de décès, « le pouvoir constituant fera retour au Sénat et la Chambre des députés, dont la réunion constitue l'Assemblée nationale ». Et l'article 2 précise que sont abrogées « toutes dispositions prises depuis le 10 juillet 1940 qui porteraient atteinte à la jouissance et à l'exercice des droits de l'Assemblée nationale ».

Quant au message, il explique la signification de cet acte : « Le 10 juillet 1940, l'Assemblée nationale m'a donné mission de promulguer une nouvelle Constitution de l'État français. J'achève la mise au point de cette Constitution. Mais je me préoccupe de ce qui adviendrait si je venais à disparaître avant d'avoir accompli jusqu'au bout la tâche que la nation m'a confiée. C'est le respect de la légitimité qui conditionne la stabilité d'un pays. En dehors de la légitimité, il ne peut y avoir qu'aventures, rivalités de factions, anarchie et luttes fratricides. J'incarne aujourd'hui la légitimité française. J'entends la conserver comme un dépôt sacré et qu'elle revienne à mon décès à l'Assemblée nationale de qui je l'ai reçue si la nouvelle Constitution n'est pas ratifiée… »

Quelle insistance à rappeler sa « légitimité », à vouloir faire assurer sa succession par l'Assemblée nationale, élue sous la IIIe République ! Le maréchal se doute bien que sa légitimité est amputée depuis trois ans par sa politique de Collaboration, par sa soumission aux occupants, et maintenant par une autre légitimité qui s'affirme, celle du général de Gaulle. En appeler à l'Assemblée nationale, c'est une manière de se relier à la IIIe République dont il est tout de même issu, de se rendre « compatible », de calmer les appréhensions des parlementaires, de revenir à la normale, alors qu'il ne jouit plus que d'un pouvoir fictif à la tête d'un « État satellite[1] ».

Au premier abord, Laval s'amuse de ce « retour au parlementarisme ». Il comprend qu'il n'est plus le dauphin, encaisse le coup, puis il se ravise :

— Il faut prévenir les Allemands, monsieur le maréchal.

— Ça ne les regarde pas, c'est une affaire intérieure.

— Pas l'appel à l'Assemblée nationale, monsieur le maréchal : Hitler va prendre ça comme un coup de poing en pleine figure !

— Alors prévenez von Nidda (le consul d'Allemagne à Vichy) à l'heure où j'enregistrerai le discours.

— Ça paraîtra suspect…

Mais le maréchal est décidé : c'est son affaire ! Laval se retire. Quelques heures de réflexion et puis le soir de ce vendredi, il s'oppose tout net à la publication de l'acte et de l'allocution. Or les moyens de diffusion, c'est lui qui en dispose comme chef du gouvernement muni de tous les pouvoirs. Pétain maintient sa décision : il enregistrera bien son discours le lendemain, samedi, immédiatement après en avoir informé le représentant diplomatique allemand.

Le samedi à midi, le maréchal enregistre bien son message sur un disque au studio de Radio Vichy. Informé, Krug von Nidda est complètement affolé. Il échange de multiples coups de téléphone avec l'ambassade d'Allemagne à Paris et les ordres pleuvent : la Gestapo saisit le disque enregistré, elle occupe l'imprimerie du *Journal officiel* du gouvernement. Le maréchal devra garder pour lui son discours : les affaires intérieures françaises, il l'a oublié, sont des affaires allemandes.

Le soir même, Krug von Nidda se rend auprès du maréchal. La colère est réciproque.

— Le gouvernement du Reich est indigné ! s'exclame le diplomate allemand. Indigné par le procédé, comme par l'idée de remettre en fonction cette Assemblée nationale qui, en

1. Robert Aron, *Histoire de Vichy. 1940-1944*, Paris, Fayard, 1954.

septembre 1939, a déclaré, sans le moindre motif, la guerre à l'Allemagne !

Têtu, le maréchal réplique :

— Tant que je serai empêché de diffuser mon message, je me considérerai comme placé dans l'impossibilité d'exercer mes fonctions[1].

Et il se met « en grève » ! On ne le voit plus aux cérémonies des couleurs ! Trois semaines passent. Puis, le 4 décembre, Otto Abetz arrive à Vichy, « dans l'appareil des grandes circonstances ; une troupe armée, aux uniformes noir et vert l'accompagne[2] ». Il est porteur d'une lettre de Ribbentrop au maréchal, une lettre confuse et qui n'en finit pas, pleine de récriminations et d'exigences. Hitler est vraiment furieux : il exige l'épuration du cabinet du maréchal de tous ceux qui se sont compromis avec Darlan et qui sont, de près ou de loin, mêlés à cette affaire de message et d'acte constitutionnel ; il exige même que Laval fasse de la place au groupe Déat au gouvernement – des hommes « qui garantissent la Collaboration »...

Comment avoir pu croire que les Allemands laisseraient faire sans réagir ? La naïveté du montage surprend. L'échec de cette tentative laisse le maréchal les mains totalement liées par les hommes d'Hitler. Sur qui, sur quoi Pétain peut-il encore compter ? Ribbentrop lui envoie une « gouvernante », un ambassadeur nommé Cecil von Renthe-Fink, « délégué spécial diplomatique » à Vichy.

Pour autant, le groupe Auphan n'a pas désarmé ; il poursuit la rédaction de la fameuse Constitution, laquelle est quasiment prête le 30 janvier 1944. Elle est examinée par le maréchal Pétain – qui a finalement repris ses fonctions après six semaines de bouderie –, en présence de son directeur du cabinet civil et de son secrétaire général militaire.

1. Témoignage de Jean Tracou, *Le Maréchal aux liens*, *op. cit.*
2. *Ibid.*

— C'est une Constitution républicaine, mais j'aimerais mieux un autre mot, dit le maréchal, car celui-là évoque de mauvais souvenirs. « On en trouve naturellement aucun qui soit valable, raconte le commandant Tracou ; on réintroduit la République dans le texte et le chef de l'État devient le président de la République. »

— S'il en était besoin, dit le maréchal, cela me confirmerait dans ma volonté de me retirer dès que je le pourrai.

La seule question est de savoir ce que Roosevelt va penser de cette Constitution. Est-ce le bon argument pour que Vichy puisse se faire valoir auprès de lui et pour que les armées américaines, au moment où elles vont débarquer, continuent de considérer les représentants vichystes comme les autorités légales ? C'est bien pour répondre à ces questions que le maréchal a envoyé le colonel de Gorostarzu à Lisbonne où il entretient ses contacts avec les services de renseignement américains.

« Le texte définitif de la Constitution me fut transmis, rapportera-t-il, grâce à une liaison secrète, à Lisbonne même, par le cabinet du maréchal, à l'insu de M. Laval. » La copie de cette Constitution, dont il n'existe alors que trois exemplaires originaux, vingt-quatre pages dactylographiées sur papier pelure, a été transportée par un procédé tout à fait original : roulée dans un pain de mie !

Le 15 mars 1944, dûment informé de la réaction américaine, Gorostarzu regagne la France, *via* Madrid et Hendaye, suivi par la Gestapo, puis arrêté par elle dès qu'il se trouve sur le territoire français. Il est interrogé pendant quarante-huit heures. La chance veut que son interrogatoire soit conduit par un officier ancien pilote de Stuka dans la légion Condor, en Espagne, escadrille qu'il connaît si bien. Les Allemands le libèrent. « Je suis arrivé à Vichy par un omnibus de nuit, poursuit Gorostarzu dans son récit, et pour ne pas attirer l'attention, je me suis rendu immédiatement à l'hôpital militaire où j'avais été opéré. Le médecin chef m'hospitalisa. Personne n'avait à connaître ma présence. Je fis prévenir le maréchal[1]. »

1. Papiers de famille du colonel de Gorostarzu, déjà cités.

Le surlendemain, 21 mars 1944[1], le colonel de Gorostarzu est reçu, en grand secret, au château du Lonzat, résidence d'été du maréchal. Il y a là, outre le commandant Tracou, directeur du cabinet, le fidèle Ménétrel, médecin et chef du secrétariat privé, ainsi que le toujours actif amiral Auphan.

— Les armées alliées vont débarquer incessamment, dit Goros. Le haut commandement américain désirerait voir le maréchal ne plus s'occuper de l'État, se retirer dans une propriété, de telle sorte que les armées alliées, en libérant le territoire français, libèrent en même temps la légalité et la légitimité prisonnières.

Le commandant Tracou prend note du message de Roosevelt tel que transmis par le colonel : « Le président (des États-Unis) ne reconnaîtra pas de Gaulle et son Comité comme gouvernement de la France. De Gaulle aspire au pouvoir personnel et le président n'a aucune confiance en lui. Aux yeux du gouvernement américain, le maréchal demeure le seul dépositaire du pouvoir légitime. Le président souhaite que le maréchal se retire complètement des affaires et adopte un statut analogue à celui du roi du Danemark. Lorsque les troupes américaines débarqueront en France, elles iront le chercher dans sa retraite. Roosevelt prévoit que la guerre durera jusqu'en 1945 ou 1946, mais le maréchal peut avoir confiance dans un dénouement favorable, même si la France devait subir un gauleiter et une administration allemande pendant de longs mois. »

Le maréchal écoute, mais n'en démord pas. S'il n'a pas voulu partir pour Alger, ce n'est pas pour aller se réfugier à Chenonceaux, à Chambord ou ailleurs.

— Je ne serai pas un spectateur, dit-il. Je n'abandonnerai pas les Français ; je suis et je demeure le seul chef légal de la France. Je regrette de ne pouvoir suivre le conseil du président Roosevelt. D'ailleurs, c'est une illusion. Les Allemands ne me laisseraient jamais libre en France, ils me déporteraient.

Certes, mais il ne comprend pas, le vieux maréchal, que si lui ne veut pas bouger, les Américains non plus ne peuvent

1. La date est fournie par Jean Tracou, *Le Maréchal aux liens*, *op. cit.*

pas négocier ou amorcer une négociation avec lui tant qu'il est le prisonnier des Allemands. « La question aurait été tout autre, dira le colonel Solborg, le contact de Gorostarzu, si le maréchal avait choisi de quitter Vichy et de se déplacer dans un pays où on aurait pu traiter avec lui comme chef de l'État en exil plutôt que comme chef de l'État prisonnier de l'ennemi[1]. »

Le refus du maréchal met fin à la mission Gorostarzu. L'illusion américaine s'est évanouie, avec ou sans Constitution. Le colonel ne reverra plus le maréchal. Ulcéré et déçu d'avoir pris de tant de risques en vain, il demande à être relevé de ses fonctions, quitte Vichy, franchit les Pyrénées grâce à une filière clandestine et se met au service de l'OSS américain, à partir de Saint-Sébastien[2].

Désormais, tous les signaux vont dans le même sens : l'orage final approche. Les massacres de la Wehrmacht et des divisions de la Waffen SS se répètent, les sabotages s'accentuent, la milice de Darnand mène sa propre guerre contre la Résistance, la Haute-Savoie se soulève, les bombardements de l'aviation alliée font des ravages. Le dimanche 23 avril 1944, le quartier de la Chapelle à Paris est bombardé ; il y a plus de six cents victimes. Le lendemain, le maréchal fête ses quatre-vingt-huit ans. Son cabinet l'informe qu'une cérémonie va se tenir à Notre-Dame de Paris en hommage aux victimes des bombardements : le grand chancelier de la Légion d'honneur et le cardinal archevêque de Paris le prient de s'y rendre.

— Paris, Paris, j'attends ce jour depuis quatre ans, dit le maréchal.

Et le temps de préparer les conditions de sécurité, d'obtenir les autorisations allemandes, le cortège s'ébranle durant la

1. Lettre à Jean-Raymond Tournoux, *Secrets d'État*, *op. cit.*
2. Il devra quitter l'armée de l'air. En 1948, il sera décoré par les États-Unis pour « services rendus » à l'état-major allié. Il est décédé en 1980.

journée du lundi 24. Le mercredi 26 avril, il ira à Notre-Dame, il se présentera au balcon de l'Hôtel de Ville. En uniforme, « entre Français ». Il y a là une foule considérable. Cinquante mille personnes, dit la préfecture de Police. À la foule qui l'acclame, il déclare : « C'est une première visite que je vous fais aujourd'hui. J'espère bien revenir plus tard, et alors, je n'aurai pas besoin de prévenir mes gardiens. Je serai sans eux et nous serons tout à l'aise. À bientôt, j'espère. » *La Marseillaise* retentit.

Dans son journal écrit de Paris, Charles Braibant, directeur des archives de la marine, très informé et antivichyste passionné, écrit : « Il paraît que ce n'est pas seulement par les brigades des acclamations et les miliciens que Pétain a été salué. Une partie du peuple de Paris a marché de bon cœur. Pauvres gens. Je pense qu'ils se sentaient abandonnés. Les bombardements anglais et la propagande de Philippe Henriot les raccrochent au lamentable vieillard qui, par faiblesse ou par bêtise, a tout fait pour les livrer sans recours à leur bourreau[1]. »

Et comme pour donner de la consistance à cette condamnation, à peine rentré à Vichy, le maréchal enregistre une proclamation, aussitôt diffusée sur les ondes, le 28 avril, dans laquelle il dit : « Français, quiconque parmi vous, fonctionnaires, militaires ou simples citoyens, participe aux groupes de Résistance compromet l'avenir du pays. Quand la tragédie actuelle aura pris fin et que, grâce à la défense du continent par l'Allemagne et aux efforts unis de l'Europe, notre civilisation sera définitivement à l'abri de la menace que fait peser sur elle le bolchevisme, l'heure viendra où la France retrouvera et affirmera sa place. » Un message dicté du premier au dernier mot par l'occupant. L'entourage du maréchal est sidéré et honteux. Mais c'est fait. Une fois de plus. Comme si toutes les portes s'étaient fermées devant le maréchal et qu'il n'en restait plus qu'une seule, ouverte sur l'Allemagne. « Une

1. Charles Braibant, *La Guerre à Paris*, Paris, Corréa, 1945.

catastrophe qui déconsidère Pétain », entend-on parmi ses proches.

Et pourtant, les Allemands qui viennent ainsi de marquer un point, en ruinant l'effet produit par la visite à Paris, sont inquiets. Ils redoutent que le maréchal ne soit victime d'un attentat, d'un enlèvement, d'un coup de main, tenté soit par ses partisans, soit par ses adversaires. Ils considèrent que sa sécurité n'est pas suffisamment assurée à Vichy et lui imposent une « mesure de sauvegarde » en le déplaçant vers l'Île-de-France.

Comme toujours, il proteste, puis s'incline. Le 7 mai 1944, accompagné par son cabinet, il s'installe au château de Voisins, aux environs de Rambouillet. Lui qui ne voulait pas s'exiler dans un château de la Loire en attendant les Alliés, le voilà quand même exilé mais sous bonne garde allemande. Le délégué spécial Cecil von Renthe-Fink réside à proximité.

C'est de ce château de Voisins que le maréchal appelle auprès de lui, après Gorostarzu et Auphan, un troisième émissaire : Gabriel Jeantet. Plus jeune que les autres, trente-huit ans, camelot du roi à l'Action française quand il était étudiant (son frère Claude est rédacteur en chef de *Je suis partout*, l'hebdomadaire ultracollaborationniste), il est entré au cabinet du maréchal. Hasard des circonstances, il a rejoint les rangs, comme soldat, de la 4e division cuirassée en 1940, la division commandée par le colonel de Gaulle – et s'il n'était pas arrivé un jour trop tard à La Rochelle, il aurait pu embarquer sur un bateau et rejoindre Londres, il serait devenu comme son ami Jean Marin un combattant gaulliste... Mais le voilà qui s'occupe d'une maison d'édition maréchaliste et dirige le mensuel *France*, « revue de l'État nouveau »[1].

Derrière l'intellectuel aux lunettes rondes que l'on croise à l'hôtel du Parc ou dans ses bureaux de la rue Alquié, à Vichy, Jeantet masque un tout autre personnage. À côté de lui, Goros-

1. C'est dans cette revue qu'a été publiée, en décembre 1942, une étude sur l'Allemagne signée par François Mitterrand, avec qui Jeantet avait été étudiant à l'École des sciences politiques.

tarzu l'aviateur et Auphan le marin ont des profils conventionnels. Lui, c'est un héros de feuilleton. Où l'on trouverait mêlées les sociétés secrètes, l'action politique clandestine et les filles. Il sort tout droit de la Cagoule, cette organisation des années 1936-1938 dont l'ombre menaçait la République, avec ses noms de guerre et ses machinations, cible idéale pour les policiers des Renseignements généraux avant guerre et pour les agents de la Gestapo depuis l'Occupation. Henri du Moulin de Labarthète, qui a été en contact avec certains de ses éléments et s'en est soigneusement tenu à l'écart, la décrira comme une de « ces formations paramilitaires où d'excellents Français voisinaient avec des fous notoires, où la bombe, le cyanure et le parabellum scandaient le rythme de la pensée[1] ». Elle comportait deux branches, une organisation secrète d'action révolutionnaire (OSAR ou CSAR), dirigée par une sorte de rêveur délirant, le polytechnicien Eugène Deloncle, et un paravent, l'union des comités d'autodéfense (UCAD) du général d'aviation Edmond Duseigneur.

Depuis la dissolution des ligues « fascistes » et de l'Action française en 1936, ces personnages sont entrés dans une semi-clandestinité, bien décidés à « prendre le pouvoir ». Ils ont été surpris dans des trafics d'armes, impliqués dans des règlements de comptes, assassinats et attentats à la bombe contre le siège du patronat à Paris – explosions qu'il s'agissait d'attribuer au parti communiste… Ils font mieux encore : Deloncle a réussi à convaincre l'état-major des armées et même le ministre de la Guerre que des éléments de la police secrète du Kremlin avaient planifié l'assaut par les communistes français, flanqués par des « supplétifs marocains », du quartier des ministères, dans la nuit du 15 au 16 novembre 1937 à Paris. « Sans les organismes anticommunistes que j'avais mis debout avec le général Duseigneur, Paris aurait connu les horreurs d'une insurrection communiste », racontera Deloncle[2].

---

1. Henri du Moulin de Labarthète, *Le Temps des illusions*, *op. cit.* La Cagoule est accusée d'avoir assassiné plusieurs personnes, dont les frères Rosselli, en Italie.
2. *Le Matin,* 27 août 1941.

Toute l'affaire n'était que pure invention de sa part, pour faire valoir son organisation et ses cagoulards, mais il en a persuadé des gens sérieux, et notamment le colonel Méric de Bellefon, de la maison militaire d'Albert Lebrun, qui s'inquiétait de la vulnérabilité de l'Élysée et a fait demander à Deloncle de lui fournir trois mitrailleuses supplémentaires pour barrer le faubourg Saint-Honoré...

Depuis l'Occupation, les deux branches de la Cagoule se sont séparées : quelques fidèles du général Duseigneur ont cherché à grossir les rangs des services spéciaux gaullistes et de la Résistance en général, l'autre, celle de Deloncle, a investi le cabinet du maréchal et celui de l'amiral Darlan, Deloncle lui-même prenant la tête de la Légion des volontaires français contre le bolchevisme (LVF). Sa manie du complot le conduit à vouloir rejoindre Darlan à Alger, puis à prendre contact avec des hommes de la conjuration contre Hitler. Découvert, il finira par être mis en jugement, au mois de janvier 1944, par ses anciens subordonnés et assassiné par le SD allemand[1], avec la complicité de miliciens de Darnand, qui était aussi un cagoulard...

Que faisait donc Jeantet, dont la couverture était de travailler comme secrétaire dans une compagnie pétrolière, dans cet étrange nid de guêpes ? Il y a trouvé matière à son goût pour les aventures « sportives ». Tout l'excitait à la Cagoule : les approvisionnements en armes, les contacts clandestins, les amours avec de belles espionnes. Autoritaire, entier, endurant, discipliné par les sports de montagne, Jeantet est aussi un séducteur. On l'a vu dans les bras de Joséphine Baker, future héroïne de la Libération ; il a été l'amant de passage d'une intrigante d'origine italienne, qui fera parler d'elle le lendemain de son assassinat mystérieux, le 16 mai 1937 dans le métro parisien, Laetitia Toureaux. On découvrira qu'elle renseignait la police sur les actions de la Cagoule... C'est durant ces années-là que Jeantet a noué toutes sortes de relations, lesquelles vont lui servir pendant la guerre. Il est ainsi en contact avec un ex-cagoulard devenu chef de la Résistance en

1. Sa femme est décédée en 1988 ; François Mitterrand a assisté à ses obsèques.

Alsace, Paul Dungler, avec des agents des services spéciaux d'Alger, ou même des hommes de l'amiral Canaris, le chef des SR allemands, qui veulent assassiner Hitler...

— Je vous nomme mon chargé de mission personnel, dit le maréchal à Gabriel Jeantet. Je connais vos relations avec les Américains et la Résistance. Elles nous sont utiles ; je vous demande de multiplier vos contacts, d'expliquer les raisons pour lesquelles j'ai dû prononcer le discours du 28 avril et la volonté qui est la mienne de réconcilier tout le monde.

Mais à quoi servent ces différents émissaires auprès des représentants de Washington, d'Alger ou de Berlin ? En fait, on va le comprendre à mesure que le moment du débarquement allié se précise. Les hommes du cabinet de Vichy se demandent ce qui va se passer pour le maréchal, où il va bien pouvoir se trouver, où il va résider, lorsque les armées alliées refouleront les divisions allemandes... Comment faire pour que ce soit lui, et personne d'autre, qui accueille l'état-major des forces alliées, c'est toute la question. S'il est effectivement à Paris et non plus à Vichy, où peut-il être sinon à l'Élysée puisque Laval occupe Matignon ? Après avoir tenté de rassurer Roosevelt et les Américains, il faudrait maintenant convaincre la Résistance des bonnes intentions du maréchal, persuader les Alliés qu'aucune force française ne prendra part aux côtés de la Wehrmacht aux combats contre les armées débarquées, et, enfin, obtenir des Allemands qu'ils autorisent le déplacement du maréchal à Paris...

Cela fait beaucoup pour un seul homme, mais c'est la mission dont Jeantet est chargé – ou dont il s'est lui-même chargé... « Donner l'assurance que le maréchal ne ferait qu'un appel au calme (dès le Débarquement) et n'associerait les Français à aucune action menée pour s'opposer à la progression des troupes alliées[1]. » Cet engagement inclut-il aussi la

1. Gabriel Jeantet, *Pétain contre Hitler*, Paris, La Table Ronde, 1966.

milice de Darnand, secrétaire général du maintien de l'ordre, et les autres unités qui opèrent avec la Gestapo dans un climat de guérilla sauvage et de guerre civile ? Qui va l'emporter ?

Le maréchal a enregistré d'avance l'allocution qui sera radiodiffusée dès le jour du Débarquement : « Français, les armées allemandes et anglo-saxonnes sont aux prises sur notre sol. La France devient ainsi un champ de bataille... N'aggravez pas nos malheurs par des actes qui risqueraient d'appeler sur vous de tragiques représailles... N'écoutez pas ceux qui, cherchant à exploiter notre détresse, conduiraient le pays au désastre. La France ne se sauvera qu'en observant la discipline la plus rigoureuse. Obéissez donc aux ordres du gouvernement... »

Ce n'est pas le discours qui peut répondre aux vœux des maquis et réseaux de résistants, au contraire ! C'est en tout cas ce dont on discute alors que Pétain se trouve au château de Voisins, sans autorisation d'en sortir, sous étroite surveillance allemande... Mais, on ne sait pourquoi, le 26 mai, contrordre de Berlin, le maréchal peut quitter son château et regagner Vichy. Celui-ci en profite pour passer par Nancy, où il réitère son appel à ne pas se mêler des combats de la Libération, et Dijon, où il continue d'être applaudi par la foule et aimablement reçu par les autorités locales. Comme si tout allait bien.

Les événements extérieurs se précipitent. Le Comité d'Alger présidé par le général de Gaulle se transforme en « Gouvernement provisoire de la République française » (GPRF). Puis le général repart pour Londres, dans l'attente du Débarquement. Enfin, les Alliés déferlent en Normandie à partir du 6 juin. Gigantesque opération qui écrase tout. Et pourtant, il faut bien savoir qui administrera en France les territoires libérés par les armées alliées.

« Les agents secrets jouent un grand rôle dans les périodes troubles, écrit Tracou, un rôle qu'ils n'ont aucune tendance à minimiser, mais qui n'a pas le caractère décisif qu'ils se plaisent à imaginer. Ils sont rarement payés de retour ; s'ils échouent, on les désavoue ; s'ils réussissent, on leur manifeste peu de reconnaissance. On les trouve vite encombrants, c'est le sort de tous les intermédiaires… »

Jeantet baigne dans ce climat, entre ses contacts lyonnais avec les représentants de la Résistance et les officiers SS qu'il rencontre à Paris. Le commandant Tracou, directeur du cabinet du maréchal, note qu'« un agent du BCRA (Bureau central de renseignement et d'action, les services secrets gaullistes) qui opère dans la région Lyon-Marseille nous fit demander par un intermédiaire (Jeantet) quelle serait l'attitude du maréchal à l'égard de De Gaulle, dans le cas où il réaliserait un accord avec les Américains. Le maréchal répond qu'il désire mettre sur pied un large gouvernement d'union, formé de résistants et d'éléments non compromis avec les Allemands. Puis, après une période de transition aussi brève que possible, il se retirerait définitivement.

— Certes, mais de Gaulle ?

— L'union ne se conçoit pas en dehors de De Gaulle[1].

Seulement, même si le Vatican offre ses bons offices, quand les assassinats se succèdent, que les représailles appellent les représailles, que peut-il subsister des « bonnes intentions » ? Le 21 juin 1944, l'ancien ministre socialiste Jean Zay, à peine extrait de sa prison de Riom, est assassiné ; puis, le 28 juin au petit matin, c'est Philippe Henriot, le milicien, ministre de l'Information du gouvernement Laval et porte-voix de la propagande pro-allemande ; le 7 juillet, Georges Mandel, l'ancien ministre de l'Intérieur qui ne voulait pas de l'armistice, tombe sous les balles de miliciens, à la fureur même de Pierre Laval. Sauvagerie auxquelles s'ajoutent les atrocités allemandes, Tulle, Oradour-sur-Glane.

Le 6 juillet, Laval apprend par Abetz qu'Hitler veut emmener à l'Est le maréchal et le gouvernement. Pétain convoque aussitôt le délégué allemand à Vichy, Renthe-Fink :

1. Jean Tracou, *Le Maréchal aux liens*, *op. cit.*

— Sachez que je me refuse à quitter Vichy, sinon pour aller à Paris.

— Vous songeriez à aller à Paris ?

— Si les Américains y viennent, de Gaulle y viendra aussi. Il faut que j'y sois pour m'expliquer avec lui et défendre ceux qui m'ont suivi. On me reproche des choses que vous m'avez fait dire, ce fameux message (du 28 avril), par exemple. On m'en parle encore. L'effet a été désastreux.

— Mais non, monsieur le maréchal.

— Si, je sais ce que je dis. Que voulez-vous, les Français détestent les Allemands et ils ont des raisons pour cela[1].

Alors, c'est Paris ? Gabriel Jeantet a vu juste : « Le retour à l'Élysée est de toutes les solutions que l'on puisse envisager la meilleure et le maréchal y est décidé. » À condition d'obtenir l'agrément des Allemands et d'assurer la sécurité du maréchal durant la période qui s'écoulera entre le départ des troupes d'Occupation et l'arrivée des Alliés. Mais aussi « à condition d'assurer l'instauration d'un gouvernement de transition qui soit un gouvernement d'union[2] ».

Jeantet a passé trois jours à Paris, du 12 au 15 juin 1944, pour étudier en détail avec les chefs de la SS et de la Gestapo, Bickler et Nozeck, les modalités de l'installation éventuelle du chef de l'État à Paris. Il leur demande d'en référer à Himmler, tout en faisant sonder le maréchal Keitel, chef d'état-major de la Wehrmacht, pour qu'il se déclare favorable au retour de Pétain à l'Élysée.

— Si Pétain vient à l'Élysée, dit Jeantet aux policiers allemands, il aura le soutien des Américains, mais, du même coup, de Gaulle ne l'aura pas. Pour lui, comme pour ceux d'Alger, la menace du retour du maréchal à l'Élysée est déjà un épouvantail. Parce que l'Élysée, c'est le symbole, la légitimité. Vous avez tout intérêt à le faciliter.

Ignorant évidemment que Roosevelt a fait savoir au général Eisenhower qu'il devrait assurer la « liberté de choix du

1. *Ibid.*
2. Gabriel Jeantet, *Pétain contre Hitler*, *op. cit.*

gouvernement français » dès lors qu'il serait « autre que celui de Vichy », le même Jeantet continue d'expliquer aux représentants de la Résistance et du gouvernement provisoire du Général :

— Vous verrez que les Allemands ne s'opposeront pas à l'installation du maréchal à l'Élysée au moment de leur départ, les Américains non plus ne seront pas contre ; vous avez tout intérêt à vous préparer à cette éventualité...

Mais si Pétain s'installe à l'Élysée avec l'assentiment des Allemands, cela signifie qu'il le fait avec l'accord de l'ennemi, un peu comme Louis XVIII arrivant aux Tuileries dans les fourgons prussiens. Le général de Gaulle et les Alliés peuvent-ils admettre de reconnaître l'autorité du maréchal dans de telles conditions ?

— Pas question de négocier avec le maréchal, encore moins de faire introniser le Général par lui, dit Jacques Soustelle, le patron du BCRA.

L'arrivée de Pétain à l'Élysée suppose aussi que les troupes allemandes qui occupent la capitale la déclarent ville ouverte, comme Weygand l'a fait en 1940, et ne la défendent pas. Enfin, quels seraient les risques pris par le maréchal dans cette hypothèse ? Des éléments extrémistes, communistes ou non, ne seraient-ils pas tentés, observe Jeantet avec son expérience des conspirations, par une opération spectaculaire pour « liquider Pétain » ? Alors, faut-il revenir à une protection allemande jusqu'à l'Élysée ? Même âgé, le maréchal n'est pas complètement fou : une telle opération serait suicidaire. Il ne veut que sa protection personnelle, la garde et ses escadrons qui veillent sur lui à Vichy, sous les ordres de son colonel Barré.

Le maréchal, confirme Jeantet, veut être « seul à l'Élysée, entouré des représentants de la ville, de ses conseils et des personnalités qu'il aura choisies pour accueillir l'armée américaine et former sur l'heure un gouvernement de transition et d'union ». Il ajoute même : « Les juristes diront ensuite comment faire un transfert légal des pouvoirs constitutionnels... » Bref, comme si c'était fait.

Mais, le 21 juillet 1944, un terrible coup de tonnerre déchire le ciel allemand. D'une voix furieuse, Hitler prononce à la radio un discours à la nation allemande pour l'informer qu'il a échappé la veille, 20 juillet, à un attentat dont les auteurs sont en train d'être liquidés. Paris est en pleine fièvre : la conjuration atteignait l'état-major des troupes d'occupation. Les SS ont été arrêtés durant la nuit avant d'arrêter à leur tour leurs adversaires. À Vichy, les Allemands se méfient les uns des autres. Quelles conséquences cela peut-il avoir pour la situation en France ?

Le dimanche 30 juillet, le maréchal a invité à déjeuner ce qui lui reste de gouvernement au château du Lonzat, bâti au XIIe siècle, puis détruit et reconstruit fin XIXe dans le style néo-gothique qui plaisait alors, avec tours et tourelles. On est à vingt minutes de route au nord de Vichy. Il y a là, outre son directeur de cabinet qui va le quitter, Jean Tracou, le chef du gouvernement, Pierre Laval, et le secrétaire général des Affaires étrangères, Charles Rochat.

Pendant le repas et durant tout l'après-midi, les trois hommes se demandent quelle combinaison ils peuvent encore tenter pour ce maréchal certes fatigué mais qui reste leur planche de salut. « Un seul point semble acquis, rapportera Tracou qui le sait par le maréchal von Rundstedt, Paris ne sera pas défendu, ne sera pas transformé en champ de bataille, nous en avons l'assurance. Mais un risque demeure, celui de la destruction par vengeance, par représailles. Il faudra être prudent. Nous pensons tous que le maréchal devrait s'installer à l'Élysée et il en est lui-même d'accord. »

Certes. Mais tout reste à faire.

Laval décide de partir pour Paris où il veut faire le tour de ses partisans et de ses parlementaires. Son idée est de convoquer l'Assemblée nationale, et comme le maréchal a exprimé la même idée, autant qu'il aille à l'Élysée.

Le commandant Tracou, témoin, achève ainsi le récit de cette journée : « Les visiteurs repartent pour Vichy à cinq heures du soir. Le maréchal s'installe dans un fauteuil confortable, prend un mémoire de Bouthillier (l'ancien ministre des Finances) sur l'"esprit de la nouvelle Constitution" et s'endort paisiblement[1]. »

Le portier de l'Élysée, Jean Hanotaux, se souvient très bien que le palais, en état de léthargie depuis l'assassinat de l'amiral Darlan, est réveillé au début du mois de juillet 1944 par l'arrivée en provenance de Vichy de plusieurs militaires et policiers. Les perspectives évoquées à Vichy ne sont pas restées sans suite. Pendant que les émissaires du maréchal allaient et venaient avec leurs différents interlocuteurs, son cabinet n'est pas demeuré inactif ; il a décidé des mesures de précaution à prendre. Les premiers à se présenter au palais sont le colonel René de Fériet et le contrôleur général Migeon, chargé du contrôle des services publics.

— Ces messieurs viennent mettre en place à Paris les œuvres sociales du maréchal, dit-on au concierge.

Logique, puisque Fériet représente à Paris le bureau de liaison du maréchal pour les œuvres sociales et qu'il a ses bureaux dans l'enceinte de l'institution des Invalides. En réalité, les deux hommes précèdent l'arrivée d'un échelon avancé, un commissaire de police et une douzaine d'inspecteurs armés.

— Je suis votre chef, dit ce commissaire au personnel de garde au palais. Nul ne doit entrer à l'Élysée sans mon ordre !

Et il laisse entendre la venue prochaine d'une « importante personnalité[2] ».

Le jeudi 3 août, le colonel Barré, accompagné par le capitaine Antoine Alart, chargé du secrétariat particulier du maréchal, se présente, rue Berbier-du-Mets, au siège du Mobilier national, dans le 13e arrondissement. Pas de temps à perdre, il faut remeubler l'Élysée ! Barré énumère les besoins devant l'administrateur Guillaume Janneau : remise en état et ameublement, en plus de ce qui existe depuis Darlan, du cabinet

1. Jean Tracou, *Le Maréchal aux liens*, *op. cit.*
2. *France Soir*, 7 décembre 1949.

de travail d'un officier supérieur et un autre pour l'officier du secrétariat du maréchal (c'est du capitaine Alart qu'il s'agit), d'un grand bureau pour les secrétaires. Les fonctionnaires du secrétariat s'installeront dans les salons de la façade nord du palais. Il faut aussi meubler des chambres et installer des lits : une chambre pour le chef de l'État, quatre lits pour le personnel supérieur, six lits supplémentaires suffisamment confortables, quinze lits d'une personne destinés au petit personnel.

— Les quinze lits du petit personnel, rend compte l'administrateur du Mobilier national, je sais où je peux les trouver. Mais pour les autres, je n'ai rien, ni les moyens de les commander, encore moins de les réaliser dans l'urgence, d'autant que le gouvernement a interdit l'emploi de la laine et de la toile pour confectionner des matelas…

Alors Janneau prend son téléphone et cherche dans tout Paris des décorateurs qui pourraient mettre à sa disposition des sommiers et des divans qu'il pourrait transformer en lits. En même temps, il envoie son équipe de tapissiers dans les grands magasins.

— Trois Quartiers : rien. Louvre : rien, rapporte le chef d'atelier.

— Mais dans les autres ? demande Janneau.

— On a trouvé six couvertures mixtes grises au Printemps ; douze couvertures et douze matelas à ressorts au Bon Marché ; à la Samaritaine, douze lits en fer laqué gris en quatre-vingts de large, mais seulement deux pour le 8 août, les autres pourraient être livrés le vendredi 11…

Janneau prend deux camions et part pour Versailles, emballer le reste dans cette résidence du boulevard de la Reine où l'on avait déjà préparé la venue du maréchal en 1940… Le mardi 8 août, il peut dire au cabinet du maréchal :

— Mon colonel, six grands cabinets et le salon du chef de l'État seront meublés ce soir.

On logera le maréchal dans l'ancienne salle de bains de l'impératrice Eugénie, au premier étage du palais !

Et pendant que se déroule la bataille des lits pour l'Élysée, la nouvelle se répand dans Paris. Charles Braibant, qui est au courant de tout, note, à la date du vendredi 11 août, dans son journal, toujours aussi venimeux à l'endroit de Vichy : « Il y a un gouvernement provisoire tout prêt. Il assurera l'intérim jusqu'à l'arrivée du gouvernement d'Alger, successeur de celui-ci. Pétain doit venir s'installer à l'Élysée, pour accueillir les Américains. La bourgeoisie ex-collaboratrice croit que Pétain restera au pouvoir, protégé par les Américains (*sic*). J'espère que, dès que le dernier Boche aura quitté Paris, de Gaulle arrivera et chassera le Pétain de l'Élysée, si le vieux traître a eu l'audace de s'y installer[1]. »

La presse clandestine s'en fait également l'écho. Le numéro de *Libération*, qui n'est encore que l'hebdomadaire de la Résistance française, consacre un commentaire rageur à la même information : « Pétain à Paris ? Voilà qu'on nous dit qu'il regagnerait Paris "menacé" et s'installerait à l'Élysée. Est-ce à la demande des Allemands ? Est-ce pour obéir à Déat ? Pour ne pas laisser Laval travailler tout seul ? Est-ce pour être le premier quand viendront les Américains et se présenter aux yeux des officiers d'Eisenhower comme le symbole de la continuité française ? Le vieux fourbe serait bien capable de tenter l'aventure. En admettant que MM. Pétain et Laval n'aient pas pris le large, les Américains n'auront même pas l'occasion de les rencontrer, car lors de la Libération, les patriotes se seront chargés de faire un sort à ces messieurs de la trahison[2]... »

En réalité, le jour où ce journal est distribué, l'aventure est déjà mort-née. Et ce pauvre Jeantet qui s'était tant dépensé pour imaginer tout ça n'en verra rien. Il a été arrêté par des policiers des Renseignements généraux aux ordres d'un lieutenant de Darnand, Jean Degans. Un salaud parmi les salauds, ce Degans, car c'est lui aussi un ancien cagoulard, donc un camarade d'autrefois qui n'hésite pas à trahir son amitié pour

1. Charles Braibant, *La Guerre à Paris*, *op. cit.*
2. *Libération*, n° 190, 4e année, lundi 14 août 1944.

le sauve-qui-peut ; il a remis Jeantet à la Gestapo pour « menées antinationales ». Celui-ci sera interné puis déporté[1].

Ne reste plus pour sonder les délégués de la Résistance, Parodi, Teitgen ou d'autres, que l'amiral Auphan. Après un long voyage qui l'a ramené de Paris, en raison des sabotages et de l'encombrement des voies de chemin de fer, il est arrivé à Vichy le soir du 10 août. Le lendemain matin, il se présentait à l'hôtel du Parc où le Dr Ménétrel faisait dactylographier le texte d'un pouvoir qui devait être signé par le maréchal.

Il dicte : « Vichy, le 11 août 1944. Je donne pouvoir à... pour me représenter auprès du haut commandement anglo-saxon en France et, éventuellement, prendre contact de ma part avec le général de Gaulle ou ses représentants qualifiés, à l'effet de trouver au problème politique français, au moment de la libération du territoire, une solution de nature à empêcher la guerre civile et à réconcilier tous les Français de bonne foi. Si les circonstances le permettent,... m'en référera avant toute décision d'ordre gouvernemental. Si c'est impossible, je lui fais confiance pour agir au mieux des intérêts de la patrie, pourvu que le principe de légitimité que j'incarne soit sauvegardé... » Le maréchal remplit de sa main les espaces du document laissés en blanc avec le nom de l'amiral Auphan, puis il signe « Philippe Pétain ».

— Ce serait un grand bienfait pour la France si vous réussissiez, mais je n'ose y croire, dit le maréchal à Auphan. Je le connais (de Gaulle), il est trop orgueilleux...

Il a raison de ne pas trop y croire : pourquoi parler du « haut commandement anglo-saxon », comme il disait « bombardements anglo-saxons », au lieu des Alliés, pourquoi insister sur le « principe de légitimité » alors qu'il l'a déjà perdu et qu'il le sait ? S'il en était autrement, quel besoin aurait-il de chercher à atteindre le général de Gaulle ?

1. Gabriel Jeantet sera frappé d'indignité nationale à la Libération, condamné pour des faits remontant aux affaires de la Cagoule, puis rétabli dans son honneur et décoré de la Croix du combattant volontaire de la Résistance. Il est mort en 1978.

Auphan pense sans doute qu'il peut jouer un rôle historique. Il emprunte une voiture à gazogène du garage du maréchal, emmène au passage un capitaine de vaisseau qui a été son chef de cabinet et regagne Paris, au terme d'une douzaine d'heures de route. Le 12, il installe son PC au musée de la Marine, au Trocadéro, un PC de plus en plus clandestin à mesure que l'insurrection s'empare de la capitale. De là, il renoue ses contacts. Il assiste à la montée de ce qu'il appelle la « pagaille révolutionnaire » sans qu'aucune réponse de ses interlocuteurs ne lui parvienne.

« Le maréchal ne viendra à l'Élysée, se persuade-t-il, que sur mon avis, pour sceller une réconciliation entre Français si des chefs qualifiés de la Résistance étaient d'accord sur le principe. Sinon, il ne bougera pas de Vichy, quitte à être arrêté par les Allemands[1]. »

La capitale sera libérée avant que sa lettre de mission ne soit portée à la connaissance du Général.

Laval a définitivement quitté sa maison de Chateldon pour Paris le 8 août. De la capitale toujours occupée, le général Brécard, grand chancelier de la Légion d'honneur, qui a déjà attiré à Paris le maréchal au mois d'avril, lui écrit une lettre qu'il lui fait porter et dans laquelle il presse le chef de l'État de se décider : « Il n'y a plus une minute à perdre. Si vous êtes à Paris, c'est à vous que se présenteront les Américains. Sinon c'est M. Laval qui les recevra… On essaiera de vous déshonorer parce que vous n'aurez pas voulu courir de risque. Vous seriez déshonoré si, volontairement, vous restiez en dehors de Paris, au moment où votre présence y serait nécessaire… »

Mais le vieux maréchal réclame des garanties. Qui peut les lui donner ? Il s'inquiète. Le sablier s'écoule. En Normandie, les Américains, les Anglais, les Canadiens, les Polonais font

1. Amiral Paul Auphan, *L'Honneur de servir*, *op. cit.*

partout craquer les divisions allemandes, désemparées, à court de carburant. Le cabinet de Pétain fait demander au général Jean Perré, directeur général de la garde de lui envoyer deux officiers de confiance. Celui-ci désigne le commandant Chazalmartin et le capitaine Auriol. Le maréchal redoute d'être prématurément enlevé par les Allemands. Auriol se rend aussitôt auprès du futur et encore clandestin « commissaire de la République » (préfet) de Clermont-Ferrand, Henry Ingrand, fondateur du mouvement Combat, membre de l'état-major des Forces françaises de l'intérieur et qui vient de commander les combats du mont Mouchet.

— Le maréchal propose de se mettre sous la sauvegarde des FFI et de faire une déclaration indiquant qu'il se retire et qu'il conseille aux Français de suivre le général de Gaulle, dit Auriol à Ingrand.

Celui-ci lui fait une contre-proposition : le maréchal se rendrait aux FFI, qui assureraient sa sécurité, le mettraient à la disposition du gouvernement provisoire du Général, et le maréchal s'engagerait à ne pas communiquer avec l'extérieur. Chacun des interlocuteurs a besoin d'une « réponse urgente », non seulement du maréchal mais aussi des autorités d'Alger. Dès le 14 août, les réponses d'Alger et de Londres parviennent à Ingrand : si le maréchal devait se rendre aux FFI, il serait immédiatement arrêté. De Gaulle ne le saura que le 21[1].

Pendant ce temps, la fièvre monte à Paris. Le gaz et l'électricité sont coupés, les denrées alimentaires font défaut. Dès le 15 août, la police parisienne se met en grève ; le 17, elle est désarmée. Les communications téléphoniques avec Vichy sont interrompues. Les Alliés progressent vers Paris. Le soir même, l'envoyé de Berlin auprès du gouvernement de Vichy, Cecil von Renthe-Fink, se rend chez le maréchal pour l'informer que si le Reich ne fait plus obstacle à la réunion de l'Assemblée nationale, il est prié, lui, de quitter Vichy au plus tôt, sa sauvegarde n'étant plus assurée, pour gagner le nord-est de la France.

1. Jacques Soustelle, *Envers et contre tout*, *op. cit.*

— Je ne peux prendre une telle décision avant de m'être concerté avec le chef du gouvernement, répond le maréchal.

— Il est déjà à Nancy, coupe Renthe-Fink.

— Je n'ai plus le téléphone pour lui parler, dit le maréchal. Je vais lui faire porter une lettre.

Pétain désigne pour cette mission un officier de son cabinet militaire, encore un marin, le capitaine de vaisseau Georges Féat. Depuis quatre ans, celui-ci gère les dossiers personnels du maréchal et assure notamment les liaisons du cabinet avec le Vatican et les autorités religieuses, homme de confiance s'il en est. Il a l'avantage d'avoir rencontré le général de Gaulle à Londres, l'été 1940, lorsqu'il commandait les marins qui avaient fait la traversée de la Manche au moment du repli de Dunkerque. Féat quitte Vichy en voiture, à l'aube du vendredi 18, pour Paris. L'ambassadeur de Suisse à Vichy, Walter Stucki, qui suivait les événements heure par heure comme représentant du corps diplomatique, a demandé au commandant Féat le récit de sa mission dans un rapport écrit.

Celui-ci précise qu'il est arrivé à Paris à midi le 18. Il s'est aussitôt rendu à l'Élysée, ce qui confirme que l'échelon annoncé par la mission du colonel Barré est alors sur place, dans l'hypothèse d'une arrivée inopinée du maréchal. Le commandant Tracou passe lui-même au palais ce jour-là. C'est donc à l'Élysée, et sans doute de la bouche de Tracou, que Féat apprend que « Laval et les membres du gouvernement avaient été, dans la nuit du 17 au 18 août, emmenés de force par les Allemands à Belfort, après qu'on lui eut affirmé formellement que le maréchal se trouvait déjà dans cette ville[1]... »

En fait, le maréchal est à ce moment toujours à Vichy. Plus pour longtemps. Le temps pour Féat de rendre compte, le samedi 19 au soir, de ce qu'il a appris à l'Élysée. Le maréchal sait alors à quoi s'en tenir. Il ne partira plus pour Paris. L'Élysée n'était qu'un rêve. Maintenant, il est trop tard. Per-

1. Walter Stucki, *La Fin du régime de Vichy*, Paris, La Presse française et étrangère, 1947.

sonne n'a voulu parler avec lui. Mais les Allemands, eux, sont décidés à l'emmener dès ce soir, dès cette nuit. Il résiste. C'est finalement le dimanche 20 août, à 6 h 45, que l'hôtel du Parc est encerclé par la troupe allemande.

Il fait gris et humide. Les collaborateurs du maréchal se massent à l'entrée de ses appartements. Le colonel Barré, commandant de la garde sur place, interdit la porte. L'officier de la Gestapo qui commande le détachement ordonne :

— Je vous prie d'ouvrir !

— Je regrette, réplique Barré, le maréchal repose, personne n'a le droit de le déranger.

Alors, c'est le commandant des forces allemandes à Vichy, le général baron von Neubronn, un officier général de la « vieille armée allemande », qui monte et s'adresse au colonel Barré :

— Je dois parler au maréchal, ouvrez cette porte, je vous prie.

Barré ne bouge pas. Un sous-officier allemand fait sauter les gonds de la porte. Le général von Neubronn demande où se trouve le maréchal.

— Derrière cette porte, dans sa chambre à coucher, dit Barré.

Comme la précédente, la porte est forcée. Et Neubronn entre dans la chambre du maréchal.

— Vous me permettrez tout de même de m'habiller, dit le maréchal, qui est en chemise de nuit et en pantalon.

— Ce n'est pas pour faire ce métier-là que je me suis engagé dans l'armée, je vous l'assure, monsieur le maréchal, regrette Neubronn[1].

À 7 h 45, le maréchal est prêt. On lui sert, en même temps qu'à sa femme, un petit déjeuner. Pétain dicte une ultime déclaration à « monsieur le chef de l'État Grand Allemand ». Elle se termine par ces mots : « J'élève une protestation solennelle contre cet acte de force qui me place dans l'impossibilité d'exercer mes prérogatives de chef de l'État français. »

1. *Ibid.*

Quelques instants plus tard, le colonel Barré, le même qui vient de faire préparer la chambre du « maréchal de France chef de l'État » à l'Élysée, assiste au départ du cortège dans lequel son chef a pris place, entouré par une double colonne de voitures allemandes. Destination encore inconnue. Le colonel a les larmes aux yeux. Du ciel soudain si noir se précipite une pluie torrentielle.

8

Dernier déjeuner à Matignon

Paris est accablé de chaleur. La lumière vive du dehors compense l'électricité qui est coupée. Bombardés ou sabotés, les trains qui faisaient les beaux jours de la Collaboration ne circulent plus, les centrales thermiques manquent de charbon, le fonctionnement du métro est interrompu. Une heure après le coucher du soleil, la ville est plongée dans le silence. Seules les imprimeries des derniers quotidiens parisiens tournent encore pour leurs éditions de l'aube : l'occupant a besoin de publier en français les bulletins de son grand quartier général. Pourtant, même les rédacteurs les plus enragés de la Collaboration, ceux qui faisaient mine de croire que les fusées V1 pouvaient retourner le sort des armes, pressentent que le dénouement est imminent. « Le front se rapproche de nous. C'est un fait, écrit l'un d'eux. Une gigantesque bataille est sur le point de s'engager[1]. »

La troupe des comédiens de l'Odéon, qui ne peuvent plus jouer dans leur salle, devenue obscure, donnent l'*Antigone* de Sophocle en matinée dans la cour d'honneur de la Sorbonne. Entre les murs de l'antique collège, les colonnes corinthiennes et la chapelle élevée à la gloire du savoir, on entend monter

1. Robert de Beauplan, *Le Matin*, 15 août 1944.

la voix du chœur qui résonne et qui gronde, la voix du prologue, annonciatrice des événements : « Renversé, il tombe, retentissant contre terre, et portant le feu, lui qui, naguère, ivre d'une fureur immense, avait le souffle des vents terribles… Et Arès, grand et impétueux, détournant ces maux, lui en infligea d'autres en les bouleversant tous… »

Depuis quatre ans, Paris souffre. De l'humiliation, de la faim, de la peur. Paris survit dans les privations, le marché noir, le couvre-feu et les exécutions sommaires. Cela a commencé dès l'été 1941 quand l'aspirant Moser de la Wehrmacht a été abattu par des militants communistes ; Darlan a approuvé l'ordre d'exécuter six membres du PCF en représailles (dont le député Jean Catelas). Cela n'a plus cessé : un millier de patriotes ont été fusillés. Maintenant, Paris crie vengeance en reprenant espoir et courage.

Désormais, les Allemands font leurs caisses ; redoutant l'insurrection populaire, le commandement du Grand Paris les entraîne au combat de rue ; les Américains sont aux portes de Chartres et de Dreux.

Pierre Laval quitte Vichy dans la soirée du 8 août 1944 pour arriver à Paris le matin du mercredi 9 après un détour par sa maison de Chateldon qu'il ne reverra pas. Il a trois préoccupations en tête : comment faire pour que les Allemands évacuent Paris sans se battre ; comment ravitailler la capitale malgré les bombardements ; comment trouver le « coup » politique qui puisse lui permettre de passer la main tout en assurant sa propre survie. Le maréchal von Rundstedt lui a certes fait savoir que Paris serait déclarée « ville ouverte », mais est-ce garanti ? Le ravitaillement est indispensable si l'on veut éviter de fournir un argument de plus au soulèvement populaire. Quant à la combinaison politique, il veut aller vite pour devancer une prise de pouvoir communiste qu'il juge inéluctable avant même l'arrivée des Alliés et celle du général de Gaulle.

La veille de son départ de Vichy, Laval a rencontré deux personnages avec qui il pouvait évoquer ses projets. Le dimanche 6 août, il a invité à déjeuner le général Jean Perré, militaire de carrière et « directeur général de la garde », un titre créé pour lui au printemps 1943, après qu'il eut soustrait au désarmement général de l'armée d'armistice par les Allemands quelques milliers d'hommes au titre du maintien de l'ordre.

— Je pars pour Paris organiser la succession, a dit Laval, j'y resterai quoi qu'il arrive et j'attendrai les Américains.

— Monsieur le président, a répondu Perré, entre le départ du dernier Allemand et l'arrivée du premier Allié, vous allez vous faire massacrer par des éléments communistes. Votre projet n'est pas réalisable si vous n'obtenez pas l'autorisation des Allemands de laisser une force française occuper le centre de la capitale.

— Ils ne marcheront pas ! Et puis, nous n'en avons pas les moyens...

— Mais si, on peut parfaitement tenir le quartier des ministères et y empêcher tout désordre avec moins de dix mille hommes ; or j'ai six mille gardes qui peuvent être transportés en auto.

— Et l'essence ?

— J'ai des réserves camouflées, et c'est bien l'occasion de s'en servir[1].

L'idée de cette opération a laissé Laval songeur, bien qu'il rêve d'une belle sortie. Il a tout de même fait déplacer à Paris les deux cents hommes du groupe mobile de réserve chargé de sa sécurité : ils veilleront aux abords de l'hôtel de Matignon.

Quant à son autre interlocuteur, il lui a donné rendez-vous le soir de ce même 6 août, chez lui, à Chateldon. L'homme cherchait à le voir à tout prix. Il voulait non seulement parler au chef du gouvernement, mais aussi à l'ancien président du

1. Témoignage du général Perré, 8 février 1951, dans *La Vie de la France sous l'Occupation*, *op. cit.*

Conseil de la IIIe République, à l'Auvergnat familier des coulisses parlementaires, à celui, enfin, qui avait fait voter, le 10 juillet 1940, les pleins pouvoirs au maréchal Pétain et qui, après tout, pouvait les lui reprendre, quatre ans après.

Ce personnage s'appelle André Enfière. Français d'origine grecque, il s'est engagé dans les rangs des rouges espagnols pendant la guerre d'Espagne, et on l'a vu réapparaître dans l'ombre des mouvements de Résistance et des services secrets. C'est le type même du magouilleur, bavard, insistant, dangereux dans la clandestinité – et parce qu'il est dangereux, ses « contacts » préfèrent l'avoir avec eux plutôt que contre eux. Le connaissant, Laval l'a reçu dans son bureau.

L'homme fait courir le bruit qu'il est membre du Conseil national de la Résistance, et est proche de Georges Bidault, Alexandre Parodi et autres figures gaullistes. Tout cela relève de l'invention ; en réalité, cet André Enfière n'a qu'un passeport : Herriot. Il a pour Édouard Herriot une dévotion quasi filiale depuis des années. Il l'a suivi quand il était un homme politique puissant et libre, lui a rendu visite quand il a été assigné à résidence par Vichy, puis enfermé par les Allemands dans une maison de santé. Pour lui, Herriot, c'est la République et la liberté. Or le maire de Lyon, grand radical devant l'Éternel, président de la Chambre des députés « suspendue » en juillet 1940, est compatible avec tout le monde : avec Roosevelt qui voit en lui une solution, avec la Résistance parce qu'il n'a pas voté les pleins pouvoirs au maréchal (il s'est abstenu), avec Laval parce qu'il a été son ministre lorsque celui-ci était président du Conseil en 1935. Mais dans cette liste de soutiens, il manque quelqu'un, qu'il s'appelle Abetz, Ribbentrop ou Hitler, il manque les Allemands ! Comment les convaincre qu'il serait une bonne carte, même pour eux ?

Pour Enfière, il n'y a que Laval qui puisse le faire. Voilà pourquoi il voulait tant voir le président avant que celui-ci ne prenne la route pour Paris.

— Les Allemands sont en train de se noyer, a insisté Enfière, dites-leur qu'Herriot est la dernière branche à laquelle ils puissent s'accrocher. Faites-leur croire qu'en le ramenant à Paris, ils pourront toujours se servir de lui. L'essentiel est qu'il soit à Paris.

Or les autorités françaises subsistant dans la capitale préparent aussi leur propre opération survie. Le 7 août, veille de son départ de Vichy, Laval a reçu un coup de téléphone de son secrétaire particulier depuis vingt ans, André Guénier, chargé du service intérieur de Matignon. Celui-ci voulait lui annoncer que le président du conseil municipal, Pierre Taittinger, le président du conseil départemental, Victor Constant, ainsi que les maires du département de la Seine, le préfet de police et celui du département avaient imaginé « un spectacle émouvant » : rien de moins que « le Tout-Vichy réuni à Paris, avec Pétain et Laval, pour accueillir les libérateurs[1]... »

L'agenda du chef du gouvernement pour la journée du 9 août, à son arrivée à Matignon, est donc couvert de rendez-vous : il a demandé à voir Taittinger et Constant qui lui font un tableau peu réconfortant de la situation du ravitaillement de la capitale, mais lui confirment qu'ils n'attendent que son feu vert pour planifier la réception des Alliés à l'Hôtel de Ville.

Puis il reçoit Anatole de Monzie, l'ancien ministre des Transports, qui a envoyé, à l'automne 1943, cette lettre si insolente au maréchal dans laquelle il lui conseillait de partir. Le chef du gouvernement lui expose le plan qu'il a mûri : la convocation de l'Assemblée nationale ! Les deux Chambres réunies à Versailles ou au Palais-Bourbon ; la constitution d'un gouvernement présidé par Édouard Herriot, qui s'installerait à Matignon, et puisque Pétain n'est pas disposé à quitter Vichy pour l'Élysée, eh bien, il propose d'y mettre Henri Queuille ! Queuille à l'Élysée ! Queuille, autre radical de pure souche qui lui aussi s'est abstenu lors du vote des pleins pouvoirs, dix-neuf fois ministre sous la IIIe République, vieil ami

1. Fred Kupferman, *Pierre Laval*, Paris, Balland, 1987.

d'Herriot et vice-président du Comité d'Alger... Monzie écoute Laval comme s'il avait affaire à un illuminé.

Enfin, le soir, c'est au tour d'Abetz de se présenter dans son bureau. L'ambassadeur du Reich va-t-il entrer dans son jeu, tout est là. Eh bien, Otto Abetz se laisse convaincre. Qui peut prendre le pouvoir à Paris lorsque les troupes allemandes vont l'évacuer et se replier vers l'Est ? Le Comité d'Alger, c'est-à-dire le général de Gaulle, ou bien le mouvement de Résistance intérieure « où l'influence communiste se fait de plus en plus sentir », ou encore « un gouvernement légal, agréé par les Anglo-Américains, et qui eût succédé en droit au gouvernement de Vichy ? Pour moi, témoignera l'ambassadeur allemand, la dernière de ces trois éventualités me paraissait représenter le moindre mal[1] ».

Il approuve donc le projet de convocation de l'Assemblée nationale : c'est elle qui déciderait en quelles mains remettre les affaires durant les mois d'agitation intérieure qui sont à prévoir, et surtout, elle pourrait éviter les actions sanglantes sur les arrières de l'armée allemande en retraite. Or cette Assemblée nationale ne peut être convoquée que par Édouard Herriot, légalement toujours président de la Chambre des députés. Il suffit de le libérer et de le faire revenir à Paris.

Laval sort de l'entretien débordant d'optimisme. Tout redevient possible. Il a gagné. La chance est toujours de son côté. Car il est superstitieux. Dans son journal de guerre des années d'Occupation, le grand écrivain allemand Ernst Jünger, alors capitaine de la Wehrmacht, a été frappé par ce détail : « Il y a un lien, paraît-il, entre ses superstitions et sa cravate blanche. Il porte toujours sur lui une pièce de deux sous en cuivre et se soustrait aux débats lorsqu'il l'a oubliée. Il est sûr de sa chance, de sa bonne étoile, et il tient pour un présage particulièrement favorable le fait d'être “né coiffé”, auquel les croyances populaires attachent un sens prophétique. Nous verrons bien[2]. »

---

1. Otto Abetz, *Histoire d'une politique franco-allemande*, *op. cit.*
2. Ernst Jünger, *Journaux de guerre*, Paris, Julliard, 1990.

Laval avait donc sa pièce de cuivre dans la poche quand il a vu Otto Abetz... Il ne reste plus qu'à mettre au point les détails de l'accueil d'Herriot à Paris et à aller le chercher dans cette maison de santé où il est retenu, à Maréville, aux environs de Nancy. Le ramener à l'hôtel de Matignon, chez Laval ? Politiquement hasardeux. Il serait plus normal de lui trouver des appartements au Palais-Bourbon, siège de la Chambre, mais il faut en évacuer au préalable les aviateurs allemands qui l'occupent encore. Cela peut prendre deux ou trois jours. Et en attendant ? Ce sera finalement à la préfecture de Paris qu'il sera logé : cela reste un endroit sûr et protégé.

Le 11 août, l'ambassadeur du Reich confirme à Laval qu'il peut aller chercher Herriot, que celui-ci pourra revenir libre à Paris, sans escorte policière allemande. Le même jour, les maires de la région parisienne se réunissent à Matignon pour signer ensemble un message de sympathie et de fidélité à leur chef Pierre Laval, ancien maire d'Aubervilliers. Euphorie encore. Le soir, tout déplacement sur longue route étant dangereux de jour, le convoi qui doit partir pour Nancy se constitue. Le commissaire principal Julien Méneret, de la police criminelle, est avisé qu'il doit se trouver à 3 h 45, dans la cour de l'hôtel de Matignon, pour un départ à 4 heures. La nervosité règne : le cortège comprend deux voitures françaises, et quatre autres, disposées en tête et en queue du convoi, occupées par des policiers de la Gestapo. Dans l'une des voitures françaises, le commissaire Méneret est prié d'emmener André Enfière, qui est parvenu à gagner Paris depuis Vichy et Chateldon, pour participer à la grande opération.

Le convoi arrive à Nancy le 12 août à 9 h 30. Laval et Enfière descendent à la préfecture régionale, où ils sont accueillis par le préfet, André Jean Faure, et se dirigent, en fin de matinée, vers le pavillon où le président Herriot, soixante-douze ans, est retenu, en bonne santé.

— Mon cher président, vous êtes libre ! lui dit Laval. Vous pouvez rentrer à Paris. Je suis venu vous l'annoncer !

Les deux hommes déjeunent ensemble dans l'intimité à la préfecture. Et Laval confie au président dont il est séparé depuis quatre ans ce qu'ils peuvent faire à nouveau « pour sauver la France » : la convocation de l'Assemblée nationale, la constitution d'un nouveau gouvernement, etc.

— Je suis bien vu de certains Allemands ; vous l'êtes des Américains, explique Laval. Nous pouvons établir un compromis qui réunira sur le plan international le maximum d'efficacité[1]...

Ah, si l'on pouvait s'entendre entre vieux parlementaires « républicains » pour faire côte à côte un bout de chemin et relever cette IIIe République qui a tout de même vécu soixante-quinze ans... Herriot est ébranlé ; lui aussi espérait le retour à la légalité républicaine ; pourrait-il laisser passer une chance historique d'en être l'acteur ? Il s'y voit déjà. Certes, les Allemands sont encore à Paris, mais s'il ne les y rencontre pas, s'ils ont évacué les lieux, qu'est-ce qui empêcherait la convocation de l'Assemblée ?

— Il faudrait prévenir Jeanneney, demande Herriot.

— J'y ai pensé, répond Laval.

Jules Jeanneney est le président du Sénat. On va envoyer à Grenoble, où il est exilé, un conseiller d'État pour tenter de le ramener lui aussi à Paris.

Le cortège repart de Nancy le samedi 12 août, dès la nuit tombée. Laval a présenté le commissaire Méneret au président Herriot :

— Je le mets à votre disposition. C'est lui que je charge de votre sécurité.

Voyage de nuit, comme à l'aller. À mi-parcours, les bombardements aériens alliés retardent les véhicules. On s'arrête en forêt de Sézanne pour un moment de repos. On reprend la route, en croisant les convois allemands qui roulent vers l'Est, et de nombreux camions calcinés sur les bas-côtés. Les six voitures arrivent à Paris le dimanche de bonne heure.

1. Adrien Dansette, *Histoire de la libération de Paris*, Paris, Fayard, 1948.

Direction : la préfecture de la Seine, c'est-à-dire l'Hôtel de Ville.

Quand les voitures pénètrent dans la cour, le préfet, René Bouffet, n'est pas prévenu. En voyant de la fenêtre de ses appartements ces voitures se garer en trombe, il n'a qu'une pensée : la Gestapo ! On vient l'arrêter… C'est la Gestapo en effet, mais elle ne vient pas se saisir de lui. Au contraire, le valet de chambre de service annonce : « Le président Laval », puis : « Le président Herriot et madame. » Les policiers allemands sont toujours là.

— Vous voyez dans quelle atmosphère nous vivons, dit Laval.

Herriot, qui ne voulait pas les voir, demande quand il sera vraiment débarrassé de ces surveillants encombrants et quand il sera reçu dans des appartements dignes de lui. Laval téléphone partout. Abetz promet que le mardi 15 tout devrait être en ordre.

En attendant, Laval multiplie les appels et les démarches préparatoires à son « coup ». Le lundi 14 après-midi, il reçoit un ami de quarante ans (ils se sont rencontrés en 1904 !), qui était délégué régional à l'Information à Vichy, l'ancien député-maire d'Elbeuf, René Lebret. Il lui communique son enthousiasme :

— Dans quarante-huit heures je convoquerai l'Assemblée nationale…

— Tu convoqueras l'Assemblée nationale ?

— Oui, tous les sénateurs et les députés que je pourrai joindre. J'ai le plein accord d'Herriot que je suis allé chercher hier à Nancy. Si tu veux le voir, il est chez Bouffet à l'Hôtel de Ville.

— En voilà une nouvelle ! s'exclame Lebret.

— Et devant l'Assemblée nationale, dit Laval tout excité, je ferai un large exposé des actes du gouvernement pendant les années d'Occupation, des mobiles qui l'ont guidé dans l'intérêt de la France. Tu sais combien je suis attaché au régime parlementaire…

— Ce que tu me dis là m'enchante, commente l'ami, admirateur.

— Je regrette, mon cher Lebret, de ne pouvoir te retenir plus longtemps. Mes instants sont comptés. Jacques Guérard (le directeur de cabinet du chef du gouvernement) te donnera tous les renseignements complémentaires. À bientôt[1] !

Cette conversation, Laval la répète des dizaines de fois pendant ces trois jours. Et, à force, il se convainc que les choses vont se passer comme il le dit. Illusion. Informée elle aussi, la Résistance n'a pas l'intention de le laisser faire : elle projette d'enlever Herriot. Mais cette opération n'aura pas lieu, Georges Bidault et Alexandre Parodi la jugeant inutile. Alors ce sont les collaborationnistes irréductibles que Laval va trouver sur son chemin.

Ceux-ci, les Déat, Brinon, Bichelonne, Platon, Luchaire et autres, ministres ou pas, ont signé le 5 juillet une « déclaration » invitant le maréchal – et, à travers lui, les Allemands – à expulser Laval pour le remplacer par eux et divers « éléments indiscutables ». Une semaine après, Laval les a tous convoqués à Vichy pour un dernier Conseil des ministres : il les a traités d'ultras, de provocateurs, d'agents gaullistes ; il les a humiliés, les obligeant à renier leur déclaration, à s'aplatir devant lui, à s'excuser. Ils n'ont pas oublié. Ni pardonné. Le rappel d'Herriot, le retour des parlementaires, le sauve-qui-peut vers les Américains, cette opération qui représente tout ce qu'ils haïssent au fond d'eux, ils vont lui couper le cou, avant de faire leurs bagages. Il suffit qu'ils donnent un coup de téléphone non pas à Otto Abetz, qu'ils considèrent lui aussi comme un mou, quasiment un traître à la cause, mais au général Oberg, le patron des SS à Paris, le grand vainqueur depuis l'échec du complot du 20 juillet contre Hitler. Oberg dispose d'une ligne directe avec Himmler, à Berlin. Qu'on lui dise ce qui se prépare, le coup fourré qui se monte sur les arrières allemands, et Laval n'existera plus…

1. Témoignage de René Lebret, 24 novembre 1948, dans *La Vie de la France sous l'Occupation, op. cit.*

C'est ce que fait Brinon pour le compte des autres. Oberg demande à disposer des pleins pouvoirs à Paris. Himmler les lui accorde.

Laval va voir Abetz en milieu de journée, le 15 août. Herriot n'est toujours pas au Palais Bourbon. La police parisienne se met en grève. Tout se complique. Et l'ambassadeur du Reich le lui confirme :

— Tout est perdu. Oberg a téléphoné à Berlin, c'est lui qui commande, il faut s'attendre au pire.

Le polémiste Jean Galtier-Boissière, fondateur du satirique *Crapouillot*, grand anar cultivé et patriote, continue de tenir son journal personnel. À la date du 15 août 1944, il note qu'invité à déjeuner chez un de ses vieux amis, dans le quartier du Bois, celui-ci lui apprend le débarquement des troupes alliées dans le Midi. « Il me raconte aussi avec indignation les dernières combinaisons politiques : Herriot a eu avec Laval une entrevue à l'Hôtel de Ville. Le "bougnat" chercherait à rassembler les moins "mouillés" des collabos et les plus "mous" des résistants pour constituer un noyau parlementaire, à seule fin de dédouaner les personnages les plus compromis. Le chef du gouvernement de demain serait Chautemps, de retour d'Amérique – "Il faut à tout prix empêcher ce croc-en-jambe à de Gaulle !" Laval aurait l'idée d'amener le maréchal à Paris et de lui faire déposer une gerbe au Poilu inconnu, aux applaudissements de la brigade des acclamations et de cent mille incurables imbéciles. L'Élysée a été préparé. Il s'agirait de démontrer aux Américains par une manifestation spectaculaire que de Gaulle ne réalise pas l'unanimité. » Le même ami lui apprend que « le fameux général Leclerc, bien loin d'être au Maroc en dissidence du gaullisme – ainsi que l'annoncent les journaux – se trouve à Alençon avec sa division blindée et marche sur Paris[1] ».

1. Jean Galtier-Boissière, *Mon journal sous l'Occupation*, *op. cit.*

Ainsi, à quelques détails près, tout se sait dans la capitale, alors que les journaux et la radio, censurés par l'occupant, n'en disent rien.

C'est dans la soirée du 16 août que la chance tourne pour Pierre Laval. Il porte toujours son costume croisé et sa cravate blanche, mais Otto Abetz, lui, se rend compte que l'affaire est en train de capoter. Ce soir-là, le chef du gouvernement dîne en famille. Il a invité à Matignon François Hulot, un journaliste de *L'Illustration*, l'hebdomadaire chic des années d'avant-guerre devenu l'un des porte-voix de la Collaboration ; c'est lui qui rapportera la scène.

Le dîner est servi dans la salle à manger du premier étage de la résidence du chef du gouvernement. Laval rejoint les siens très tard, à 22 heures. Une demi-heure plus tard, on entend sonner le téléphone installé dans ce salon. Josée de Chambrun, sa fille, se lève et prend la communication :

— Papa, on te demande de l'Hôtel de Ville…

Au bout du fil, un des inspecteurs postés par le commissaire Méneret auprès d'Édouard Herriot.

— C'est ignoble, dit Laval, j'arrive !

Il se tourne vers sa femme :

— La Gestapo est à l'Hôtel de Ville, elle vient arrêter Herriot ! Abetz m'avait pourtant donné sa parole qu'il était libre. Je pars, je veux être là.

Le président sort de ses poches son portefeuille, ses papiers personnels, ses clés, les confie à sa femme, comme quelqu'un qui partirait sans espoir de retour. N'a-t-il plus sa pièce en cuivre de deux sous ? Il descend, prend une voiture de service et se fait conduire à la préfecture de la Seine.

Sur place, il trouve en effet Herriot et sa femme gardés par les hommes de la Gestapo, commandés par le *Sturmbannführer* Nozeck, dans son grand uniforme d'officier SS. Il a reçu ordre de reconduire Herriot dans sa maison de santé de Maréville. Laval retrouve sa voix des grands moments :

— Vous n'en avez pas le droit ! Je le prends comme une offense personnelle ! Vous ne le ferez pas ! J'appelle l'ambassadeur du Reich à venir ici même vous le confirmer.

Abetz arrive. Oui, il a donné son accord pour la libération du président Herriot, oui, il a pris sur lui de le faire revenir à Paris, mais le gouvernement du Reich vient de lui adresser un ordre formel de rapporter cette décision. Alors, que faire ? Gagner du temps ? C'est ce que décident les trois hommes, Laval, Herriot et Abetz. Les deux premiers écrivent des lettres de protestation destinées aux autorités de Berlin par l'intermédiaire de l'ambassadeur. « Si cet ordre était maintenu, écrit Laval, vous devriez me considérer comme prisonnier au même titre que le président Herriot... » Le troisième, Abetz, accepte qu'Herriot et sa femme passent à nouveau la nuit à l'Hôtel de Ville, avant de rejoindre le lendemain, jeudi, l'ambassade d'Allemagne en attendant la réponse définitive de Berlin. Laval rentre se coucher à Matignon ; il est 4 heures du matin[1].

Ce même 16 août, un groupe de jeunes combattants de la Résistance parisienne s'est donné rendez-vous porte Maillot où ils doivent recevoir des armes d'une livraison britannique. Or cette livraison est un piège. L'agent de liaison supposé anglais est en fait un officier des services de renseignement allemands. Trente-cinq jeunes gens sont massacrés à la mitrailleuse, au bois de Boulogne, par l'un des derniers éléments de la police hitlérienne. Un massacre barbare, totalement vain, alors que l'armée allemande boucle ses paquetages pour quitter Paris.

Le lendemain jeudi 17 août, en fin de matinée, Laval retrouve Abetz chez lui, rue de Lille, à l'ambassade où l'on rassemble également les cantines pour les camions de déménagement. Il lui redit qu'il ne quittera pas Paris, qu'il convoque un Conseil des ministres pour ce jeudi après-midi ; il négocie du temps, des heures, des jours, trois ou quatre, parce qu'il est persuadé que les Américains vont arriver très vite.

— Vous n'avez pas le droit de disposer de ma personne !

1. Témoignage de François Hulot, 17 décembre 1945, dans *La Vie de la France sous l'Occupation*, *op. cit.*

Abetz écoute, botte en touche ; il n'a pas encore en main les instructions définitives de Ribbentrop. Comme prévu, les Herriot sont à l'ambassade. Laval les prie à déjeuner à Matignon.

— Mais ils sont mes prisonniers, rappelle Abetz. Si vous les voulez à votre table, monsieur le président, alors il vous faut également un Allemand... Puis-je être celui-ci ?

— Mais bien entendu, monsieur l'ambassadeur.

Quelle exquise courtoisie en ces moments de brutalité sans pitié. Laval repart rue de Varenne. Il fait toujours aussi beau. Dans le salon d'attente de son bureau, il trouve le commandant Tracou qui assurait jusqu'à la fin juillet les fonctions de directeur de cabinet du maréchal à Vichy. Tracou arrive de l'Élysée qu'il a trouvé « très calme, presque mort » par contraste avec Matignon où « l'agitation est grande : tout le personnel du régime est rassemblé dans la cour et l'antichambre ». Ce qui confirme bien que jusqu'à ce jour encore, le personnel de l'Élysée se tenait prêt à accueillir quelqu'un...

— Il fait du propre le maréchal, dit Laval à Tracou. Il pourrait tout de même me faire confiance. Il devrait être ici depuis plusieurs jours. Il aurait pu m'écouter. Mais non, il s'arrête à des bêtises... On me dit qu'il n'a pas été content qu'Herriot soit ici et qu'il ne voulait pas le rencontrer. Et pourtant, c'était une idée merveilleuse, cette affaire Herriot. Ami de Roosevelt et de Staline, c'est tout à fait l'homme de la situation... Si le maréchal était venu, s'il avait convoqué l'Assemblée, cela aurait renforcé sa position. Et si les Allemands l'avaient enlevé, même avec une bagarre, il aurait eu une belle fin. Ça aurait eu de la gueule ! Tandis que finir à Vichy...

— Pensez-vous que les Allemands vont vous emmener vers l'Est ? demande Tracou.

— Je n'en sais rien. Suis-je là pour trois heures ou pour trois jours ? Déat et Brinon sont déjà partis sans même avoir pris congé. Quant au maréchal, on ne m'a rien dit non plus, mais il paraît qu'ils veulent l'embarquer aussi[1].

1. Jean Tracou, *Le Maréchal aux liens*, *op. cit.*

Laval ne rêve plus. La partie approche de sa conclusion.

— Nous voilà à la fin d'une expérience de quatre ans ; ce n'est pas brillant, soupire-t-il à regret.

Il a tellement envie de se justifier, de plaider, de faire croire à ses bons sentiments.

— Moi je tenais la queue de la poêle, ce n'est pas la même chose que de tenir un micro.

Bien sûr, il a fait le « sale boulot », mais « c'était pour éloigner la guerre du sol français[1] »...

Il va être une heure de l'après-midi, Tracou se lève, salue le président, lui souhaite « bon courage » ; la longue Mercedes noire de l'ambassadeur du Reich vient de pénétrer dans la cour de Matignon : Otto Abetz se présente, accompagné par Édouard Herriot et sa femme – lui qui ne voulait pas voir d'Allemands quand il serait à Paris ! Laval descend le grand escalier qui mène à son bureau et vient accueillir ses invités. Sa fille, Josée, et son gendre, René de Chambrun, sont déjà là. Ils seront aussi du déjeuner. Chacun traverse le salon d'entrée pour passer un instant sur la terrasse qui donne sur l'un des plus beaux et des plus grands parcs privés de Paris. Toutes les portes, toutes les fenêtres sont ouvertes pour aérer des salons étouffants de chaleur. On s'attarde.

— La première fois que je suis venu ici, dit Herriot, j'ai vu un merle blanc sur le gazon.

— Monsieur le président, intervient Josée, charmante, ne serait-ce pas plutôt la grenouille bleue de Paul Fort dont tout le monde parle et que personne n'a jamais vue ?

C'est l'été. On est peut-être dans cet endroit magique pour la dernière fois de sa vie. Au-dehors, loin ou plus près, on s'arme, on tue, on fait la guerre ; ici, on badine, pour exorciser le diable et l'angoisse. Ils ont décrété que les Juifs porteraient l'étoile jaune, ce sont eux maintenant qui portent la marque de l'infamie : « collabo ». Trahis par plus « collabo » qu'eux

1. *Ibid.*

encore… Aujourd'hui, ils sont aux mains de la Gestapo. Mais demain, va-t-on les arrêter, les juger ? Les conduire au poteau ?

Cet hôtel doit son nom à un Goyon de Matignon, comte de Thorigny, gouverneur de Normandie, qui l'acquit de son bâtisseur, un Montmorency prince de Tingry, en 1723. Il fut occupé par Talleyrand, sous l'Empire, et celui-ci le vendit en 1811 à l'État. Louis XVIII le trouva dans son patrimoine en revenant aux Tuileries. Or l'Élysée, qui avait été la propriété de l'Empereur, était revenu à sa cousine, la duchesse de Bourbon, sa dernière propriétaire à la veille de la Révolution. Le roi, qui voulait y loger le duc de Berry, proposa à la duchesse d'échanger l'Élysée contre l'hôtel de la rue de Varenne. Elle accepta et l'hôtel de Matignon vit passer durant un siècle toutes les grandes familles de l'ancienne monarchie jusqu'à devenir, en 1935, le siège de la présidence du conseil de la République. Comme quoi les hasards de l'Histoire se chargent de rapprocher des lieux bien avant que les institutions ne viennent les consacrer.

Le premier à être entré, comme président du Conseil, à Matignon, fut Pierre-Étienne Flandin, au mois de janvier 1935. Laval était alors au Quai d'Orsay. Flandin ne résista pas bien longtemps, et, le 7 juin 1935, Laval succéda à un éphémère ministère qui n'avait pas duré huit jours. Président du Conseil, il conserva le portefeuille des Affaires étrangères ; il avait ainsi son bureau dans chacun des deux des plus beaux palais de la rive gauche, le Quai d'Orsay et Matignon. Mais c'est le Quai qu'il a choisi, sans doute à cause de la dimension et de l'éclat de ses salons, pour offrir la réception qui devait suivre le mariage de sa fille Josée avec le comte René de Chambrun devant l'autel de Sainte-Clotilde, paroisse des députés.

Ce fut l'événement parisien de l'été 1935. On était en plein mois d'août, le mardi 20. Josée avait vingt-quatre ans, René vingt-neuf. Une fille de la République épousait un garçon qui était à lui seul une alliance franco-américaine : son père, le général de Chambrun, descendait de La Fayette ; sa mère, née

Clara Longworth, était la sœur du gendre du président Theodore Roosevelt ; son parrain était un autre président américain, William Howard Taft. Il était inscrit au barreau de Paris et à celui de New York ; accompagnant son père, il avait même guidé le maréchal Pétain en 1931 lors de la commémoration de la bataille de Yorktown.

Les témoins des mariés étaient à la hauteur de cette alliance : côté Laval, c'était le président de la Chambre des députés, Fernand Bouisson, ancien ministre de l'Intérieur ; côté Chambrun, le général Pershing, ancien chef du corps expéditionnaire américain en France en 1917, et Charles de Chambrun, oncle du marié, ambassadeur à Rome. Tout le gotha politique, diplomatique et mondain de Paris s'était donné rendez-vous. Le chroniqueur du *Figaro* ne pouvait pas manquer l'événement : « Mlle Josée Laval, dont la beauté brune semblait plus éclatante encore sous les voiles, portait une toilette très sobre de crêpe satin à traîne courte. »

Ce n'est pas si ancien, cette noce chargée de fleurs, tout juste neuf années plus tôt. Mais, en neuf ans, on a changé de planète. Hitler est passé par là.

Ce jeudi 17 août 1944, Josée de Chambrun, qui a, c'est vrai, des traits de Tzigane, l'œil plissé noir et la coiffure bouclée coupée court, porte une robe claire serrée à la ceinture. Trente-trois ans ! Elle attire le regard et joue les frivoles.

— Monsieur le président, nous passons à table.

Le cuisinier de Matignon a préparé un déjeuner excellent, dont on n'a pas gardé la composition, mais il a cuisiné tout ce qu'il pouvait encore trouver dans Paris comme viandes et poissons. Pour le président Herriot, on sert un bourgogne, pour les Chambrun un bordeaux millésimé. La cave de la présidence du Conseil est l'une des meilleures de Paris – et les Allemands ne l'ont pas vidée. L'eau minérale est pétillante, comme il se doit elle vient de Chateldon.

Laval préside avec Édouard Herriot. La table ronde place en vis-à-vis ces quatre hommes et ces trois femmes que le destin avait séparés et qu'il réunit à nouveau, le temps d'un déjeuner : bien loin d'Herriot depuis quatre ans, Laval qui veut tout oublier pour trouver une sortie ; Herriot qui n'a rien oublié mais veut encore espérer ; René de Chambrun qui a vainement tenté l'impossible, le ralliement de la France pétainiste à Roosevelt et Churchill, mais reste, par amour de sa femme, l'avocat fervent d'une cause perdue, celle de son beau-père ; et Abetz enfin, qui représente depuis quatre ans la ruine de tous ces espoirs.

C'est ce dernier qui entame la conversation sur une note aimable :

— Monsieur le président, dit-il à Herriot, n'y a-t-il pas à Lyon la statue d'un Allemand ?

— Mais si, dit Herriot, vous avez raison ; il faut demander à ma femme de vous raconter l'histoire, elle la connaît beaucoup mieux que moi ; c'est du « bon Allemand » que vous voulez parler…

— Ah, réplique Abetz ironique, il y a donc un « bon Allemand »…

Mme Herriot raconte alors qu'un certain Jean Kleberger, riche marchand allemand contemporain de François Ier, était venu à Lyon en 1531, qu'il avait consacré sa fortune à combattre la misère et les épidémies dans la ville où il était mort. Une statue de lui en pierre fut inaugurée par le conseil municipal de la ville de Lyon, en septembre 1849, sur le quai rive droite de la Saône.

Herriot, maire de la ville depuis quarante ans, ne peut en rester là. Lui aussi, dit-il, a beaucoup œuvré pour le rapprochement franco-allemand avant guerre. Il a été ministre du gouvernement qui, malgré une forte opposition, a décidé l'évacuation de la Rhénanie. Il a été reçu docteur *honoris causa* à l'université d'Oxford en même temps qu'un savant allemand, Max Planck, qu'il admire beaucoup.

— Je suis ici pour la réunion de l'Assemblée nationale, ajoute-t-il. J'ai été reçu à l'Hôtel de Ville, je me suis abstenu de toute manifestation, de toute déclaration, du moindre geste, et pourtant je suis sous la garde des SS qui ont voulu m'arrêter hier. Je n'ai pas l'intention de suivre le gouvernement si vous avez décidé de le déplacer.

Laval revient encore, quoiqu'il sache que l'exercice est devenu inutile, sur son projet, histoire de retarder le départ inéluctable. Sa femme, Jeanne, toute d'énergie et de douceur, plus que jamais maîtresse de maison après trente-cinq ans de mariage, prend le relais de son mari en interpellant Abetz :

— Monsieur l'ambassadeur, ce départ dans de telles conditions est impossible, dit-elle. Regardez dans quelle situation douloureuse il nous mettrait tous...

— Écoutez, monsieur l'ambassadeur, c'est la France qui parle ! gronde Herriot en levant les bras au ciel, avant d'ajouter : Jamais je ne serrerai la main de Pétain ! Il est l'ennemi de la République et je n'ai pas plus confiance en lui qu'en de Gaulle, ce sont des ambitieux, et c'est la raison pour laquelle j'étais rentré à Paris. On me remmène par la force, je n'y peux rien, que la subir[1]...

Otto Abetz se tait. Il a des instructions, elles seront appliquées. Alors Laval et Herriot tirent à la ligne, se racontent leurs coups, leurs rencontres, leurs bons mots, les taquineries des copains de l'époque. Deux canailles en train de se partager les dépouilles de leur butin. Café, alcools, cigarettes, les quatre hommes fument. Manquent les cigares. Chambrun promet d'en apporter plus tard au président Herriot à l'Hôtel de Ville. Il est 16 h 30 quand les invités se séparent. Trois heures et demie de gagnées depuis le début de ce déjeuner. Combien en reste-t-il au sablier de l'Histoire ?

Laval raccompagne Herriot et sa femme dans la cour d'honneur. Une voiture les attend, suivie par une autre de la Gestapo. Ultime accolade entre les deux hommes. Leur complicité se sera arrêtée à ces quatre jours de semi-liberté. L'Assemblée nationale, ce n'est pas eux qui la convoqueront.

Après la guerre, Édouard Herriot donnera une version assez différente de ces événements : il expliquera, dans une note destinée à l'ambassadeur des États-Unis, qu'il a été l'objet d'une sorte de troc de la part de Laval : « Vous serez libre si vous acceptez d'être membre de mon gouvernement. » À la suite de quoi Otto Abetz lui a proposé de s'associer à Laval pour « sauver la France de la destruction », mais il s'est mis

1. Témoignage de Josée de Chambrun, 2 mai 1947, dans *La Vie de la France sous l'Occupation, op. cit.*

en colère en clamant qu'il ne participerait « jamais, au grand jamais, à un gouvernement de traîtres[1] », refusant de se prêter à une combinaison qui aurait visé à faire de lui un intermédiaire entre les Alliés et les Allemands… C'est à croire qu'il n'a jamais déjeuné à Matignon le 17 août, veille du début de l'insurrection parisienne ; il est vrai que, après la guerre, Laval n'était plus là pour le lui rappeler.

Il ne reste plus que sept ministres à Paris. Pierre Laval les réunit à 19 heures, ce jeudi soir, manière de croire qu'il dirige encore un gouvernement. Cela ressemble, en bien plus pitoyable, au dernier Conseil de l'Élysée, le dimanche soir 9 juin 1940. La discussion se ramène à déterminer qui part, qui reste – et pour quoi faire. Laval distribue encore les rôles. Puis il dicte une protestation à l'intention des autorités allemandes. Il reçoit de l'ambassadeur qui le lui fait porter le pli contenant son ordre d'expulsion. Il remet sa démission de chef du gouvernement, transmet le pouvoir fictif dont il dispose encore aux présidents des assemblées municipales et départementales, Taittinger et Constant, qui ont accouru à Matignon. Il y a partout du monde dans les salons du rez-de-chaussée et du premier étage. Le personnel a peur. Qui peut savoir ce qui va suivre ? Les gardes mobiles de réserve que Laval a fait venir attendent des ordres qui ne viendront plus ; ils se préparent à passer dans le camp du vainqueur.

À la tombée de la nuit, les berlines sombres de la Gestapo envahissent la cour. Laval embrasse sa fille et son gendre ; il emmène sa femme.

— On s'en va comme des prisonniers.

Il n'y a plus d'électricité à la présidence du Conseil. Panne générale ou coupure volontaire ? Les « années noires » s'achèvent à la lueur des bougies et des lampes à pétrole.

1. Nerin Gun, *Les Secrets des archives américaines*, t. 1 *Pétain, Laval, de Gaulle*, *op. cit.*

9

Tout est prêt pour le Général

Les orages du 15 août 1944 ont bousculé le temps et ramené la pluie. Les Allemands sont encore là. Place Beauvau, Fernand de Brinon a été le premier à évacuer son bureau ; les services de la Gestapo ont suivi, en même temps que ceux du général Oberg. Mais à cent pas de l'Élysée, sur le trottoir pair du faubourg Saint-Honoré, il reste au n° 62 un détachement de la Luftwaffe dans un vaste immeuble qui fait face à l'ambassade des États-Unis et donne à la fois sur le faubourg et la rue d'Aguesseau. C'était le siège du parfumeur Roger et Gallet depuis 1932. À l'origine, il y avait là un hôtel particulier XVIIIe, l'ancien hôtel de Duras, qui avait été démoli durant les années 1920 puis remplacé par un immeuble typique des années 1930, haut de six étages avec une entrée monumentale, son balcon, son fronton[1]. Qu'est-ce qui a bien pu inciter l'état-major de l'armée de l'air allemande à y loger les services de la défense aérienne dès l'été 1940 ? La taille des locaux, le nombre des bureaux et des salons – outre Roger et Gallet, ceux-ci avaient abrité le cercle des Chemins de fer –, la proximité du cercle Interallié que les officiers pourraient transformer en mess, ou encore celle de l'Élysée que l'on

1. Construit par l'architecte Joseph Marrast, en 1930, pour Roger et Gallet.

pouvait facilement surveiller et avoir dans la ligne de mire d'une simple mitrailleuse installée sur le balcon du deuxième étage ?

Toujours est-il que des sentinelles de la Luftwaffe montent encore la garde devant ce bâtiment, avec le renfort d'une dizaine de fantassins feldgrau armés, derrière des barrières métalliques pour éloigner les curieux, alors que Paris s'enflamme. Le portier de l'Élysée, Jean Hanotaux, remarque que ces fantassins sont tous munis d'une grosse bûche – de quoi fabriquer en cas d'urgence des obstacles pour interrompre toute circulation, et notamment celle des blindés. D'autres soldats allemands sont postés un peu plus loin, rue Boissy-d'Anglas, protégés par des abris bétonnés d'où ils surveillent les terrasses du couturier Lanvin.

Les sentinelles de la Luftwaffe poursuivent leur service de garde dans la rue jusqu'au mardi 22 août 1944. Puis elles disparaissent, redoutant sans doute d'être prises pour cibles par des éléments des FFI. Celles-ci se sont déployées dans Paris depuis le samedi précédent et elles tiennent désormais de nombreux bâtiments publics. Cela a commencé par la prise de l'Hôtel de Ville et celle de la Préfecture. Après une suspension d'armes de vingt-quatre heures, les Allemands ont violemment répliqué par de très durs combats, durant toute la journée du mardi. Ils avaient amené des chars sur le parvis de Notre-Dame d'où ils canonnaient la Préfecture. Les insurgés, FFI, policiers parisiens et GMR (groupes mobiles de réserve de Vichy qui ont rapidement changé de camp), n'ont pas cédé un pouce, tandis que le Paris populaire se garnissait de barricades.

Partout néanmoins, les Allemands continuent à veiller à la sécurité de leur dispositif. Rive droite, il s'agit aussi bien du siège de la Kommandantur, place de l'Opéra, que de l'hôtel Majestic, avenue Kléber, ou de l'enfilade des hôtels de la rue de Rivoli, et notamment le Meurice, quartier général du gouverneur militaire du Grand Paris. Rive gauche, il s'étend de l'École militaire au palais du Luxembourg. Le mercredi 23 et le jeudi 24 au matin, les Allemands patrouillent encore, soit à pied, soit en colonnes automobiles, sur les grands axes les plus proches de leurs points d'appui. C'est le cas rue de Rivoli, place de la Concorde, rue Royale, avenue de l'Opéra et rue du Faubourg-Saint-Honoré.

Chacun sent, dans la tension de ces heures cruciales, que le sort de Paris est en train de se jouer. L'insurrection gagne ; les Américains enveloppent la capitale ; la 2e division blindée du général Leclerc ne doit plus tarder.

C'est durant l'après-midi de ce jeudi pluvieux, où l'on a vu la température descendre franchement, que les gardes républicains stationnés à la caserne Penthièvre sont chargés d'investir l'Élysée. Un bref coup d'État a eu lieu à la tête de l'infanterie de la garde (trois bataillons, près de deux mille hommes) : le lieutenant-colonel Holleville, nommé par Vichy depuis 1943, a été remplacé par un autre officier supérieur, résistant, le lieutenant-colonel Camille Chapoton. Depuis l'insurrection de Paris, c'est lui qui donne les ordres. Comme d'autres bâtiments publics, le palais de l'Élysée sera placé sous la protection de la garde. Il est vrai que, ce faisant, la tradition est respectée. C'est en effet la garde républicaine qui, de tout temps, assure les honneurs du président de la République et la sécurité de la présidence. C'est évidemment pourquoi cette caserne est si proche de l'Élysée. Clin d'œil de l'histoire : le bâtiment de sept étages en brique rouge – qui ressemble aux HLM de la ceinture parisienne et détonne passablement dans un quartier aux immeubles de pierre de taille et de pierre de Paris – a été construit sur l'emplacement d'une caserne de la rue Verte où le maréchal duc de Biron, ami de la reine Marie-Antoinette, avait logé ses gardes-françaises en 1780, avant de les envoyer défendre la Bastille en 1789...

Les compagnies du régiment d'infanterie stationnent rue de Penthièvre depuis 1933. Après la défaite de 1940, la garde républicaine a été sauvée du démantèlement en étant rattachée à la préfecture de Police et rebaptisée « garde de Paris ».

La caserne Penthièvre s'ouvre sur l'avenue Delcassé. C'est donc par ce porche qu'une section de la 4e compagnie du régiment d'infanterie de la garde, commandée par le lieutenant Meunier, quitte son casernement pour prendre position à l'Élysée, le 24 août[1], peu avant 17 heures. Casqués, armés de fusils et de revolvers, portant leur tunique bleu nuit « gendarmerie » aux boutons dorés, une trentaine d'hommes se trouvent en vue du palais en moins de cinq minutes ; ils ont longé l'avenue Matignon et ses galeries d'art, pris à gauche le faubourg Saint-Honoré, laissé le Bristol sur leur gauche, l'hôtel Bristol où, cette fois, les Allemands viennent de mettre provisoirement à l'abri leurs auxiliaires féminines, les « souris grises » qui assuraient leur secrétariat... Les gardes débouchent place Beauvau d'où ils aperçoivent, au loin à droite, les toits calcinés, encore fumants, du Grand Palais, incendié et pillé la veille à la suite d'une brutale et stupide riposte allemande contre le commissariat de police tenu par les FFI. Place Beauvau, même s'il vient d'être libéré et réoccupé par des fonctionnaires français, l'ancien ministère de l'Intérieur paraît désolé. En face, le palais de l'Élysée, intact, n'est pas moins insolite, avec son portail d'honneur, sur le faubourg, et son porche latéral, sur l'avenue Marigny. À l'écart du monde et du temps.

L'insurrection parisienne a été déclenchée depuis cinq jours, et ici, rien. Pas un échange de coups de feu, pas un mouvement, pas une tentative d'occupation. L'Hôtel de Ville, la Préfecture, la Chambre des députés, le Sénat, Matignon ou même l'École militaire faisaient partie des objectifs désignés sur les plans de l'insurrection. Les FFI n'ont inscrit l'Élysée nulle part. Le palais fantôme.

Le lieutenant Meunier déploie ses hommes de part et d'autre de la grille d'honneur. Un ordre sec. Hanotaux, toujours lui, le concierge immuable de ces quatre années de guerre qui aura tout vu sans sourciller, passant discrètement de la République à l'Occupation, puis du service de la France servile au service de la France libre, surgit de la loge d'entrée pour ouvrir la grande porte. Quel bonheur, c'est la garde et non plus les « Boches » ! Libération ! L'opération se fait sans incident.

1. Différentes sources situent cet épisode le 19 août 1944. Les registres permettant de confirmer cette date ont disparu. La logique nous a conduit à conserver celle fournie par le témoignage du concierge de l'Élysée.

À l'intérieur du palais se trouvent les agents de service, quelques gardes de sécurité, les policiers arrivés de Vichy trois semaines plus tôt ainsi que le colonel de Fériet et le contrôleur général Migeon venus s'assurer que le palais était prêt pour accueillir le maréchal – et qui, faute d'avoir reçu d'autres consignes, sont restés sur place. Ceux-ci, qui redoutaient d'être faits prisonniers par la Gestapo comme le maréchal et sa maison, sont mis en état d'arrestation par les gardes républicains, sans leur opposer la moindre résistance. On les enferme dans le réfectoire du personnel, au sous-sol. Pendant ce temps, on entend l'écho des détonations qui partent du poste de tir allemand de la rue Boissy-d'Anglas[1].

À 22 heures, le lieutenant Meunier rassemble sa section dans la cour d'honneur ; il appelle les gardes, les policiers et le personnel de service du palais. Il fait sonner le clairon. *Marseillaise.* Dans Paris, la cathédrale Notre-Dame, puis les églises Saint-Gervais, Saint-Méry, Saint-Eustache, Saint-Augustin font résonner leurs cloches à la volée dans un fantastique récital de victoire. Le capitaine Dronne est arrivé, une heure plus tôt, à 21 h 22 très précisément, dans la cour de l'Hôtel de Ville, à bord de son char *Romilly*, en détachement précurseur de la 2e DB. Il a suffi de l'arrivée de ce char, suivi par deux autres, qu'il fait ranger en demi-cercle, et d'une petite compagnie pour que les journaux, reparus depuis le 22 août mais avec de nouveaux titres et de nouvelles rédactions, puissent imprimer en manchette de leurs éditions de l'aube : « Les troupes françaises entrent dans la capitale libérée… »

Le lendemain matin, vendredi 25 août 1944, à la demande du comité parisien de Libération (CPL), tout Paris pavoise. À l'Élysée, la section de la garde républicaine hisse les couleurs. Le palais se couvre de tricolore : de bleu, de blanc, de rouge, couleurs françaises, britanniques, américaines, soviétiques. Des trophées sont accrochés sur toute la façade du faubourg Saint-Honoré ; un immense trophée à quinze drapeaux jaillit dans la cour d'honneur, d'autres drapeaux encore sous la voûte

1. Témoignage de Jean Hanotaux, *France Soir*, 8 décembre 1949.

d'entrée... Une profusion de couleurs pour faire oublier leur absence pendant quatre ans et annoncer la véritable arrivée des armées alliées.

Ce matin, Branet s'est rasé. Il faut être beau. Un bon mètre quatre-vingt-cinq, brun, mince, le profil taillé, le nez fin et busqué, il a de l'allure et plaît aux filles. Il a vingt-neuf ans. Il vient de recevoir le commandement de l'avant-garde du groupement tactique qui va se lancer sur Paris. Derrière lui, la division Leclerc va attaquer la capitale par le sud et par l'ouest, avec quinze mille hommes, douze régiments, deux mille véhicules, des camions, des chars, des canons...

Paris, Branet y est né. C'est chez lui. Sa chambre l'attend depuis quatre ans, chez ses parents, avenue Hoche. Lui, le militaire dans une famille d'universitaires. Cavalier, il a fait Saumur, choisi les hussards, puis le 8e dragons quand il est monté, le 10 mai 1940, vers le front belge à la tête de son peloton. À cheval ! Avec le mousqueton en bandoulière, comme on faisait la guerre du temps de l'Empereur... Il a guerroyé pendant deux semaines. Charges de jour, marches de nuit, une belle cavalcade et puis, le 23 mai, il s'est égaré au beau milieu d'une division SS. Là, c'était fichu. Prisonnier. Emmené, comme des milliers d'autres officiers, des centaines de milliers d'hommes, dans des camps. Pour lui, ce fut l'Oflag II D, au fin fond de la Poméranie. Il y a passé l'été 1940, puis l'automne, l'hiver. Et, le 27 mars 1941, il a réussi son évasion avec quelques camarades. Traverser l'Allemagne pour revenir en France occupée ? Trop long, trop risqué, trop compliqué. Avec Alain de Boissieu, jeune officier comme lui, qui avait chargé sabre à la main en juin 1940, futur gendre du général de Gaulle, il a choisi de se diriger vers l'Est, vers la Russie. A commencé une incroyable aventure.

La Russie, théoriquement, c'était plus près. Et puis, elle n'était pas en guerre. Pas encore. Porte d'entrée de la Russie, la Lituanie soviétique. La liberté ? Pas du tout, Branet et ses camarades ont été interceptés, et envoyés au cachot : on les prenait pour des espions à la solde des Allemands ! Heureusement, Hitler a eu la bonne idée d'envahir la Russie. Les « espions » n'en étaient plus, on les a quand même envoyés dans un autre camp aux environs de Moscou. Car les Russes étaient méfiants ; il allait leur falloir du temps pour décider d'expédier ces jeunes gens sur un paquebot canadien en partance d'Arkhangelsk vers l'Angleterre, où ils devaient rejoindre, ordre du commandement soviétique, l'« armée du général de Gaulle ». Le cauchemar russe a pris fin en septembre 1941[1]. Trois mois plus tard, Branet constituait son premier escadron motorisé des Forces françaises libres. La guerre était encore loin, elle se déroulait dans le désert libyen, avec la 8e armée britannique, ou dans les sables tchadiens avec Leclerc. Il a emmené son escadron à Suez, en passant par Le Cap et Le Caire ! Il a traversé la Libye, rejoint finalement Leclerc au moment où celui-ci fusionnait les unités d'infanterie, de cavalerie et de fusiliers marins qui allaient former sa 2e DB. Au Maroc, l'escadron Branet s'est intégré au 501e régiment de chars de combat (RCC) dont il formerait, au printemps 1944, la 3e compagnie.

Il y a quatre ans à peine, il chevauchait un alezan. Le voici avec ses galons de capitaine à la tête d'une compagnie de dix-sept chars Sherman de trente-huit tonnes, chenillés, canon de 75, trois mitrailleuses chacun... Comme il aime le panache, son « Royal Cambouis », surnom du 501e, conserve les traditions du 5e hussards, qui se couvrit de gloire à Yorktown, pour l'indépendance américaine, puis à Wagram, à Austerlitz, à Iéna et, un siècle plus tard, sur la Marne, en Champagne, à Verdun. Des champs de bataille où le 501e a gagné sa terrible devise : « En tuer. »

Branet a retrouvé la terre de France le soir du 2 août 1944. Sa division a débarqué sur la plage d'Omaha, celle qui a été baptisée par les Alliés le 6 juin. Il a plongé à travers la Normandie, sans personne devant lui, puis s'est redressé vers l'est.

1. Jean-Louis Crémieux-Brilhac a raconté les aventures de ces deux cent dix-huit évadés d'Allemagne devenus prisonniers des Russes dans un témoignage, *Prisonniers de la liberté (1940-1941)*, Paris, Gallimard, 2003.

Galopade sur Alençon. Carrousel avec les Américains. Pagaille monstre. Et puis de sévères combats, mais les Allemands, encerclés et repoussés, cèdent partout. Et le lundi 21 août, Branet s'arrête, au sud d'Argentan, dans l'Orne. Repos. Il attend les ordres. Le bruit court qu'il doit prendre Paris, mais quand ?

Au sommet, entre Français et Alliés, on discute ferme. De Gaulle veut arriver avant les Américains. La situation de la capitale risque à tout moment de lui échapper. Il a deux objectifs : en chasser l'ennemi, y prendre le pouvoir. Il a sur place un ministre délégué, Alexandre Parodi, un délégué militaire, Jacques Chaban-Delmas, deux préfets, Charles Luizet pour la police, Marcel Flouret, pour le département, des envoyés spéciaux, ainsi que les membres gaullistes du Conseil national de la Résistance. Bien renseigné, il sait que le gros des forces insurgées sur place est aux mains du comité parisien de Libération, communiste, et du colonel Rol Tanguy, qui l'est également. Eux aussi veulent le pouvoir.

En provenance d'Alger, *via* Gibraltar, le Général se pose en Normandie le dimanche 20 août, convaincu que les Américains ont fait de leur mieux pour retarder son arrivée[1]. Comme s'ils avaient voulu s'assurer que le dernier coup de dés de Laval, son idée de confier le gouvernement à Édouard Herriot et de convoquer l'Assemblée nationale, s'était bien soldé par un échec. Il se rend aussitôt au QG du général Eisenhower, à Granville. Avec lui il s'entend bien.

— Mon général, le sort de Paris intéresse au premier chef le gouvernement français, lui dit-il. Il est indispensable d'y envoyer des troupes au plus tôt. Il serait logique de désigner la 2e DB.

— Je vous comprends, lui répond Eisenhower.

Cela, les deux hommes se le sont déjà dit à Alger : « N'arrivez pas à Paris sans troupes françaises », a répété de Gaulle. « Soyez certain que je n'imagine pas d'entrer à Paris sans vos troupes », a promis Eisenhower[2].

1. Voir le témoignage de l'amiral Philippe de Gaulle, *De Gaulle mon père*, Paris, Plon, 2003.

2. *Verbatim* de l'entretien de Gaulle-Eisenhower, 30 décembre 1943, villa des Glycines, à Alger.

— Mais alors, insiste maintenant de Gaulle, pourquoi avez-vous donné ordre à Patton de contourner Paris ?

— Pour économiser au maximum nos hommes, nos munitions, nos réserves en carburant et porter nos lignes le plus loin possible. Nous voulons éviter de faire de Paris un champ de bataille et d'y user nos forces dans des combats de rue...

— Si vous n'investissez pas Paris, vous m'obligez à le faire, répond de Gaulle[1].

Si le général Patton et sa 3e armée dépassent Paris par le nord, que va faire le général Omar Bradley ? De lui, de son 12e groupe d'armées, dépend Leclerc. « Les Forces françaises de l'intérieur me forcèrent la main, écrira Eisenhower dans ses mémoires. Lorsqu'elles commencèrent leur insurrection dans Paris, il parut nécessaire de se porter rapidement à leur secours. Les renseignements nous laissaient croire qu'il n'y aurait pas de combats sérieux, et l'on pensait que l'entrée d'une ou de deux divisions alliées suffirait. Pour cet honneur, le général Bradley choisit la 2e division blindée du général Leclerc. »

C'est en effet le soir du 22 août que Bradley reçoit à Laval le général en chef de la 2e DB pour lui indiquer son objectif :

— Leclerc, faites mouvement sur Paris.

Gonflé à bloc, Leclerc s'envole aussitôt vers son PC à bord de son petit Piper Cub. Le capitaine André Gribius, chef de son 3e bureau, l'attend.

— Gribius, on fait mouvement sur Paris !

Le 24, tandis que les grandes unités de la division atteignent Rambouillet, Branet et son avant-garde parviennent à Fresnes. Ils sont accueillis par des bombardements et des tirs d'artillerie. Le lendemain 25, réveil à 6 h 15. Le canon a cessé, mais

1. Voir du général Dwight D. Eisenhower, *Croisade en Europe. Mémoires sur la Deuxième Guerre mondiale*, Paris, Robert Laffont, 1949.

il y a du brouillard, racontera Branet[1]. Ceux qui n'ont pas fini de se raser laissent là leur toilette. Trop tard, on est pressé. La compagnie démarre à 7 h 15. Guidée par des FFI à travers les rues et les avenues qui mènent à la porte de Gentilly puis dans Paris, elle avance à vive allure malgré le peu de visibilité.

Béret noir vissé sur la tête, assis dans sa jeep de commandement derrière un affût de mitrailleuse, Branet est accompagné par le lieutenant Bénard et sa section de chars, par le lieutenant Vézy et ses spahis, en jeeps et automitrailleuses, par le lieutenant Franjoux, et sa compagnie du régiment de marche du Tchad. La population est partout au bord du parcours, débordante d'enthousiasme, malgré l'heure matinale.

Une heure après le départ, et quelques échanges de tirs, l'avant-garde débouche par la rue Saint-Jacques sur le parvis de Notre-Dame. Les ponts sont intacts ! Les Allemands ont-ils renoncé à se défendre ? « La foule, en ébullition, accourt de tous côtés », écrit Branet. Situation dangereuse. Il détourne sa compagnie vers le pont au Change et le Châtelet. À 8 h 30, le colonel Billotte, qui commande le groupement tactique – et a fait le même parcours de prisonnier que Branet d'Allemagne en Russie, de Russie en Angleterre –, entre dans la cour de la préfecture de Police. La foule s'épaissit encore. Le danger redouté se produit : on tire depuis la faculté des sciences. Branet ordonne au Sherman *Villers-Cotterêts*[2] d'ajuster trois coups de 75 sur la tour du bâtiment ; il les double par quelques rafales de mitrailleuse dans la même direction. Les tirs se calment.

La 3e compagnie fait mouvement vers la place du Châtelet et la rue de Rivoli. La rue de tous les dangers, dont les couleurs aux fenêtres sont toujours hitlériennes. Branet profite d'un moment d'accalmie, saute de sa jeep, entre dans un café et demande le téléphone. À Paris, tout est coupé, mais le téléphone fonctionne ! Il appelle chez lui : tout va bien, « on

1. Récit de Jacques Branet, *L'Escadron. Carnets d'un cavalier*, Paris, Flammarion, 1968.
2. Les chars de la division portent tous le nom d'une bataille, selon la tradition.

reprend le contact avec Paris. Nos hommes restent très disciplinés. Les Parisiens sont délirants. Je mange un morceau au milieu d'une curiosité générale. »

Pendant ce temps, le colonel Billotte a préparé le texte d'un ultimatum pour le général commandant les forces allemandes du Grand Paris. « J'estime, dit Billotte qui s'affuble pour l'occasion du titre de "général commandant la première brigade blindée française", qu'au point de vue strictement militaire, la résistance des troupes allemandes chargées de défendre Paris n'est plus susceptible d'être efficace. Afin d'éviter toute effusion de sang inutile, il vous appartient de mettre fin immédiatement à toute résistance... J'attends votre réponse une demi-heure après la remise de cet ultimatum... » Billotte charge son adjoint, le commandant de La Horie, de porter l'ultimatum au consul général de Suède, Raoul Nordling, le « gentleman de Paris », qui sert d'intermédiaire entre les forces de la Résistance et le général Dietrich von Choltitz, gouverneur militaire allemand.

Cinquante ans, né en Silésie, famille d'officiers, celui-ci n'a eu d'autre existence que l'armée. Fantassin de la Première Guerre mondiale, parachutiste de la Seconde, il a été de tous les théâtres, en Belgique, en Russie, en Crimée. Il vient de commander une division de panzers en Italie, avant de passer en Normandie avec la dizaine de divisions du 84e corps d'armée pour tenter d'arrêter les Alliés. Démoralisé par ce qu'il a vu, il juge la guerre perdue. Mais comme il était sur le front, il n'a pas pris part au complot du 20 juillet contre Hitler et le Führer l'a choisi pour commander Paris. Il l'a convoqué à son quartier général, le matin du 7 août, avant-veille de son arrivée dans la capitale. « Malgré les semaines pénibles passées en Normandie, j'étais prêt à écouter toute parole de réconfort, confiera-t-il. Je me trouvais maintenant devant lui et je vis un homme vieux, voûté, bouffi, aux cheveux gris et clairsemés, un être tremblant et physiquement ruiné... » Il a entendu Hitler prétendre qu'une nouvelle contre-offensive allait rejeter l'ennemi à la mer ; il l'a vu exploser littéralement de rage pour lui parler du complot du 20 juillet.

« De la bave lui venait aux lèvres. Il tremblait de tout son corps et transmettait ce mouvement à la table à laquelle il s'agrippait. Il était tout en sueur et son exaltation s'accrut encore quand il dit que ces “généraux” (ceux qui s'étaient compromis) seraient pendus haut et court. Plus de doute, je me trouvais en face d'un fou. »

À cet instant-là, von Choltitz s'est dit que son pays était aux mains d'un aliéné, et quand celui-ci lui a déclaré : « Je vous nomme général commandant en chef des troupes de la Wehrmacht à Paris, vous avez les pouvoirs les plus absolus qu'un général puisse recevoir », il s'est demandé jusqu'où cela pouvait aller. Savait-il déjà, dans le secret de sa conscience, jusqu'où cela n'irait pas ? Publiés en français vingt ans après les faits, ses mémoires[1] permettent évidemment toutes les justifications.

Sur le moment, c'est en soldat de métier, obéissant, discipliné, dévoué à la protection de ses troupes qu'il a, une ultime fois, défilé dans Paris, le 15 août. Le 22, il a reçu d'Hitler, transmis par le commandement de la Wehrmacht, ce nouvel ordre définitif : « Paris est à transformer en un monceau de ruines. Le général commandant doit défendre la ville jusqu'au dernier homme et périra s'il le faut sous les décombres. » En recevant cet ordre, « j'eus honte », dira Choltitz. Des sapeurs de la Wehrmacht ont tout de même miné les ponts de Paris, déposé des explosifs dans les centraux téléphoniques, à la Chambre des députés, au Sénat, aux Invalides… Tout était prêt pour incendier Paris, faire disparaître Napoléon et les cendres du duc de Reichstadt. Il ne manquait que l'ordre d'exécution du commandant de la garnison.

Pour Choltitz, la nuit du 24 au 25 août a été calme. Tandis que les unités de la 2e DB prenaient la capitale par le sud et par l'ouest, il faisait encore le tour de ses lignes de défense. À 10 heures, il regagne, en grand uniforme blanc et gris, son QG de l'hôtel Meurice. Deux heures plus tard, il apprend depuis son

1. Général von Choltitz, *Un soldat parmi des soldats. Comment Paris fut sauvé*, Paris, Aubanel, 1964.

balcon qu'une colonne de chars français s'est lancée à l'assaut de l'avenue de l'Opéra. Il se doute qu'il va être encerclé. Il emmène ses officiers déjeuner. Triste menu, ambiance lugubre pour ce qui sera son dernier repas de gouverneur.

À 13 heures, en effet, le commandant de La Horie, qui n'a pas eu de réponse à l'ultimatum du colonel Billotte – l'officier de l'état-major de Choltitz qui l'a reçu ne l'a même pas montré à son chef –, se porte à la rencontre du capitaine Branet, toujours en attente, place du Châtelet.

— On attaque le Meurice par trois axes, annonce La Horie à Branet. Le premier par le quai du Louvre, le second par la rue Saint-Honoré, le troisième par la rue de Rivoli : ce sera l'attaque centrale. À toi l'honneur.

On allume les moteurs. Coups de sifflet de la police pour écarter les spectateurs, toujours plus nombreux, comme s'il s'agissait d'une étape de course cycliste. Cette fois, la rue de Rivoli est déserte. Sur la gauche, le Louvre puis les Tuileries ; sur la droite, les arcades et les hôtels, occupés par les Allemands. Au loin, le bâtiment du ministère de la Marine qui barre la rue, au début de la rue Saint-Florentin.

Quelques minutes avant 14 heures, Branet s'élance avec la section de chars de Bénard, flanqué lui-même par les lieutenants Karcher et Franjoux et son régiment de marche du Tchad. Comme c'était prévisible, à mesure que la colonne progresse dans la rue, les Allemands ripostent au fusil et à la mitrailleuse depuis leurs hôtels. Branet fait passer les chars devant les fantassins. Un quart d'heure de tirs croisés. Branet voit revenir vers lui le lieutenant Bénard, « tout noir, brûlé, couvert de sang, avec deux hommes » : la tourelle de son char a été frappée par une grenade et il a pu sauter.

Branet s'avance devant l'hôtel Meurice, le QG allemand qui est encore l'endroit le plus protégé de Paris : « Rideaux noirs aux fenêtres. Devant nous, une grosse détonation, deux ou trois types tombent. C'est une grenade. Une autre tombe à côté de moi. Je suis touché. J'entre dans le couloir de l'hôtel et me couche dans la cour. On vient m'enlever sur un brancard. » Il a reçu une bordée d'éclats. On l'emmène au poste de secours de la Comédie-Française, contre le Palais-Royal. « La pagaille, observe-t-il. Des actrices et des infirmières, les unes jolies, les autres efficaces. »

Bientôt pansé, il se relève et regagne la rue de Rivoli, pour retrouver ses Sherman et aller aux nouvelles. Trois de ses chars ont souffert : le *Mort Homme* de la 1re section a été sévèrement endommagé par des tirs de grenade ; sur la place de la Concorde, le *Douaumont*, de la même section, a éperonné un char allemand avant d'être grenadé, son chef de char, le sergent Marcel Bizien, étant tué d'une balle dans la tête ; sur le *Villers-Cotterêts*, de la 2e section, le caporal-chef Pierre Laigle a lui aussi été tué. Mais le but a été atteint. Le général von Choltitz et son état-major du Meurice se sont rendus. Le commandant du Grand Paris a été aussitôt transféré auprès de Leclerc, à la Préfecture, puis il a rejoint, sous bonne garde, la gare Montparnasse pour y signer l'acte de reddition définitif.

Pendant ce temps, les trois sections de la compagnie Branet poursuivaient leur pénétration dans le quadrilatère jusque-là tenu par les Allemands. Un char de la 3e section, le Sherman *Dixmude*, qui porte le n° 49 sur son blindage à côté de l'insigne de la division, la France à croix de Lorraine, conduit par le sergent-chef Marcel Arnoult, ne s'est pas arrêté place de la Concorde ; il a poursuivi sur sa lancée, s'est engagé directement dans l'avenue Gabriel et fait le tour du palais de l'Élysée en saluant ses occupants, tourelle ouverte. Les derniers combattants ennemis du secteur ont été capturés. Après deux heures de combats, de l'Opéra aux Tuileries, du Châtelet au ministère de la Marine, un char, un seul char de la 2e DB, a suffi à sécuriser le palais de la présidence et la rue du Faubourg-Saint-Honoré. Les gens se précipitent dans la rue, dans une sorte de délire collectif.

À 18 heures, ce vendredi 25 août, la bataille est finie. La compagnie du capitaine Branet « se roule en boule », au poste de secours. « On a pris Paris ! Impressions confuses, rapides comme un film, note Branet dans son carnet. Enthousiasme, pétarades de mitrailleuses, blessés, désordre, voitures d'ambulances, questions stupides, femmes en robe d'été si jolies, bouteilles de vin, prisonniers qu'on injurie. » On le transporte, lui, le capitaine, dans l'hôtel Sainte-Marie, juste à côté. « Demain, oui, demain, je coucherai dans mon lit[1]. »

Larmes de joie. Mais la division en a payé le prix : plus de six cents tués, trois mille chez l'ennemi.

Casquette de marin et chemise de toile kaki, moustache courte et nez paternel, l'enseigne de vaisseau Philippe de Gaulle est arrivé à la gare Montparnasse durant cette même matinée du jeudi 25 août 1944, avec une autre colonne de la division Leclerc. À midi, le 3e escadron du régiment blindé de fusiliers marins, auquel il appartient, stationne rue de Rennes, à la hauteur du collège Stanislas, son collège il n'y a pas si longtemps : il a vingt-trois ans. Lui aussi a débarqué le 2 août en Normandie et pris part à la chevauchée vers Paris.

Au début de l'après-midi, une estafette du commandement le prévient d'avoir à rejoindre, seul, le PC de la division à l'intérieur de la gare. Grande animation d'officiers et de soldats en uniforme, de membres des FFI portant brassard et pistolet-mitrailleur, autour des prisonniers allemands et notamment du général von Choltitz. L'enseigne de Gaulle y reçoit l'instruction de se préparer à conduire son peloton au Palais Bourbon pour y neutraliser les forces ennemies encore retranchées en les informant de l'ordre de reddition tout juste signé par le général commandant la place.

C'est alors que dans cette agitation se fait entendre une grande clameur : de Gaulle ! Le Général, son père, descendant de sa voiture, encadrée par deux automitrailleuses, et accueilli sur le trottoir par Leclerc ! Son père ! C'est donc pour pouvoir l'embrasser qu'il lui a été demandé de quitter son escadron. Son père qu'il n'a pas vu depuis le soir du 5 juin à Londres, lorsqu'ils ont dîné tous les deux, en tête à tête, le Général

1. Récit dans *Le Monde*, 25 août 1944.

évoquant avec lui des affaires du monde, lui parlant de la famille, en attendant de pouvoir lui révéler l'heure du Débarquement ! Et tandis que les Alliés foulaient le sol de Normandie, lui, le cadet de la première promotion de l'école navale de la France libre de 1940, rejoignait, au nord de Londres, l'école des officiers de l'armée de terre de la France libre, à Ribbesford Hall, pour y recevoir une formation accélérée : trois semaines plus tard, il était affecté au régiment blindé des fusiliers marins.

Quel étonnant régiment que celui-là ! Ses camarades l'ont surnommé le « Royal Hongrois » parce que son chef est le capitaine de frégate Raymond Maggiar. Mais certains l'appellent aussi le « Royal Vichy », car l'enseigne de vaisseau Philippe de Gaulle y est le seul et unique Français libre[1] ! Et les autres ? Tous des marins disciplinés qui obéissaient aux ordres de Vichy, des amiraux Darlan, Auphan et compagnie, avant de choisir de se battre sous les ordres de Leclerc. Six cent trente hommes, cinq escadrons. Le Général a voulu que son fils soit parmi eux, portant physiquement témoignage de la confiance que mettait en eux le chef de la France combattante. « Le fils du Général ne saurait être qu'en première ligne », a décidé Leclerc. L'enseigne de Gaulle commande le 1er peloton du 3e escadron.

Au PC de la gare Montparnasse, il a le temps d'observer l'affection qui lie Leclerc au Général, d'entendre celui-ci faire reproche à celui-là d'avoir laissé le chef des FFI de Paris, le colonel Rol Tanguy, signer l'acte de reddition de Choltitz en même temps que lui :

— Leclerc, vous auriez dû signer seul.

Il n'y a qu'une autorité. Elle ne se partage pas.

— Bien, mon général, dit Leclerc.

« De tout cœur, je donne l'accolade à ce noble compagnon[2]... » Puis le Général demande à son fils de se joindre à eux, mais l'enseigne de Gaulle a une mission : le Palais Bourbon.

1. Philippe de Gaulle, *Mémoires accessoires*, Paris, Plon, 1997.
2. Charles de Gaulle, *Mémoires de guerre*, t. 2, *L'Unité*, *op. cit.*

Alors le Général laisse son fils, reprend sa voiture et le cortège repart rapidement par le boulevard des Invalides. Il aurait voulu passer devant le 4bis du boulevard des Invalides, souvenir de ses cinq années au secrétariat général de la Défense nationale : une fusillade, proche de l'église Saint-François-Xavier, l'en empêche. Le cortège se détourne vers la droite pour gagner le « centre », c'est-à-dire le 14, rue Saint-Dominique : le ministère de la Guerre. Pourquoi là ? Pourquoi pas l'Élysée ? Parce qu'il n'est pas président de la République ? C'est surtout un mauvais souvenir, l'Élysée, celui de l'agonie de juin 1940, celui du siège de la « fantasmagorie ».

Mais alors pourquoi pas Matignon ? Il est bien le président du Gouvernement provisoire de la République française... Cet hôtel de Matignon a même été l'un des tout premiers bâtiments officiels libérés, dès le 21 août, quatre jours à peine après que la Gestapo eut emmené Laval. Sa libération, Matignon la doit au jeune Yvon Morandat, trente et un ans, attaché au cabinet du Général depuis 1940, délégué auprès d'Alexandre Parodi ; peu familier de Paris, Morandat s'est d'abord rendu, avec son brassard tricolore, sa future femme, et à bicyclette, avenue Matignon, rive droite, tombant au n° 12 sur un « hôtel Matignon » réquisitionné par les Allemands et qu'ils occupaient encore avant de filer, grâce à l'information d'un passant, rive gauche, rue de Varenne, à la présidence du Conseil, où les anciens gardes de Laval n'attendaient que lui pour se rendre aux nouvelles autorités...

À Matignon, Parodi a déjà réuni les secrétaires généraux des administrations pour remettre en route l'appareil d'État, mais le Général n'en veut pas. En tout cas, pas pour le moment. On est en guerre, c'est donc le ministère de la Guerre qu'il préfère. Celui qu'il a quitté quatre ans plus tôt. L'hôtel de Brienne, hôtel particulier du XVIIIe comme Matignon, qui porte le nom du ministre de la Guerre de Louis XVI, et qui fut arrêté et décapité, comme tant d'autres, en 1794 ; acheté en 1802 par Lucien Bonaparte, puis par Madame Mère, Laetitia, l'hôtel a été revendu à l'État à la Restauration pour devenir le siège définitif du ministère de la Guerre. De

Gouvion-Saint-Cyr à Clemenceau, aux lourdes heures de la Grande Guerre, de Daladier à Paul Reynaud, à celles, moins glorieuses, de 1940, le bâtiment est resté intact.

« Immédiatement, je suis saisi par l'impression que rien n'est changé à l'intérieur de ces lieux vénérables, note le général de Gaulle dans ses mémoires. Des événements gigantesques ont bouleversé l'univers. Notre armée fut anéantie. La France a failli sombrer. Mais au ministère de la Guerre, l'aspect des choses demeure immuable. Dans la cour, un peloton de la garde républicaine rend les honneurs, comme autrefois. Le vestibule, l'escalier, les décors d'armures sont tout juste tels qu'ils étaient. Voici, en personne, les huissiers qui, naguère, faisaient le service. J'entre dans le "bureau du ministre" que M. Paul Reynaud et moi quittâmes ensemble dans la nuit du 10 juin 1940. Pas un meuble, pas une tapisserie, pas un rideau n'ont été déplacés. Sur la table, le téléphone est resté à la même place et l'on voit, inscrits sous les boutons d'appel, exactement les mêmes noms. Tout à l'heure, on me dira qu'il en est ainsi des autres immeubles où s'encadrait la République. Rien n'y manque, excepté l'État. Il m'appartient de l'y remettre. Aussi m'y suis-je d'abord installé. »

De Gaulle n'occupe même pas le bureau qui était celui du Tigre, Clemenceau, non, il reprend celui qui lui avait été désigné comme sous-secrétaire d'État à la Guerre, la pièce à côté, au premier étage, dont les fenêtres donnent aussi sur les jardins. C'est à son directeur de cabinet, Gaston Palewski, flamboyant colonel de l'armée de l'air et grand charmeur, qu'il confie le « bureau du ministre ». Le soir, Palewski couchera même dans la chambre qui fut celle de la mère de l'Empereur.

Tout juste installé, le Général se fait présenter les rapports de situation, puis il quitte le ministère pour la préfecture de Police où il veut saluer en premier la police parisienne – toujours la priorité au rétablissement de l'autorité de l'État – avant de se rendre à l'Hôtel de Ville, où le Conseil national de la Résistance (CNR) et le comité parisien de Libération siègent sans désemparer. Acclamations sur acclamations, émotion. « Paris a été libéré par son peuple, avec le concours de l'armée et l'appui de la France tout entière », clame de Gaulle. Les applaudissements redoublent. « Oui, l'ennemi chancelle, reprend-il, mais il n'est pas encore battu... C'est pourquoi, plus que jamais, l'union nationale est nécessaire... La guerre, l'unité et la grandeur, voilà mon programme ! » Tonnerre de la foule.

De Gaulle s'écarte. Georges Bidault, le président du CNR, le conduit vers le balcon :

— Mon général ! Nous vous demandons de proclamer solennellement la République devant le peuple ici rassemblé !

Quelle idée saugrenue ! Comme si la République avait jamais cessé d'être !

— Je suis le président du Gouvernement provisoire de la République, dit de Gaulle, pourquoi irais-je la proclamer ?

À la foule rassemblée, radieuse, fervente, il adresse ses mots spontanés et inspirés, puis regagne son ministère.

À l'hôtel de Brienne, l'intendance l'a heureusement précédé. Le Général avait donné toutes les instructions nécessaires pour son installation au colonel Pierre de Chevigné, trente-cinq ans, combattant de la France libre depuis l'été 1940, devenu le commandant militaire des régions libérées. De Rambouillet, où tout s'est préparé, il a envoyé sur place en éclaireur un officier d'intendance, le commandant de Lignières. Celui-ci a d'abord dû faire évacuer le ministère de la Guerre par un détachement de FFI qui n'y était pas disposé. Puis il a fallu prévoir le service du Général ; les huissiers, certes, étaient toujours là, mais il fallait aussi les maîtres d'hôtel, les cuisiniers...

Chevigné a dit à Lignières :

— Prépare un dîner pour cinquante personnes.

Avec quel ravitaillement ? Et quel cuisinier ? À Lignières de se débrouiller. « Dans un couloir, une femme accepte de le renseigner : elle connaît un maître queux qui justement n'a rien à faire. Il attendait quelqu'un d'autre qui ne viendra pas... Immédiatement convoqué, l'homme se présente, intimidé :

— Vous êtes cuisinier ? demande Lignières.

— Oui.
— Où étiez-vous auparavant ?
— À Vichy.
— Qu'est-ce que vous faites à Paris ?
— On m'avait envoyé aux cuisines de l'Élysée pour l'arrivée du maréchal[1]. »

C'est ainsi que le cuisinier du maréchal, passé par le palais de l'Élysée, est venu faire la démonstration de ses talents culinaires, préparant un menu exceptionnel, pâtés de foie gras et poulets de grain, pour ce premier dîner parisien du Général, qui avait convié, autour des membres de son cabinet civil et militaire, Leclerc et son état-major.

Le vendredi, c'était Leclerc. Le samedi, c'est de Gaulle. Le samedi sacré, celui de l'apothéose, de l'Arc de Triomphe à Notre-Dame. Lui seul, précédé de quatre chars Sherman pour ouvrir la foule, lui seul, dans son uniforme, képi à deux étoiles, croix de Lorraine accrochée sur le cœur, cerné par les photographes et les cinéastes, suivi par André Le Troquer et Alexandre Parodi, ses deux ministres, par les militaires, Leclerc, Juin, Koenig, par Georges Bidault, Gaston Palewski, tous, pas un n'aurait voulu manquer cela. L'Histoire en marche sur les Champs-Élysées, l'axe « le plus illustre du monde », de cet Arc de Triomphe élevé à la gloire des maréchaux d'Empire à la Concorde où fut exécuté l'un de nos derniers rois, au Louvre où ils furent élevés, à l'Hôtel de Ville d'où partirent tant d'insurrections.

Il n'y a qu'un général américain pour avoir mis son grain de sable dans la mécanique de cette mise en scène en réclamant ailleurs la 2e division blindée. De Gaulle l'a envoyé promener. La division Leclerc devait naturellement participer au triomphe, rangée, en trois groupements, sur le côté de cette avenue qui est ce 26 août celle de la victoire. De Gaulle n'est

1. Robert Aron, *Histoire de la libération de la France*, *op. cit.*

pas debout dans un command-car, il ne passe pas les troupes en revue, c'est à pied qu'il descend l'avenue de l'Étoile à la Concorde, avant de prendre place dans une voiture. À pied, un chef sur le pavois porté par le peuple de Paris, lui aussi venu à pied parce que le métro et les bus ne fonctionnent pas encore.

« Ah ! C'est la mer ! Une foule immense est massée de part et d'autre de la chaussée. Peut-être deux millions d'âmes. Les toits aussi sont noirs de monde. À toutes les fenêtres s'entassent des groupes compacts, pêle-mêle avec des drapeaux. Des grappes humaines sont accrochées à des échelles, des mâts, des réverbères. Si loin que porte ma vue, ce n'est qu'une houle vivante, dans le soleil, sous le tricolore… » Mais voici le principal : « Puisque chacun de ceux qui sont là a, dans son cœur, choisi Charles de Gaulle comme recours de sa peine et symbole de son espérance, il s'agit qu'il le voie, familier et fraternel, et qu'à cette vue resplendisse l'unité nationale… » Le préfet de police et les militaires, dont c'est le métier, ont redouté une tentative quelconque de l'ennemi pourchassé. « Mais moi, ce soir, je crois à la fortune de la France[1]. » Il a raison. Au terme du parcours, voici enfin, deux heures plus tard, le parvis de Notre-Dame pour la consécration.

Le cardinal archevêque de Paris, Mgr Suhard, n'accueillera pas le Général : il a reçu, au même endroit, quatre mois plus tôt, le maréchal Pétain, et il a présidé aux obsèques de Philippe Henriot, ministre de la Propagande du régime de Vichy et milicien, assassiné par des résistants. Il n'est donc pas le bienvenu. Cela crée un incident que de Gaulle regrette mais il ne peut en être autrement à cette heure-là. D'autant que des coups de feu éclatent, on tire des toits, fusillade, panique. Pendant ce temps, le Général, droit, insensible, légendaire, se dirige vers le chœur de la cathédrale. Pas d'électricité, pas d'orgues. De Gaulle a demandé un « Te Deum », la bénédiction des chefs au retour d'une victoire. Les coups de feu qui claquent au-dehors abrègent la cérémonie. C'est un « Magnificat » solennel qui s'élève de la foule en prière.

1. Charles de Gaulle, *Mémoires de guerre*, t. 2, *L'Unité*, *op. cit.*

« Le Puissant fit pour moi des merveilles, saint est son nom ! Son amour s'étend d'âge en âge/ sur ceux qui le craignent. Déployant la force de son bras, Il disperse les superbes, Il renverse les puissants de leurs trônes, Il élève les humbles, Il comble de bien les affamés, renvoie les riches les mains vides... »

Mais qui a tiré ? « J'ai le sentiment, écrira le Général, qu'il s'est agi d'une affaire montée pour une politique qui voudrait, grâce à l'émoi des foules, justifier le maintien d'un pouvoir révolutionnaire. » Gaston Palewski qui n'a pas quitté de Gaulle d'un pas, est encore plus net : « J'étais derrière le général de Gaulle et si l'on avait voulu tirer sur lui, nous aurions entendu les balles siffler à nos oreilles ; or nous n'avons rien perçu. En réalité, les communistes tiraient en l'air : ils voulaient donner l'illusion du désordre afin de conserver intactes leurs milices patriotiques. Pour moi, il n'y a aucun doute, je suis prêt à l'affirmer : il s'agissait d'une mise en scène, d'un trouble voulu et fomenté[1]. » Et s'il ne s'était agi que d'une panique accidentelle ? On ne retrouvera jamais aucun tireur.

Au moins, le général de Gaulle est prévenu : la restauration de l'État et de l'autorité ne se présente pas comme une formalité. C'est ce qui explique l'intransigeance avec laquelle il traite de la légitimité qui est la sienne et de la souveraineté qu'il incarne.

Le lendemain dimanche 27 août, Eisenhower décide de se rendre dans Paris libéré, accompagné par Bradley, le supérieur de Leclerc. « Nous allâmes tout de suite voir de Gaulle qui était déjà entouré de gardes républicains traditionnels dans leurs resplendissants uniformes... », racontera Eisenhower. Le détail frappe le commandant en chef américain : de Gaulle n'a encore passé que deux nuits à Paris et il a déjà sa garde d'honneur, symbole de l'État restauré.

1. Gaston Palewski, *Mémoires d'action, 1924-1974*, Paris, Plon, 1988.

De son entretien avec de Gaulle, Eisenhower retient qu'il lui a demandé plusieurs choses : le besoin de ravitaillement de la ville, l'urgence des approvisionnements en carburant, en équipements, en armements des forces régulières. Ce n'est pas tout : « La désorganisation de la cité posait un autre problème : le rapide rétablissement de sa propre autorité (celle du Général) et le maintien de l'ordre. » Et donc, « il demandait le prêt, à titre temporaire, de deux divisions américaines afin de faire étalage de force, comme il disait, pour asseoir fermement sa position... »

Comment cela ? Le pouvoir du général de Gaulle aurait dépendu de la présence de deux divisions américaines à Paris ? Lorsque Eisenhower publie ses mémoires[1] à New York, la guerre est finie depuis trois ans et de Gaulle ne peut pas laisser passer cette affirmation – même *a posteriori*. Il fait aussitôt paraître une mise au point et s'assure que celle-ci figurera en annexe de l'édition française au mois de mars 1949. C'est dire s'il estime indispensable de réaffirmer où se trouvait la seule source de sa légitimité comme chef du Gouvernement provisoire de la République. « L'autorité du Gouvernement provisoire, écrit-il, a été reconnue en ma personne à Paris, dans un enthousiasme unanime et indescriptible. » Ainsi, il ne peut détenir sa légitimité d'aucune autre source – ni assemblée, ni gouvernement, ni conseil, même de la Résistance – que de l'acclamation du peuple. Quant à « la traversée de la capitale, quelques jours plus tard, par deux divisions américaines », elle n'avait « rien à voir avec le rétablissement entre Français de la souveraineté nationale ». Ce défilé des soldats américains (deux divisions d'infanterie) aura effectivement lieu sur les Champs-Élysées, le mercredi 29 août. Ils seront salués par de Gaulle. Mais conformément au rétablissement de la souveraineté française sur la capitale, Eisenhower ne demeurera pas à Paris : il installera son QG à Versailles. De Gaulle commente : « Je l'en

1. Général Dwight D. Eisenhower, *Croisade en Europe*, *op. cit.*

approuve, trouvant convenable qu'il ne réside pas à Paris et utile qu'il en soit proche[1]. »

C'est durant l'après-midi de ce même dimanche 27 où Eisenhower et Bradley sont allés rencontrer de Gaulle le matin que l'amiral Auphan, dernier émissaire et dépositaire des pouvoirs du maréchal Pétain (11 août), présent à Paris dans une semi-clandestinité, tente de transmettre sa « légitimité » au chef du Gouvernement provisoire. Grâce à l'entremise du général Lacaille, ancien chef d'état-major du général Huntziger, l'un des plénipotentiaires de l'armistice de 1940, il peut s'entretenir, chez lui, avec le général Juin. C'est à lui qu'il remet les documents qu'il destine au général de Gaulle, accompagnés par une lettre de sa main.

— Je m'engage à les lui faire tenir sans retard, dit Juin.

La lettre et les documents parviendront au Général dans la soirée. Le lendemain, celui-ci invite son fils Philippe à dîner au ministère de la Guerre. « Les menus sont spartiates, se souvient ce dernier, à base de rations militaires américaines curieusement complétées de bœuf en gelée, dit “singe”, et de sardines à l'huile, boîtes sans doute récupérées dans quelque approvisionnement de l'armée allemande et fabriquées pour son usage sur le territoire français. Certaines portent la date de 1942 ! Un vin convenable et un peu de pain fraîchement cuit sont tout le luxe de ces repas qui se déroulent en petit comité. » Le chef cuisinier venu de l'Élysée ne peut donc pas faire de prodiges à tous les repas…

Ce soir-là, de Gaulle informe ses invités de la lettre portée par l'amiral Auphan que lui a remise Juin de la part du maréchal : la fameuse « transmission des pouvoirs ». Témoin de la conversation qui suit, Philippe de Gaulle note : « La manœuvre est si vaine et dérisoire qu'elle laisse pantois les convives de la rue Saint-Dominique. Je ne sais comment Auphan a pu acheminer son invraisemblable missive mais j'en conclus qu'il dispose encore de quelques séides à Paris[2]… »

1. « Note du général de Gaulle », *ibid.*
2. Philippe de Gaulle *Mémoires accessoires*, *op. cit.*

Le Général emploiera un autre ton dans ses *Mémoires de guerre* : « Quel aboutissement ! Quel aveu ! écrira-t-il. Ainsi, dans l'anéantissement de Vichy, Philippe Pétain se tourne vers Charles de Gaulle… En lisant les textes que l'on m'a fait remettre de sa part, je me sens tout à la fois rehaussé dans ce qui fut toujours ma certitude et étreint d'une tristesse indicible. Monsieur le Maréchal ! Vous qui avez fait jadis si grand honneur à nos armes, vous qui fûtes autrefois mon chef et mon exemple, où donc vous a-t-on conduit ? »

Dérisoire ! Quand il a ces documents entre les mains, de Gaulle sait que le maréchal est déjà sur la route de son exil allemand, à Sigmaringen. De quelle légitimité celui-ci peut-il encore se prévaloir ? Le Général sait également tout de cette « opération Élysée » dont les journaux viennent de parler dès qu'ils ont pu reparaître librement. Ainsi, dans son premier numéro sorti des rotatives, *Ce soir*, le quotidien dirigé par Aragon, titre : « Pétain voulait l'Élysée[1] », en donnant les détails : « Des préparatifs étaient entrepris dans les appartements qu'il devait occuper (à l'Élysée), préparatifs qu'on poussait avec d'autant plus de rapidité que la pression des armées alliées sur le front occidental s'accentuait. Il faut croire que les tapissiers de l'Élysée, comme les généraux de la Wehrmacht, ont été dépassés par les événements, puisque le maréchal Pétain n'eut pas le temps de se montrer à Paris… »

De lui, décidément, il ne reste rien.

Quelle suite le Général va-t-il donc donner à la communication d'Auphan ? Celui-ci espère naïvement un « geste », mais la politique ne fait pas de sentiment. De Gaulle le dit : « Le sentiment ne saurait compter en face de la raison d'État. » Il y a le pouvoir, l'ordre, l'intérêt public. Tout se confond. Pourtant, le Général prend soin d'ajouter : « Sans que je méconnaisse l'intention suprême qui inspire le message du maréchal, sans que je mette en doute ce qu'il y a d'important, pour l'avenir moral de la nation, dans le fait qu'en fin de

1. *Ce soir*, mardi 22 août 1944. Ce quotidien avait été interdit dès septembre 1939.

compte c'est vers de Gaulle qu'est tombé Pétain, je ne puis lui faire que la réponse de mon silence… »

La tentative avortée du maréchal Pétain de regagner Paris, d'entrer solennellement au palais de l'Élysée, d'y prétendre symboliquement à une légitimité devenue virtuelle n'est-elle pas un motif de plus du refus du général de Gaulle de traverser la Seine pour aller rue du Faubourg-Saint-Honoré ? « C'est moi qui détiens la légitimité, dit-il. Dans ce domaine, je ne saurais le moins du monde renoncer, ni même transiger[1]. »

1. Charles de Gaulle, *Mémoires de guerre*, t. 2, *L'Unité*, *op. cit.*

10

Les huissiers font la visite

La veille, il suivait la marche triomphale du Général à travers Paris. Ce dimanche matin, il est à l'Élysée ; les journalistes n'y ont plus mis les pieds depuis quatre ans. Il est le premier à y revenir, son calepin à la main, son stylo dans la poche. Il revient à l'Élysée pour voir. Il frappe à la vitre de la porte latérale de la grille d'honneur, le concierge lui ouvre ; le journaliste se présente : il travaille pour le quotidien *Libération*, il est curieux de savoir ce qui a bien pu se passer dans ce palais de la République durant toutes ces années mais aussi pendant cette semaine de la Libération, alors que les centres de pouvoir se déplaçaient vers la Préfecture et l'Hôtel de Ville, le ministère de la Guerre et Matignon…

Une chose le frappe, le drapeau tricolore qui flotte au grand mât du palais. Le président n'est pas là, personne ne sait quand il y en aura un, mais au moins on pavoise. Les gardes républicains veillent. Quant au reste… « Au fond de la cour d'honneur, les grandes verrières sont toujours closes, les lustres de cristal toujours camouflés de housses blanches, et la demeure a quelque chose qui renifle le château de la Belle-au-bois-dormant. Mais il n'empêche que ces trois couleurs qui flottent au vent ont un air de fête. » Le journaliste pose alors trois ou quatre questions au portier en tenue qui a mis sa casquette d'agent des palais nationaux. Il fait un tour rapide des lieux, sans photographe : « Appartements et salons demeurent dans la poussière. La République, qui nous est revenue hier, ne s'occupe encore que de la poussière glorieuse qui vole sur les champs de bataille. » Il titre son article : « Un îlot de calme et de poussière[1]. »

— Nous n'avons reçu aucun ordre, aucune consigne, dit le concierge.

Des années noires, nulle trace. Ni destruction apparente, ni pillage, ni incendie, ni éclat de balle ou d'obus comme il peut y en avoir place de la Concorde, au musée de l'Orangerie, rue de Rivoli, au Grand Palais. Du régime précédent, il ne reste que quelques témoins, toujours retenus prisonniers dans les sous-sols du palais, le commissaire de police, le contrôleur général ou le colonel envoyés par Vichy au début de ce mois et qui vont d'ailleurs bientôt rentrer chez eux.

Mais puisque le général de Gaulle n'a pas voulu s'y établir, que peuvent bien faire les hommes de garde et de service fidèles à leur poste ? Attendre des instructions ? Que le palais ait à nouveau un destin, qu'il reprenne figure humaine.

Un palais vide, pourtant, c'est tentant. On se souvient qu'en juin 1940, lorsque les Allemands étaient entrés dans Paris, un détachement de la Wehrmacht s'était fait ouvrir les portes de la cour d'honneur et avait enfermé là plusieurs centaines de prisonniers. Alors qui va venir maintenant ? Les gardes républicains sont certes arrivés à la veille de la Libération, mais ce n'était qu'une avant-garde pour préserver le palais de la République. « De Gaulle arrive ! » disait la rumeur des premières heures. Mais de Gaulle ne vient pas. L'Élysée va-t-il vraiment rester désert alors qu'il y a tant d'états-majors et de soldats à Paris ? Mais qui pourrait s'installer au palais ? Les gars de la 2e DB? Ils sont déjà partis vers le Nord et vers l'Est. Les Américains ? Eh bien, oui, les Américains y pensent.

1. *Libération*, 28 août 1944.

Le 1er septembre 1944, le général Eisenhower déplace son quartier général de Granville, en Normandie, où il se trouvait depuis le Débarquement, à Versailles. Pourquoi s'arrêter là? Eisenhower veut un endroit « convenable », un endroit « situé assez loin de Paris, à l'est, pour éviter la région parisienne, congestionnée par tous les passages à destination du front[1] ». Seulement, un quartier général, cela consomme énormément de lignes téléphoniques et télégraphiques, et à l'est de Paris, elles manquent. Il est donc obligé de se rabattre sur Versailles, à l'ouest. Mais entre les petites et grandes écuries du château, où s'installent ses officiers, et l'Élysée, quel peut être le lien ? Il y en a un, celui du nombre de lignes téléphoniques et télégraphiques disponibles.

On découvrira bien plus tard[2], dans les tiroirs d'un bureau déménagé de Versailles à Paris appartenant au Mobilier national et destiné à l'Élysée, une note de service tapée à la machine, à en-tête de l'armée américaine, datée du 28 septembre 1944. Elle est signée par le capitaine Robert J. Bridge, sur instructions de son supérieur hiérarchique, le colonel Warren, chef de l'état-major d'une brigade de transport motorisée. Cette note s'adresse à « tous les officiers », et voici ce qu'elle dit : « Ce bâtiment est la résidence traditionnelle du président de la France. Napoléon l'a occupé. C'est un trésor national. Le mobilier et les objets d'art demeurant dans ce château sont chers au public français. Ces lieux et leur ameublement doivent être préservés. Il est demandé à chaque officier de veiller à tout départ de feu. Que chacun conserve ces lieux aussi nets que s'il en était le propriétaire. »

Une telle note de service ne peut avoir été rédigée que pour du personnel en cours d'installation, afin de le prévenir de l'importance des lieux où il allait emménager. Les lieux cités concernaient-ils bien le palais de l'Élysée, résidence traditionnelle du président de la République, dont Napoléon fit sa « maison de santé »? L'emploi du mot « château » pourrait

1. Général Dwight D. Eisenhower, *Croisade en Europe*, *op. cit.*
2. Grâce à Jean Coural, alors administrateur du Mobilier national.

prêter à confusion, mais les Américains écrivent *palace of Versailles* quand les Français disent « château » ; l'inverse peut aussi être vrai. Lue telle quelle, cette note signifierait donc que des officiers de l'armée américaine devaient aller loger ou travailler à l'Élysée.

Lesquels ? L'en-tête de la note de service permet de reconstituer leur origine : il s'agit de l'Advance Section Com Zone du Transportation Corps. Or ce détachement avancé de la « zone de communication » de l'armée américaine n'a pas rejoint le quartier général d'Eisenhower à Versailles. Il est resté à Paris. Pour quelles raisons ? Parce que la ville de Paris est en sécurité depuis la reddition des Allemands et qu'elle fournit tout ce qu'il faut en matière de centraux téléphoniques ou télégraphiques – et l'on sait l'importance que cela avait pour le commandant en chef. Or ce détachement d'avant-garde est logé à Paris au même endroit que le PC de l'armée américaine pour le théâtre européen (lequel est différent du QG des armées alliées). Où donc ? À l'hôtel Majestic, avenue Kléber, que vient d'évacuer le commandement de la Wehrmacht en France ! Rien de plus approprié pour une armée victorieuse que d'occuper les locaux libérés par l'armée vaincue.

L'installation du commandement du détachement avancé de la zone de communication de Paris au Majestic correspond à la mise en place d'un puissant centre de transmissions. Selon les journaux de campagne de l'armée américaine, le trafic, par fil et par radio, mobilise bientôt, vingt-quatre heures sur vingt-quatre, près d'une centaine de télétypes, transmettant un millier de messages chiffrés par jour, entre les états-majors alliés et le Pentagone à Washington. Or l'Élysée, on l'a vu lorsque les officiers de marine de Darlan s'y trouvaient en 1942, comporte son propre système de transmission et de chiffrage. Les Américains en avaient certainement connaissance. Selon toute probabilité, ils ont donc eu l'intention de s'en servir, et d'envoyer au palais un groupe d'officiers, bénéficiant en outre du confort des bureaux, des appartements ainsi que des services existants. D'où cette note de service du 28 septembre 1944.

Y sont-ils entrés ? Les traces manquent. Si minutieux dans ses souvenirs, le concierge, Jean Hanotaux, n'en dit rien. Ni les Renseignements généraux de la préfecture de Police. Quant aux Archives du Congrès des États-Unis où se trouvent les registres des unités américaines, autant chercher une aiguille dans une montagne de foin… Mais surtout, on voit mal le général de Gaulle, qui se disait si satisfait de voir le général Eisenhower logé à Versailles plutôt qu'à Paris, autoriser, même s'il y avait renoncé pour ses propres services, la venue d'un groupe d'officiers américains dans la résidence du président de la République.

Il n'empêche que cela a été prévu et préparé par l'état-major des forces alliées en Europe.

« Pour demeure, je n'ai pas voulu du palais de l'Élysée, expliquera le Général, marquant ainsi que je ne préjuge ni des institutions de demain ni de la place que j'y prendrai. D'ailleurs, le train de vie qu'imposerait au général de Gaulle et que coûterait à l'État l'installation à l'Élysée serait choquant au milieu de la misère nationale[1]. »

La République restaurée, mais encore provisoire, il est seul à la personnifier. Il passe les mois de septembre et d'octobre 1944 en visites de la province : du sud au nord du pays, d'ouest en est, à la rencontre du « peuple français », de ces millions de mains tendues qui lui confirment la consécration de Paris. Partout, il répète les mêmes mots : « C'est à l'État, à la justice de l'État, à l'autorité de l'État, à la force de l'État, et seulement à sa force, à sa justice, à son autorité, qu'il appartient de s'imposer en France » (Rouen, le 9 octobre). Le 25 octobre, il reçoit la presse française et étrangère : « Je vous prends à témoins, dit-il aux journalistes, que la France est un pays d'ordre. Je vous garantis que l'ordre continuera de s'établir. » Toujours l'obsession justifiée du rétablissement de l'ordre dans un pays où la guerre n'est pas

1. Charles de Gaulle, *Mémoires de guerre*, t. 3, *Le Salut*, Paris, Plon, 1959.

finie, où Strasbourg n'est pas encore libérée[1], où la Libération progresse en même temps que les règlements de comptes, l'épuration officielle des cours de justice et de leurs chambres civiques étant doublée par l'épuration sauvage des tribunaux populaires et les exécutions sommaires.

Trois jours après sa conférence de presse, il fait approuver en Conseil des ministres la dissolution des « milices patriotiques » : aucun groupe armé ne peut subsister sur le territoire en dehors de l'armée française. Il fait réintégrer dans des divisions d'infanterie constituées et encadrées les dizaines de milliers d'hommes tout récemment enrôlés dans les maquis, FFI, francs-tireurs et partisans, ces « gardes patriotiques » dont la plupart obéissent à des chefs locaux issus de la clandestinité et membres du parti communiste. En même temps, on crée soixante compagnies républicaines de sécurité (les CRS) pour convertir les anciennes forces de maintien de l'ordre de Vichy.

La dissolution des milices patriotiques, bras armé des communistes, provoque la protestation énergique des dirigeants du parti et de leurs filiales. Et justement, le 1er novembre, jour de la Toussaint 1944, un train de munitions explose à Vitry, faisant vingt-sept morts et quatre-vingt-quinze blessés. *L'Humanité* du 2 novembre accuse une « 5e colonne fasciste » d'être à l'origine de l'attentat et déplore que l'État se prive de la « force populaire » qui pourrait s'opposer à de tels agissements, autrement dit les gardes patriotiques… L'argument ne trompe personne, surtout pas de Gaulle : il sait très bien où les communistes veulent en venir. Il réagit comme il l'a déjà fait à Alger : il les implique dans son action, en veillant à conserver un rapport de force en sa faveur. Il en a pris comme préfets, comme hauts fonctionnaires, comme ministres même : son gouvernement en compte alors deux – ils réclameront d'autres portefeuilles bientôt.

Pour maintenir l'ordre et confirmer la dissolution des milices, le Général a une autre idée. Le lendemain même de l'approbation du décret de dissolution, il signe une ordonnance

1. Elle ne le sera par la 2e DB, que le 23 novembre 1944.

du garde des Sceaux permettant d'amnistier la peine prononcée le 23 novembre 1939 par contumace contre Maurice Thorez, secrétaire général du parti en exil à Moscou[1]. Blanchi, celui-ci arrive à Paris le 27 novembre en croisant la route du Général qui prend, de son côté, le train pour la capitale russe. Le 30, le parti communiste organise pour le retour de son secrétaire général un énorme meeting au Vélodrome d'Hiver[2]. « Un peuple à l'enthousiasme fervent acclame le patriote courageux et clairvoyant Maurice Thorez », titre *L'Huma*[3]. Thorez y lance ses mots d'ordre : « travailler et se battre », faire la guerre, créer une puissante armée française, reconstruire l'industrie, s'unir, tout en restant alliés à l'Union soviétique.

Cela va parfaitement à de Gaulle. « Dès le lendemain de son retour en France, observe-t-il dans ses mémoires, Thorez aide à mettre fin aux dernières séquelles des milices patriotiques que certains, parmi les siens, s'obstinent à maintenir dans une nouvelle clandestinité. » Le Général ajoute : « À ceux – nombreux – des ouvriers qui écoutent ses harangues, il ne cesse de donner des consignes de travailler autant que possible et de produire coûte que coûte. Est-ce simplement par tactique politique ? Je n'ai pas à le démêler. Il me suffit que la France soit servie. »

Prolongeant cette politique jusqu'à Moscou où il arrive le 2 décembre pour un séjour d'une semaine, dont quinze heures d'entretien avec Staline, le Général veut conclure un « pacte » avec l'URSS, assurer la présence et le « rang » de la France dans la victoire sur l'Allemagne hitlérienne.

— Ce doit être bien difficile de gouverner un pays comme la France où tout le monde est si remuant, dit tout d'un coup Staline au Général.

— Oh oui ! Et pour le faire, je ne puis que prendre exemple sur vous, répond de Gaulle, car vous êtes inimitable.

— Ah ! Qu'allez-vous faire de Thorez ? demande alors Staline.

---

1. Voir chapitre 2.
2. Pourtant lieu de sinistre mémoire, celui de la rafle du Vél'd'Hiv' de juillet 1942.
3. *L'Humanité*, 1er décembre 1944.

De Gaulle ne répond pas.

— Ne vous fâchez pas de mon indiscrétion ! reprend le maréchal soviétique. Je me permets seulement de vous dire que je connais Thorez et qu'à mon avis, il est un bon Français… Si j'étais à votre place, je ne le mettrais pas en prison… Du moins, ajoute-t-il goguenard, pas tout de suite !

— Le gouvernement français traite les Français d'après les services qu'il attend d'eux, réplique le Général[1].

C'est la petite moustache à la mode de ces années-là. De Gaulle la porte, son fils de même, comme Leclerc et Koenig. Palewski aussi. Il faut dire qu'il la portait déjà quand il travaillait pour Paul Reynaud – non pas le président du Conseil de juin 1940, mais le Paul Reynaud d'avant, le député, le ministre, dont il a été l'attaché parlementaire, le chef de cabinet et même le directeur de cabinet, avant de le quitter, en janvier 1940, las des combinaisons de couloir. Reste que tout ce qu'il sait de la politique et de ses intrigues, il l'a appris auprès de lui. Mieux même, il lui doit sa rencontre avec de Gaulle, au mois de décembre 1934, après la publication de son livre *L'Armée de métier*, car le jeune colonel était venu exposer ses idées à Paul Reynaud, et Palewski avait profité de la conversation. « Tout ce qu'il disait était d'une force incomparable[2]. » Il a été non seulement convaincu mais littéralement séduit. « Vous savez combien j'ai d'amitié pour vous, sous la cuirasse », lui a écrit de Gaulle. Après avoir combattu dans l'armée de l'air, Palewski devait se lancer à la poursuite du Général, dès l'arrivée au pouvoir du maréchal Pétain le 16 juin 1940 à Bordeaux ; il l'a rejoint à Londres et suivi partout comme son ombre, « irremplaçable, fidèle, discret » : « Gaston essuie les colères, rattrape les gaffes, interprète les silences, polit les angles[3]… ».

1. Charles de Gaulle, *Mémoires de guerre*, t. 3, *Le Salut, op. cit.*
2. Gaston Palewski, *Mémoires d'action, op. cit.*
3. Pierre Viansson-Ponté, *Les Gaullistes. Rituel et annuaire*, Paris, Le Seuil, 1963.

Il tient aussi à son rang dans les préséances. Comme directeur du cabinet du Général, il demandera au chef du protocole de s'attribuer, dans l'ordre des honneurs, « un rang 5 bis qui tient du vaudeville ; il le partagera avec le vice-président du Conseil d'État, le chef d'état-major de la défense nationale, le grand chancelier de l'ordre de la Légion d'honneur et le chancelier de l'ordre de la Libération[1] ». Mais c'est encore pour être au plus près de son chef, dira-t-on en riant : « Gaston » ne songe qu'à anticiper ses demandes.

Or nous sommes alors à la fin de l'année 1944 ; le Général travaille au ministère de la Guerre, rue Saint-Dominique ; il réunit le Conseil des ministres à Matignon deux fois par semaine ; il a demandé que le palais du Luxembourg soit affecté à l'Assemblée consultative (laquelle ne donne que des avis sur les institutions) et il a dit : « Je réserve le Palais Bourbon à la future Assemblée nationale. » Palewski est convaincu qu'un jour ou l'autre, le Général lui demandera de remettre également en état le palais de l'Élysée pour le nouveau président de la République. Il n'a donc pas attendu d'en recevoir l'ordre pour commencer à s'en occuper. Il s'est déjà assuré que le mobilier déplacé, à la demande du cabinet du maréchal Pétain, dans l'hôtel particulier du boulevard de la Reine à Versailles, ou bien à l'hôtel du Parc ou au pavillon Sévigné à Vichy, soit effectivement restitué au Mobilier national à Paris.

Lui qui aime tant les salons, les dorures et les cocktails, pour se faire présenter une ambassadrice ou une duchesse, s'est acquis une réputation telle de charmeur que l'on raconte à son propos une délicieuse légende. En 1945, seules les personnalités officielles disposent d'une voiture ; après un dîner qui a lieu à Neuilly, Gaston propose galamment à une jeune femme de la reconduire en ville, ce qui lui vaut cette réponse : « Merci beaucoup, cher Gaston, mais ce soir, je suis trop fatiguée, j'aime mieux rentrer à pied[2]. » Pour autant, celui que

1. Jacques Dumaine, *Quai d'Orsay, 1945-1951*, Paris, Julliard, 1956.
2. *Ibid.*

l'on surnomme gentiment « l'embrassadeur[1] », le « premier baron du gaullisme[2] », a un grand trou dans sa culture parisienne : s'il a arpenté les grands salons du Louvre quand Reynaud était aux Finances, ceux de la rue Oudinot quand il était aux Colonies, les lambris de la place Vendôme lors d'un bref passage à la Chancellerie, s'il est familier du 39, faubourg Saint-Honoré, l'ambassade de Grande-Bretagne, il a peu de souvenirs du 55, palais de l'Élysée. Il est vrai qu'il n'avait guère de raison d'y être invité sous Lebrun.

Le voilà donc impatient de se faire ouvrir les portes du palais. Quand il s'y présente, au début du mois de janvier 1945, profitant de ce que le Général n'a pas encore repris ses tournées provinciales, il n'est pas accueilli par le personnel de l'Élysée comme directeur de cabinet du chef du gouvernement, mais quasiment comme si c'était de Gaulle en personne. D'autant que Palewski s'est fait accompagner par trois habitués des lieux : André Magre, qui en tant que secrétaire général de Lebrun y avait vécu huit ans[3], Lucien Hanoun, son adjoint, ainsi que l'intendant Marchal, qui avait transporté jusqu'à Vichy l'argenterie de la présidence et qui rôde toujours par là...

On suit chaque fait et geste du visiteur. Palewski s'intéresse à l'ameublement, s'informe des objets qui en sont sortis, de l'endroit où ils ont été déposés ; il fait part des travaux de réfection et des restaurations qu'il conviendrait d'entreprendre.

« Pourriez-vous savoir si le chef du gouvernement provisoire a des intentions particulières au sujet de l'Élysée ? demande par lettre le 12 janvier le nouvel administrateur du Mobilier national, Georges Fontaine[4]. Il faudrait bien que nous soyons en mesure de répondre à la demande qui peut en être

1. Il n'est pas le seul ; le général d'Astier, nommé ambassadeur à Rio, eut le privilège du même surnom.

2. Jacques Bernot, *Gaston Palewski, premier baron du gaullisme*, Paris, François-Xavier de Guibert, 2010.

3. Conseiller d'État depuis 1934, démissionnaire en 1940, réintégré en mars 1945, mort le 8 juillet 1949. Le président de la République assistera à ses obsèques.

4. Il a succédé à Guillaume Janneau, limogé pour excès de zèle à l'égard de l'occupant.

faite d'un jour à l'autre, et qui ne manquera pas d'être très urgente, selon le procédé habituel que nous connaissons[1]... » Naturellement, l'administrateur ne recevra pas de réponse à cette question. C'est bien trop tôt.

Mais le vendredi 16 mars 1945 après-midi, Fontaine participe à l'Élysée à une réunion de travail avec Lucien Hanoun et l'architecte en chef Jean Démaret, qui avait suivi les chantiers du palais en 1941 et 1942. « Il s'agit de rien de moins que d'une réinstallation de l'Élysée dans l'état où il se trouvait en 1939 », résume l'administrateur pour sa hiérarchie. Cela suppose le retour du mobilier envoyé à Aubusson, la confection de rideaux neufs, de nombreux travaux de remise en état. « Il serait vraiment important, nécessaire et urgent d'être avisé officiellement du programme du gouvernement en ce qui concerne l'aménagement de l'Élysée. » Car il faudrait trois mois au moins pour tout faire rentrer.

Le 27 mars 1945, l'administrateur rend compte à Lucien Hanoun de ce qu'il a déjà fait : il a récupéré dans un état déplorable tout le mobilier du palais de l'Alma, les anciennes écuries de Napoléon III transformées en logements du personnel de l'Élysée, quai Branly. « Au moins la moitié des tapis sont à mettre au rebut, les rideaux de croisée peuvent être considérés comme hors d'usage, les rideaux de vitrage ont disparu, le mobilier lui-même nécessitera au bas mot six mois de travail à plein de mes ateliers d'ébénisterie et de tapisserie garniture[2]... »

Le 28 mars, Gaston Palewski dicte enfin une lettre au directeur des Arts plastiques, supérieur direct de l'administrateur du Mobilier national, pour le rassurer : « À ma connaissance, personne ne songe à s'installer à l'Élysée. » Mais il précise : « En bon gérant provisoire, j'ai donné des instructions pour que le mobilier, égaillé dans diverses directions, puisse être rassemblé. »

Le 12 avril, le directeur de cabinet du Général confirme ses ordres par écrit au ministre de l'Éducation nationale, René

1. Lettre de l'administrateur provisoire au directeur des Arts plastiques. Archives du Mobilier national.
2. Archives du Mobilier national.

Capitant, de qui dépendent la direction des Arts plastiques et à travers elle le Mobilier national : « Mon cher ministre, le moment paraît venu d'aménager le palais de l'Élysée qui est resté inoccupé pendant près de cinq ans. Des travaux de peinture et de raccord sont sans doute à y effectuer et divers meubles et objets mobiliers mis à l'abri en 1940 sont à récupérer aujourd'hui. Je pense qu'il y aurait lieu de commencer le rassemblement des objets mobiliers, les travaux proprement dits devant être préparés pour que l'exécution en ait lieu au moment qui sera jugé opportun. »

Le 2 octobre 1945, Palewski souligne le caractère « conservatoire » de ses instructions de remise en état du palais, tout en précisant qu'« il est difficile de prévoir actuellement une date d'occupation du palais ». Six mois se sont écoulés depuis la décision de sa remise en état. L'Élysée va donc sortir de sa poussière. Mais pour qu'il puisse accueillir un président de la République, encore faut-il des institutions.

Cette année 1945, année de guerre qui a vu, le 8 mai, la capitulation de l'Allemagne hitlérienne, est devenue une année très politique. Après les élections municipales du printemps, puis les cantonales du mois de septembre, se préparent pour le 21 octobre les élections législatives, les premières depuis 1936, en même temps qu'un référendum.

— C'était hier le temps des combats. Voici l'heure des règlements, dit le Général.

Le premier des revenants, c'est Albert Lebrun. Il avait disparu le 10 juillet 1940, il a réapparu dans le bureau du Général le 13 octobre 1944, « fantôme mélancolique de la IIIe République », dont il estime toujours être le président.

— J'ai toujours été, je suis en plein accord avec ce que vous faites, a-t-il dit à de Gaulle. Sans vous, tout était perdu... Personnellement, je ne saurais me manifester d'aucune manière, sauf par cette visite que je vous prie de faire publier. Il est vrai que, formellement, je n'ai jamais donné ma démission. À qui, d'ailleurs, l'aurais-je remise puisqu'il n'existait plus d'Assemblée nationale qualifiée pour me remplacer ? Mais je tiens à vous attester que je vous suis tout acquis…

Le Général l'a écouté, l'a vu refaire son geste familier en levant les bras au ciel, et confesser, les larmes aux yeux, son erreur du 16 juin 1940 – quand il avait confié le gouvernement au maréchal Pétain.

— Ce qui m'a décidé dans le mauvais sens, comme la plupart des ministres, a-t-il dit, ce fut l'attitude de Weygand. Il était si catégorique en exigeant l'armistice !…

Plus tard, le général de Gaulle écrira : « Le président Lebrun prit congé. Je lui serrai la main avec compassion et cordialité. Au fond, comme chef de l'État, deux choses lui avaient manqué : qu'il fût un chef ; qu'il y eût un État[1]. »

Lebrun fait une nouvelle apparition le 25 juillet 1945. Il témoigne au procès de celui qu'il avait appelé au pouvoir : le maréchal Pétain. Celui-ci s'est présenté, venant de son exil de Sigmaringen, *via* la Suisse, à la frontière française le 25 avril – au lendemain de ses quatre-vingt-neuf ans, et un an tout juste après avoir été acclamé sur le parvis de l'Hôtel de Ville à Paris. Il a remis son sort entre les mains de la justice française. Transporté par train spécial vers la capitale, il a été interné au fort de Montrouge. Son procès s'est ouvert devant la Haute Cour de justice, le 23 juillet.

— À l'Élysée, avant la guerre, dit Lebrun dans sa déposition, le premier invité, c'était toujours le maréchal. Nous voulions faire honneur à nos hôtes…

L'ancien président de la République a retrouvé ce jour-là quelques signes du protocole auquel il avait droit : il a été accompagné à l'entrée de la 1re chambre de la cour d'appel par un huissier, un commandant de la garde, un substitut du procureur de la République en robe rouge à jabot de dentelle. Il parle volontiers, et même trop, il s'excuse, confie que c'est la première fois de sa vie qu'il se présente devant un tribunal… Mais il est bien obligé d'expliquer dans quelles

1. Charles de Gaulle, *Mémoires de guerre*, t. 3, *Le Salut*, *op. cit.*

circonstances il a choisi de confier le gouvernement au maréchal Pétain à Bordeaux, le soir du 16 juin. Alors il se lance :

— Qui donc, parmi les hommes possibles (pour faire partie d'un gouvernement), était à Bordeaux ? On ne le savait pas. Et parmi ceux qui y étaient – il faut avoir connu cette atmosphère tumultueuse –, où étaient-ils ? Où résidaient-ils ? Je n'aurais jamais pu les atteindre…

À quoi tient le destin d'un pays ! Paul Reynaud avait remis sa démission, il fallait le remplacer, mais le président de la République ne savait pas comment non pas lui désigner un successeur à la hauteur des événements, mais le trouver dans la ville… Le « brave homme qui incarnait la dignité de la France[1] » n'avait ni les adresses ni les numéros de téléphone.

— Il était peut-être onze heures du soir, poursuit Lebrun, et j'avais la préoccupation que la France eût un gouvernement le lendemain, car si elle ne l'avait pas eu, pour ces âmes désemparées que je voyais partout, se serait ajouté le souci de dire : « La France n'a même plus de gouvernement ! Pauvre France ! » Donc, je pris le maréchal Pétain et je lui dis : « Eh bien, voilà, constituez le gouvernement. »

C'est ainsi que le « premier invité de l'Élysée » fut nommé par Lebrun. Mais voici maintenant comment fut formé le gouvernement :

— À la minute, explique Lebrun, le maréchal Pétain ouvrit son portefeuille dans un geste familier, me montra une liste et me dit : « Voici mon gouvernement. » Je dois dire que dans la grande tristesse du moment, j'eus tout de même un petit soulagement. Je me rappelai ces difficiles constitutions de ministères, pendant mes huit années de présidence, tandis que là, je l'avais à la minute… Je trouvai cela parfait[2].

Un autre revenant se présente à la même barre, le 30 juillet : Édouard Herriot, « soixante-treize ans, professeur », comme il se présente, en témoin de l'accusation. Ancien président de la Chambre des députés, lui qui déjeunait à Matignon un an

1. Alfred Fabre-Luce, *Le Procès Pétain*, Paris, Éditions de Midi, 1945.
2. « Le procès Pétain », *Journal officiel*, audience du 25 juillet 1945.

plus tôt à peine, pour entrer dans l'ultime combinaison de Laval, fait semblant de l'avoir oublié et vient ici dénoncer la « dictature de Vichy » après avoir condamné l'armistice comme un « acte contre l'honneur ».

L'un des avocats du maréchal, le bâtonnier Payen, lui lit alors l'allocution qu'il prononça le 9 juillet 1940 à Vichy : « Mes chers collègues, si l'on veut bien méditer sur de tels sacrifices, comme on se sent éloigné des passions qui pourraient tendre à se manifester, et comment, alors que le sol français n'est pas libre, ne serions-nous pas contraints de nous imposer à nous-mêmes la discipline la plus rude ? Autour de M. le maréchal Pétain, dans la vénération que son nom inspire à tous, notre nation s'est groupée en sa détresse. Prenons garde de ne pas troubler l'accord qui s'est ainsi établi sous son autorité. »

« Vénération » ! Et pourtant, à cette date, l'armistice était déjà signé…

— Je n'avais aucune prévention contre M. le maréchal Pétain, explique Herriot. J'ai été ministre en même temps que lui. Nos relations ont toujours été correctes, je crois pouvoir même dire courtoises. Il avait sa légende. J'ai désiré y croire. J'ai fait tout le possible pour y croire. J'ai dû renoncer à y croire. Voilà ma réponse…

Le 1er août 1945, Pierre Laval qui, après son séjour en Allemagne, s'était finalement réfugié en Espagne est expulsé vers la France ; le voici appelé à témoigner à son tour. Le 11 août, le maréchal Pétain est condamné à mort et sa peine commuée en prison à perpétuité par le général de Gaulle qui aurait bien préféré que le maréchal ne rentre pas en France. Condamné à mort lui aussi à l'issue de son propre procès, le 9 octobre 1945 après une instruction bâclée, Pierre Laval n'est pas gracié.

— Il a joué, il a perdu, laisse tomber le Général.

Il est fusillé le 15 octobre, après une dramatique tentative de suicide par empoisonnement.

Il fallait en terminer avec ces deux grands procès avant de pouvoir faire campagne pour les élections et le référendum qui se tiennent le même jour, 21 octobre 1945. L'Assemblée consultative s'est séparée au début du mois d'août en définissant les grandes lignes des institutions futures. Reste à les rédiger ; pour cela, les Français doivent élire une « Assemblée constituante ». Mais que va-t-on faire des fantômes de la IIIe République ? Celle-ci est bien morte dans les faits, juridiquement elle existe toujours. Qui peut décider d'y mettre fin ? Le général de Gaulle entend que ce soit non pas l'Assemblée mais le peuple lui-même.

C'est l'objet du référendum. Le Général demande aux Français de répondre à deux questions : veulent-ils que l'Assemblée nouvellement élue soit effectivement « constituante » et veulent-ils que celle-ci soit soumise à la souveraineté populaire ? En d'autres termes, que le peuple ait le dernier mot ? De Gaulle se méfie d'une Assemblée où les partis vont reprendre leur ascendant, alors qu'il tient directement sa légitimité du peuple depuis qu'il est entré dans Paris.

Les partis politiques renaissants, communistes, socialistes et radicaux de différentes obédiences, droite démocrate-chrétienne MRP, sont divisés. Tous répondent « oui » à la première question, « oui » à l'Assemblée constituante, mais les communistes disent « non » à la seconde : eux voudraient une assemblée « omnipotente », ils soupçonnent de Gaulle de rêver d'un plébiscite à la Louis-Napoléon après son coup d'État du 2 décembre. Le soir du 21 octobre 1945, cinq cent vingt-deux députés sont élus en métropole à la représentation proportionnelle départementale : on compte cent cinquante-deux communistes, cent quarante-deux socialistes et cent quarante et un démocrates-chrétiens MRP. Le parti communiste domine. Les socialistes peuvent faire la majorité soit avec les uns, soit avec les autres. Dans le même temps, les Français ont voté deux fois « oui » : à 96 % pour que l'Assemblée soit constituante, à 66 % pour que ses pouvoirs soient limités, contrairement aux consignes du PC. Entre le résultat des élections et le vote au référendum, il existe donc un hiatus, puisque les communistes sont les plus nombreux à la Chambre sans avoir été écoutés au référendum, ce qui sera source de conflit. Cette Assemblée dispose d'un délai de sept mois pour rédiger la Constitution de la nouvelle République.

Première épreuve, elle doit élire le président du Gouvernement provisoire de la République, fonction occupée par le Général. Celui-ci, conformément à la règle, remet sa démission le 6 novembre 1945. Qui peut se présenter contre lui ? Les socialistes et les MRP réclament un gouvernement d'union autour de lui. Les communistes veulent former un gouvernement avec les socialistes et seulement eux. De Gaulle déclare que dans une telle hypothèse, il ne sera pas candidat. La menace fait son effet. Après une semaine de mouvements divers, on se met d'accord pour sa réélection : le 13, il est élu à l'unanimité.

Seconde épreuve, la formation du gouvernement. Dès le lendemain, les communistes remettent leurs revendications sur la table : Maurice Thorez exige que l'Intérieur, la Guerre, les Affaires étrangères soient confiés à des ministres de son parti. De Gaulle refuse. « Je ne leur confierai pas les trois leviers qui commandent la politique étrangère, dit-il à la radio, à savoir la diplomatie qui l'exprime, l'armée qui la soutient, la police qui la couvre. » Crise. Une semaine de surenchères. De Gaulle finit par accorder tout de même aux communistes des ministères économiques. Le 21 novembre 1945 enfin, le Général peut annoncer que « la France a un gouvernement » et Gaston Palewski donne lecture de sa composition : vingt et un membres, y compris son chef, le Général, cinq socialistes, cinq MRP, cinq communistes[1], et cinq gaullistes et modérés, dont Pleven aux Finances, Soustelle aux Colonies et Malraux à l'Information.

— Que faire pour contrôler ces diables de communistes ? demande de Gaulle à Palewski.

— C'est bien simple, répond celui-ci, il faut créer un commissariat au Plan dont le contreseing sera nécessaire pour toutes les mesures économiques.

1. Maurice Thorez, ministre d'État, Charles Tillon, ministre des Armements, François Billoux, ministre de l'Économie nationale, Marcel Paul, ministre de la Production industrielle, Ambroise Croizat, ministre du Travail.

— C'est une bonne idée, mais qui mettre là ?

— Jean Monnet, suggère Palewski[1].

Pendant ce temps, l'Assemblée constituante désigne une commission de la Constitution de quarante-deux membres. Celle-ci se met au travail et décide, le 12 décembre 1945, qu'à la tête du pouvoir exécutif se trouvera bien un président de la République, comme c'est le cas depuis 1848, et qu'à celle du gouvernement, il y aura un président du Conseil. On verra plus tard comment celui-ci sera désigné, par l'Assemblée ou par le président de la République. On a au moins une certitude : le retour d'un président à l'Élysée se rapproche. Mais quand et qui ?

Ce ne sera pas de Gaulle. Les pressentiments qui étaient les siens se transforment en certitudes. Revenus siéger au Palais Bourbon, les députés de la Constituante ont retrouvé les habitudes de l'hémicycle et les partis ont « repris leurs jeux d'antan ». Chef du Gouvernement provisoire, il ne va pas, pour surmonter l'épreuve de chaque scrutin, mettre à répétition le poids de sa démission dans la balance. Le 1er janvier 1946, le vote de la loi de finances n'est pas achevé ; il reste à approuver les crédits de la Défense nationale et la gauche tout entière, communistes, socialistes et radicaux, se met en tête de ne les voter qu'à la condition de les réduire de 20 % ! Provocation d'irresponsables ! Le Général réplique qu'il ne cédera pas. Que l'Assemblée le désavoue, il partira. L'Assemblée vote les crédits, mais lui est décidé à préparer son départ, pour créer un choc salvateur, rompre avec ce passé qui décidément ne passe pas. Pour le moment, il s'éloigne, quitte Paris, marie sa fille Élisabeth au chef d'escadron Alain de Boissieu (de la 2e DB) et prend un peu de repos.

Quand il revient au ministère, l'agitation n'est pas retombée. Cette fois, l'auteur de l'incident en séance à l'Assemblée n'est autre qu'Édouard Herriot. Herriot que le

1. Gaston Palewski, *Mémoires d'action*, *op. cit.*

Général a invité à venir le voir l'année précédente, à qui il a proposé un ministère d'État dans son gouvernement, à qui il a même restitué la Légion d'honneur que l'ancien président de la Chambre des députés avait renvoyée au maréchal Pétain… Un personnage aigri qu'il a trouvé tout « bardé de griefs ». Et quel nouveau reproche lui adresse celui-ci ? D'avoir laissé régulariser les décorations accordées par le général Giraud aux soldats qui avaient obéi aux ordres de l'amiral Darlan contre les Américains à Alger en 1942… Pathétique. « Qu'on puisse dénier au Général le droit d'accomplir ce geste de réconciliation nationale lui est déjà insupportable. Mais que l'offense vienne de ce même Herriot qui, à la veille de la Libération de Paris, discutait avec Pierre Laval et l'ambassadeur d'Allemagne les moyens de lui barrer la route, c'en est trop[1] ! »

— Moi, réplique le Général, je n'ai jamais eu affaire avec Vichy, ni avec l'ennemi, excepté à coups de canon !

Herriot ne rêve que de reconstituer sa bonne vieille IIIe République, de faire élire une Chambre et un Sénat qui nommeraient leurs présidents, puis d'envoyer à l'Élysée un « politique dépourvu de relief » et de fournir « en série des ministères composés d'interchangeables parlementaires[2] »… Le Général n'en peut plus. Cette fois, c'est fini.

Élu à l'unanimité par cette même Assemblée deux mois plus tôt à la présidence du gouvernement, il convoque le Conseil des ministres par surprise le dimanche 20 janvier 1946 à midi. Il accueille chacun, serre les mains, reste debout et déclare, sans autre forme de préparation :

— J'ai décidé de me démettre de mes fonctions. Ma résolution est irrévocable. Je prie M. Vincent Auriol de bien vouloir expédier les affaires courantes…

Stupéfaction parmi les ministres. La nouvelle reste secrète jusqu'au milieu de l'après-midi. Puis Gaston Palewski porte au président de l'Assemblée, Félix Gouin, la lettre de démission du Général et, à son retour, il déclare aux journalistes :

1. Éric Branca, *De Gaulle*, Paris, Éditions Molière, 1999.
2. Charles de Gaulle, *Mémoires de guerre*, t. 3, *Le Salut*, *op. cit.*

— Le général de Gaulle ne démissionne pas, il quitte son poste et cela, irrévocablement.

C'est Alexandre Varenne, député radical du Puy-de-Dôme, ancien adversaire de Pierre Laval, qui va le mieux interpréter le départ du Général dans un éditorial du quotidien qu'il a fondé, *La Montagne* : « Le général de Gaulle, étant choisi par la nation et ses élus pour diriger la politique française, veut en effet la diriger. Il a accepté le contrôle des représentants du pays, mais non pas d'être réduit par eux à un rôle de fantoche. Tout le conflit est là et il ne sera pas aisément résolu[1]. »

Bien vu, en effet. Le Général ne voulait pas d'un « fantoche » à l'Élysée. L'Assemblée va-t-elle en envoyer un ?

On vote le 5 mai 1946 sur le projet de Constitution. De quoi la Constituante élue à la fin du mois d'octobre a-t-elle donc accouché ? D'un gouvernement d'Assemblée, où le pouvoir émane exclusivement de celle-ci, et où le président de la République n'a d'autres pouvoirs que ceux d'inaugurer les chrysanthèmes. On n'y trouve ni la stabilité, ni l'autorité, ni la responsabilité du pouvoir exécutif que réclamait le Général, lequel n'a pas perdu la mémoire ; il n'a pas, ne peut pas oublier juin 1940 : si Albert Lebrun avait eu d'autres pouvoirs, « il ne serait pas resté à Vichy et le maréchal Pétain n'aurait pu être appelé[2] ». Il a suffi que lui, de Gaulle, s'efface pour que l'Assemblée s'arroge toutes les prérogatives. Les communistes ont entraîné la gauche : elle fait campagne pour le « oui » à ce projet de Constitution ; la droite MRP et le Général font savoir qu'ils voteront « non ». Et, surprise totale dans un pays qui n'a jamais voté contre dans un référendum, les « non » l'emportent par 53 %. La gauche est désavouée.

---

1. Cité dans *L'Année politique 1946*, Paris, Éditions du Grand Siècle, 1947.
2. Cité par Jean-Raymond Tournoux, *Carnets secrets de la politique*, Paris, Plon, 1958.

Le mois suivant, on revote ; il faut bien élire une nouvelle Constituante, pour refaire le travail rejeté de la précédente Assemblée. Aux élections, la droite progresse, la gauche recule, mais le rapport de force demeure. Le 16 juin, quinze jours après le scrutin, le général de Gaulle revient dans l'arène ; il prononce un grand discours à Bayeux : « Toute notre histoire, c'est l'alternance des immenses douleurs d'un peuple dispersé et des fécondes grandeurs d'une nation libre groupée autour d'un État fort. » Il insiste : « La nation se retrouve rompue, plus bas qu'elle n'était avant que l'aventure commence. Il suffit d'évoquer cela pour comprendre à quel point il est nécessaire que nos institutions démocratiques nouvelles compensent les effets de notre perpétuelle effervescence politique. »

C'est bien pour cette raison que n'ayant pas voulu être prisonnier de l'« effervescence politique » et de l'oligarchie parlementaire, il a quitté le pouvoir. Les députés vont-ils l'entendre en rédigeant le nouveau texte qui leur est demandé ? Celui-ci est adopté le 13 octobre 1946 ; le résultat de la consultation est le fruit de la lassitude : les « oui » l'ont emporté sur les « non » et les abstentions, mais faiblement[1]. Voici donc la IVe République. Élu par les deux Chambres, ce qui ne change guère de la IIIe, le président de la République n'a qu'un droit de dissolution limité et le gouvernement n'est responsable que devant la Chambre des députés.

Le général de Gaulle, qui voulait tout autre chose, est furieux. D'accord sur ce point avec lui, Léon Blum déclare :

— On sort du provisoire, on entre dans le précaire.

Et l'on revote encore. Pour la sixième fois en un an ! La nouvelle République doit avoir sa Chambre des députés, et un peu plus tard sera élu un « Conseil de la République », nouvelle appellation du Sénat. Les élections législatives ont lieu le 10 novembre 1946. Les communistes progressent, les socialistes reculent, les démocrates-chrétiens ne perdent qu'un

1. Sur vingt-cinq millions d'électeurs inscrits, il y a sept millions huit cent mille abstentions, neuf millions de « oui » et sept millions huit cent mille « non ».

siège[1]. Maurice Thorez présente sa candidature à la tête du gouvernement. Refusée. C'est Léon Blum qui forme le gouvernement : il sera « socialiste homogène ».

Mais on n'a toujours pas de président de la République. Cela ne saurait plus tarder. Le palais de l'Élysée a été remis en état, l'électricité restaurée, les salons repeints, les chaudières réparées, et le mobilier a retrouvé sa place.

L'huissier est déjà là, en habit, avec sa chaîne d'argent, la cravate et le gilet blancs tranchant sur le drap noir. Tout commence par lui. Le palais de l'Élysée, ce n'est pas le président de la République, c'est d'abord l'huissier. Sa tenue de travail journalière est un habit de cérémonie. Il personnifie le service de la République, le protocole et les honneurs. Il dirige le visiteur, le précède et l'introduit auprès des membres du cabinet et du chef de l'État. Il sait tout et ne dit rien. Il est prié de ne pas commettre d'erreur.

Ce jour-là, mardi 12 novembre 1946, c'est-à-dire deux jours après les élections législatives, le premier huissier du palais, Michel Toulvent, vingt-cinq ans de service, accueille à nouveau photographes et journalistes. Il n'y a ni président ni gouvernement à présenter, seulement le palais qui va bientôt pouvoir les recevoir. On lui a demandé de descendre, pour la photo, les marches de l'escalier d'honneur entre les deux rangées de palmettes de bronze qui datent de la grande duchesse Caroline Murat. Il fera le lendemain la première page du *Figaro*[2]. L'architecte en chef Jean Démaret a invité la presse parisienne à une visite exceptionnelle, afin de montrer ce qui a été réalisé. Il fait un froid glacial.

« C'est très joli l'Élysée, écrit le reporter de *Combat*, mais que c'est difficile à chauffer. Il ne faut pas moins de cinq

1. Le PCF obtient 28,2 % des voix (exprimées), le MRP 25,9 %, la SFIO 17,8 %, les modérés (droite) 12,9 % et le RGR (gauche) 11,1 %.

2. Édition du 13 novembre 1946. Même date pour les autres journaux cités.

cents tonnes de charbon pour alimenter les chaudières du palais… » Et comme l'Élysée n'a quasiment pas été chauffé durant les années d'Occupation, explique le journaliste du *Pays*, « le résultat fut désastreux ; des plafonds, les frises tombèrent par morceaux, les tapisseries moisirent[1], les parquets pourrirent ; à l'extérieur, des corniches s'effritèrent, des pierres rongées par l'humidité se fendillèrent. Il a fallu des mois de travail pour remettre l'Élysée en état de recevoir le président. C'est chose faite. On n'a ménagé ni la peinture, ni le vernis, ni la dorure. Des plafonds pendent des lustres à cristaux frais époussetés… Mais le fleuron de l'Élysée, c'est la salle des fêtes où pendent d'énormes bouquets de cristaux : les lustres. Vaste, feutrée, étincelante sous les lumières, elle donne une fière idée de la pompe où peut se complaire un État démocratique… »

Dans *Le Parisien libéré*, Élisabeth Granet garde une impression mêlée : « Les salles d'apparat sont aussi impersonnelles que celles d'un musée. D'un musée d'une remarquable indigence en fait d'objets d'art. De la hideuse marquise (la verrière extérieure) au vestibule qui mène à la grande salle des fêtes surchargée de dorures macmahonesques, d'où s'imbriquent successivement le salon Murat, celui des aides de camp, celui des Ambassadeurs au salon de l'Hémicycle, que de tapisseries, que de lustres, que de vases de Sèvres, surtout ! On a également installé, dans les petits appartements (privés), une cuisine très “trois pièces”, adaptée à la dureté des temps. Car les gigantesques fourneaux des sous-sols ne sont plus d'actualité ni même l'ancienne cuisine particulière du président où trente cuisiniers pouvaient évoluer à l'aise. Tout dépend d'ailleurs du train de vie que voudra mener le futur président. »

« La salle du Conseil des ministres, note pour sa part Jean Griot pour *Le Figaro*, fut la salle de musique de la Pompadour ; elle a reçu des soins particuliers. C'est une belle pièce d'angle, dont les fenêtres donnent sur le parc, un parc qui, au

1. Ce n'est pas tout à fait exact : ces tapisseries avaient été roulées et déménagées pour être préservées.

cœur de Paris, fait songer aux frondaisons de Fontainebleau. L'escalier d'honneur conduit aux appartements privés. Mais là, rien n'a été fait. On attend de connaître les préférences du président. “Il y a de fortes chances, nous dit l'architecte du palais, pour que les appartements soient meublés en Louis XVI : toutes les présidentes qui se sont succédé à l'Élysée ont fait preuve d'un attachement particulier à l'époque prérévolutionnaire.” Doit-on y voir un symbole ? »

Dans le salon des Portraits où se réunira le Conseil des ministres, dès que le président aura été élu, on a soigneusement remis à leur place la table, les chaises des ministres, les fauteuils du président et celui du président du Conseil, mais aussi les candélabres et la pendule d'époque Louis XVI de la cheminée de marbre. Rien n'a changé depuis le précédent Conseil, le soir du 9 juin 1940. C'était pourtant un autre monde.

Épilogue

Retour à l'Élysée

Les chemins de l'Élysée passent encore par Versailles. L'aile du Midi du château, qui était celle des princes du sang, fut le berceau de la IIIe République. Le chef du protocole de la nouvelle République, Jacques Dumaine, y aperçoit le « petit fantôme de M. Thiers » perché dans chaque recoin, « sautillant dans le dédale des intrigues orléanistes ». Des quatorze présidents de la République défunte, douze ont été élus[1] dans le décor monumental hérité de l'Ancien Régime ; le premier de la IVe va l'être au même endroit. La République se trouve toujours à l'aise dans les ors de la vieille monarchie. La dernière fois qu'on y a voté, c'était pour renouveler le mandat d'Albert Lebrun, au mois d'avril 1939. Bientôt huit ans…

L'Élysée est prêt pour accueillir le nouveau président ; Versailles ne l'est pas encore pour l'élire. Dès les premiers jours du mois de janvier 1947, on a convoqué sur place tous les corps de métier : il faut rafraîchir l'hémicycle aux banquettes de cuir pourpre d'une capacité de neuf cents personnes, les deux galeries de la presse et du public, les colonnes de marbre, la tribune… Il faut ajouter des lignes téléphoniques, aménager

1. Depuis Jules Grévy en 1879 ; Thiers a été élu chef du pouvoir exécutif à Bordeaux, et Mac Mahon dans une autre enceinte, celle de l'Opéra royal.

des salons, un appartement pour le futur élu s'il devait passer la nuit au château, prévoir une antenne chirurgicale, une alarme incendie, etc. Et puis, « ranimer la mémoire, c'est réchauffer le site », dit Jacques Dumaine, car il y fait un froid de canard. Il faudra quatre-vingt-dix tonnes de charbon pour chauffer les seules pièces nécessaires à l'élection et à l'accueil des parlementaires. « C'est choquant en temps de pénurie, ajoute Dumaine, moqueur, mais on a toujours dilapidé les ressources publiques à Versailles[1]. » Trois mille gendarmes et policiers sont affectés à la garde du parc et du château, interdits au public.

Le chef de l'État doit être élu par les deux Chambres réunies en Congrès[2], Assemblée nationale et Conseil de la République. Vincent Auriol en rêve, après avoir présidé les deux Assemblées constituantes, la seconde ayant fini par accoucher de la Constitution. Il annonce déjà :

— La conquête de l'Élysée commence par la bataille du Palais Bourbon[3]. D'autres diront que « le cirque commence[4] ». Car le président élu de l'Assemblée nationale sera le candidat naturel à la présidence de la République…

Le mardi 14 janvier 1947, Auriol tremble : c'est le jour du scrutin pour la présidence de l'Assemblée. Il est candidat et il est nerveux. Normalement, tout est bouclé : à lui, socialiste, le Palais Bourbon, en attendant d'aller à l'Élysée, laissant ainsi sa place à un radical (ce sera Herriot), tandis que les communistes devraient avoir la présidence du palais du Luxembourg, où siège le Conseil de la République. Et si cela ne se passait pas comme prévu ? Il a deux concurrents pour l'Assemblée. « Les manœuvres vont se poursuivre », redoute-t-il. Si c'est difficile au Palais Bourbon, alors ce sera plus

1. Jacques Dumaine, *Quai d'Orsay*, *op. cit.*

2. Pour être précis, l'article 29 de la Constitution de 1946 dit « Parlement » pour la réunion des deux Chambres.

3. Vincent Auriol, *Journal du septennat, 1947-1954*, t. 1, *1947*, Paris, Armand Colin, 1970.

4. Olivier Duhamel, *Droit constitutionnel et institutions politiques*, Paris, Le Seuil, 2009.

compliqué encore à Versailles. « S'il n'atteint pas la majorité absolue dès le premier tour de scrutin, au Congrès, il est probable qu'on ne songera plus à lui et qu'alors fleurira la candidature d'Herriot ou de Blum[1]... » Ce que pense Dumaine, il le pense aussi.

C'est pour cela qu'il est si nerveux ce matin alors que le chef du protocole vient l'entretenir des détails du déroulement de l'élection de Versailles. Le grand Dumaine, cinquante ans, droit comme un I, vous regarde légèrement penché en arrière ; toujours caricaturé en redingote, même quand il porte un élégant trois-pièces de coupe anglaise, il est le fils de notre ambassadeur à Vienne au moment de la Grande Guerre, diplomate jusqu'au bout des ongles, pince-sans-rire, persifleur, parfois onctueux, mais fin politique. Il a été nommé à ces fonctions au mois de janvier 1945 par le général de Gaulle, qu'il avait rejoint à Alger, après avoir été en poste à Londres, à Washington et à Rio. Maintenant, ce sont les humeurs massacrantes de son nouvel interlocuteur qu'il essuie.

— Monsieur le président, après l'élection vous...

— Ah, mais taisez-vous, proteste Auriol, superstitieux, allons donc, je ne suis pas élu !

Tout de même, les choses commencent bien : ce 14 janvier, Auriol est élu et bien élu à la présidence de l'Assemblée. Le voilà « présélectionné ». L'épisode suivant doit donc avoir lieu le jeudi 16 à Versailles.

« Douce journée de printemps, note Auriol dans son *Journal du septennat*. Le soleil illumine le palais. » Faute d'essence, la plupart des parlementaires arrivent par le train et se dirigent en procession vers la place d'armes et la cour des princes du château. « On dirait un cortège funèbre », remarque la presse. Dumaine a demandé à Vincent Auriol de revêtir l'habit pour l'occasion. Sous la IIIe, les parlementaires s'habillaient en jaquette chaque fois qu'ils allaient à Versailles. « Non, lui a répondu le candidat à l'Élysée, je viendrai en costume bleu marine et ce sera très bien comme ça. Pour vous faire plaisir,

1. Jacques Dumaine, *Quai d'Orsay*, *op. cit.*

je mettrai quand même une cravate grise. » Là encore, c'est plus par superstition que par défiance à l'égard du protocole. On le verra.

Les élus communistes se réunissent à proximité du château, à l'orchestre du théâtre Montansier, dans ses couleurs bleues et blanches d'origine. Leur intention est connue : ils doivent soutenir Auriol. Une alliance entre communistes et socialistes, pour préparer des contreparties. La tête du gouvernement par exemple.

— Ce n'est pas pour ses beaux yeux qu'on va voter pour Auriol, dit Jacques Duclos, chef du groupe parlementaire du PCF.

C'est vilain. Le pâtissier communiste pourrait être plus aimable à l'endroit du fils de boulanger socialiste : le jeu de mots serait blessant si Vincent Auriol l'avait entendu, lui qui a perdu un œil dans un accident de jeunesse. Mais l'essentiel, ce sont les votes.

Auriol a fait un pointage minutieux des voix qui devraient se porter sur lui. Il est tout près de la majorité absolue. Et l'on votera au scrutin secret, ce qui permettra à une trentaine de voix ralliées, venues de l'autre bord, de faire le geste qui sauve. « La victoire viendra d'Afrique équatoriale et de M. Jules Moch. Onze parlementaires noirs se trouvent en Afrique équatoriale française. Ce sont des amis. Le ministre des Travaux publics a promis qu'un avion spécial leur permettrait d'atteindre Versailles en temps utile. Un député radical se lamente : "Quand je pense que le choix du premier magistrat de l'État va dépendre de onze Nègres tombés du ciel."[1] »

Avant le scrutin, on se restaure. La République des temps difficiles n'a pas prévu de repas, mais un buffet où chacun paie sa part, cent vingt francs, pour trois sandwichs, un chou à la crème et un verre de vin... Vincent Auriol, président de l'Assemblée, est aussi président du Congrès, il a droit à un

1. Georgette Elgey, *La République des illusions, 1945-1951*, Paris, Fayard, 1965.

vrai déjeuner dans ses propres salons avec ses collaborateurs et sa famille. Pendant le repas, un huissier l'informe que l'avion des élus africains s'est bien posé à Orly et que ceux-ci vont pouvoir arriver avant la séance, dont l'ouverture est prévue à 14 heures.

Le nombre des votants, six cents pour l'Assemblée, deux cent quatre-vingt-trois pour le Conseil de la République, est donc de huit cent quatre-vingt-trois ; la majorité absolue est à quatre cent quarante-deux. On passe au vote dans le silence. Auriol a trois concurrents, Champetier de Ribes, démocrate-chrétien MRP, Gasser, radical, et Michel Clemenceau, fils du Tigre, poussé par le Parti républicain de la liberté, de droite. Premier tour : Auriol, quatre cent cinquante-deux voix, dix de plus que la majorité absolue. Comme prévu, comme préparé. Dix voix. Jules Moch et son avion venu d'Afrique ont bien mérité de la IVe République. De la tribune, le vice-président de l'Assemblée, Jacques Duclos, annonce, en insistant sur les liaisons de son accent méridional :

— M. Vincent *Tauriol* ayant obtenu la majorité absolue des suffrages exprimés, je le proclame président de la République française pour sept années à partir de ce jour.

Applaudissements. Hymne national. Le nouvel élu se tenait dans le salon Marengo aménagé à son intention, à proximité de l'hémicycle. C'est là que la bonne nouvelle lui parvient : « Son visage dissymétrique prit une émotion naïve », observe Dumaine qui ne le quitte pas. Léon Blum, président du Conseil depuis un mois, est le premier à l'embrasser. Puis ses petits-enfants, Jean-Paul, huit ans, Jean-Claude, cinq ans, lui sautent affectueusement au cou. « L'instant historique s'imprégnait d'une cordialité familiale[1]. »

Suivent les discours d'usage. Félicitations de Jacques Duclos, de Léon Blum, remerciements du nouvel élu. « Larmoyants », juge Dumaine. Mais avec des pointes d'humour qui n'échappent à personne : « Je ne resterai pas cloîtré dans la maison où vous allez m'emmener, dit Auriol. Ayant été en

1. Jacques Dumaine, *Quai d'Orsay*, *op. cit.*

prison, je saurai faire des “trous dans le mur” pour rester en contact, non seulement avec les Assemblées parlementaires, mais aussi avec notre peuple admirable... »

Nouveau cortège dans la galerie des Bustes, préparation de la voiture présidentielle et de l'escorte, dans la cour pavée. Entre-temps, Vincent Auriol a changé de costume, il a revêtu son habit de président de la République, cravate blanche, gilet, queue-de-pie. Il prend son vieux camarade Léon Blum avec lui pour bavarder en voiture durant la quarantaine de minutes du parcours qui doit le conduire à l'Élysée.

— Vous devriez conserver vos fonctions, lui dit le président, vous avez toutes les qualités pour mériter la confiance du peuple et des élus...

— Hélas non, répond Blum, les communistes me dénoncent déjà comme leur ennemi numéro un ; je ne pourrai donc pas constituer un cabinet de coalition[1].

À la porte Dauphine, l'escorte motocycliste s'efface ; la cavalerie de la garde républicaine prend le relais et le cortège remonte l'ancienne avenue du Bois rebaptisée avenue Foch après l'autre guerre. La IVe République reprend la tradition de la République précédente. Étoile, Champs-Élysées. Il est 18 h 30 quand, devant le palais, une foule chaleureuse salue le nouvel élu. Dans la cour, un escadron de la garde et sa musique rendent les honneurs.

« Tout est triste dans cette maison, même *La Marseillaise* ne l'anime pas », pense Auriol en descendant de sa voiture. Dumaine emploie le mot « léthargique » pour résumer son impression du palais, après toutes ces années.

Le président s'avance, salue les gardes républicains et le drapeau, saisit le rouge de l'étamine nationale pour l'embrasser. Puis il entre dans le palais. Il y a là deux vieux huissiers pour lui indiquer ce que Dumaine appelle « les rites et la digne cadence » du pouvoir présidentiel : « Nul n'osait se dissiper devant leur onctueuse assurance[2]. »

1. Vincent Auriol, *Journal du septennat*, *op. cit.*
2. Jacques Dumaine, *Quai d'Orsay*, *op. cit.*

Alors, se souviendra Auriol dans son *Journal du septennat*, « le grand chancelier[1] me passe au cou le grand collier de la Légion d'honneur en me disant : "Nous vous reconnaissons comme grand maître de notre ordre." C'est tout – c'est froid », commente le président qui ajoute : « Si j'arrive au terme de mon mandat, je ferai procéder à l'investiture du chef de l'État avec toute la solennité et l'éclat dus à l'autorité suprême de la nation. »

Jacques Dumaine, qui fait, seul, le tour du palais, en réfléchissant aux futures obligations du chef de l'État, est frappé par le silence qui règne : « Le silence ne pouvait paraître plus pesant, la solitude, à cent mètres des Champs-Élysées, plus complète. J'ai compris l'angoisse d'étouffement qui étreignit certains présidents, Casimir-Périer, Poincaré, l'exclamation désolée du premier regardant la pièce d'eau du jardin : "Il va falloir pendant sept ans tourner autour de ce bidet", les notes quotidiennes rageusement écrites par le second que dévorait son besoin d'activité. J'ai compris aussi la nécessité du cérémonial absurde dont on a entouré le chef de l'État jusqu'en 1940 ; il fallait combattre la torpeur, l'ankylose, empêcher ces boudoirs d'être une nécropole[2]. »

S'il ne l'a pas vécu, Auriol l'a deviné. Dans ses souvenirs et projets politiques[3], il écrit : « Le président, sous la IIIe, n'était qu'un maître de cérémonie, jovial ou triste, selon son tempérament. Il retardait toujours sur son siècle, surtout dans le domaine social. Cloîtré dans son palais, chambré par ses entourages, il ne recevait les souffles de la nation qu'à travers ses fenêtres tamisées ou les feuilles des journaux. Sous la IIIe, le président du Conseil a absorbé tous les pouvoirs. Dans l'avenir, le chef réel devra être le président de la République. »

1. Il s'agit du général Paul Dassault, frère de Marcel Dassault, qui a été l'un des chefs de la Résistance à Paris. Quand de Gaulle a fait de Koenig le gouverneur militaire de la capitale, il a nommé, à titre provisoire, Paul Dassault grand chancelier de la Légion d'honneur, nomination confirmée ensuite par Maurice Thorez, ministre d'État.
2. Jacques Dumaine, *Quai d'Orsay*, *op. cit.*
3. Vincent Auriol, *Hier, demain*, Paris, Éditions Charlot, 1945.

Cette froide journée du 16 janvier 1947 se termine par une lettre sans surprise : celle que lui remet Léon Blum pour le prier d'accepter sa démission de chef du gouvernement. La page se tourne. Fini les Gouvernements provisoires de la Libération. Il y en aura eu six, trois dirigés par le Général, les trois autres par Félix Gouin, Georges Bidault, puis Léon Blum. Maintenant, il y a un président de la République.

La lettre de démission de Blum est bien plus que l'acte officiel de la transmission des pouvoirs dans le cadre d'institutions désormais régulières ; dans la sécheresse de son contenu, elle camoufle l'émotion d'une longue et fidèle camaraderie politique qui ne se prolongera pas au pouvoir. Blum était le guide, le mentor, l'aîné de Vincent Auriol au parti socialiste. À l'Assemblée, ils siégeaient côte à côte sur le même banc. Blum a été le président du Conseil d'Auriol, le premier à l'avoir fait entrer au gouvernement, à l'avoir nommé aux fonctions prestigieuses de ministre des Finances.

Né à Revel, Haute-Garonne, en août 1884, Auriol avait fait des études de droit à Toulouse pour devenir avocat ; étudiant, il était déjà « républicain », comme on disait, voie de passage vers les courants socialistes, ceux de Jaurès et de Jules Guesde. Il avait été élu délégué par la fédération socialiste de son département, avait fondé le journal *Le Midi socialiste*, s'était marié dans le parti, en 1912, puisque son beau-père était également un ponte du socialisme local.

Au printemps 1914, il s'était présenté aux législatives, dans ses terres natales, et avait été élu député contre le sortant radical, grâce à des voix venues de la droite modérée. Le 31 juillet 1914, trois semaines avant son trentième anniversaire, Jaurès, son héros, était assassiné. L'Allemagne venait de « jeter les dés de fer ». La République appelait à la mobilisation générale ; serait-elle capable de tenir le choc ? « L'ennemi voyait la France en révolution. Les agences allemandes répandaient le bruit que Paris était à feu et à sang et que le drapeau rouge flottait sur l'Élysée[1]. » Pure illusion. Vincent Auriol avait veillé sur la dépouille mortelle de Jaurès le pacifiste, mais il avait aussi rejoint, comme ses camarades socialistes, l'union nationale dans la guerre. Et puis, après les élections de 1924, le cartel des gauches, qui avait obtenu la majorité, le portait à la présidence de la commission des finances à l'Assemblée. C'est ainsi qu'il avait préparé l'unité d'action avec la gauche communiste, laquelle allait conduire à la victoire du Front populaire aux élections de 1936.

Ministre des Finances, il avait dévalué le franc pour stimuler l'économie, tout en restant un militant de choc : « Les banques, je les ferme, disait-il, les banquiers, je les enferme. » Un an après, en 1937, Chautemps le nommait à la Justice, où il s'empressait de poursuivre les agissements de la Cagoule. Il n'était pas entré dans le cabinet Daladier, en 1938, mais il avait voté pour lui, avant de dénoncer les accords de Munich. À l'été 1939, il avait voté les crédits militaires, c'est-à-dire la guerre à l'Allemagne hitlérienne. Puis, comme Blum, il avait refusé les pleins pouvoirs au maréchal, le 10 juillet 1940.

Il avait aussitôt été arrêté, dès la fin du mois de septembre 1940, mais pour quel autre motif que le délit d'opinion ? Le régime de Vichy se vengeait en l'internant dans l'attente d'un procès qui ne vint pas, et dut finalement l'élargir au mois de mars 1941. Il était rentré chez lui, à Muret, puis, conscient des risques, il avait rejoint la clandestinité d'abord, le général de Gaulle, à Londres et à Alger, ensuite. Nommé ministre d'État, chargé des relations avec le Parlement, par le Général dans son gouvernement du 21 novembre 1945, il devait plus tard présider les deux Assemblées constituantes successives en y gagnant la réputation de « conciliateur ». Réputation qui allait finalement le conduire à l'Élysée.

Pendant ce temps, Blum, lui aussi arrêté par Vichy, a été envoyé dans les camps de concentration allemands, les pires, Buchenwald puis Dachau. Libéré en avril 1945 par les armées

1. Jacques Bainville, *La IIIe République*, Paris, Fayard, 1940.

alliées, il est rentré en France physiquement épuisé mais avec une autorité morale intacte. Et c'est Auriol qui a eu l'idée de lui confier, au mois de décembre 1946, la présidence du Gouvernement provisoire. Un mois après, le plus jeune est passé devant l'aîné et, désormais, Léon Blum ne dirigerait plus aucun gouvernement, ne ferait même plus partie d'aucun d'entre eux.

Le premier jour, le président de la République n'est resté qu'une heure au palais. Ses appartements privés n'étaient pas tout à fait terminés ; il a préféré retourner passer la nuit à l'hôtel de Lassay, siège de la présidence de l'Assemblée. Le lendemain, accompagné par son épouse, Michèle, il inaugure vraiment son bureau, dans l'aile est de l'Élysée qui était déjà celle occupée par ses prédécesseurs de la IIIe République. Il y retrouve le mobilier et le cadre qui furent ceux de Poincaré et de Lebrun, s'annexe en supplément le charmant salon d'Argent, bien connu de Félix Faure, qui a l'avantage de disposer, dissimulé à l'arrière, d'un escalier conduisant aux appartements privés, à l'étage au-dessus : il pourra ainsi, lui qui est un lève-tôt, descendre de sa chambre dans son bureau pour prendre connaissance des journaux et des dépêches sans déranger personne.

Le personnel de l'intendance remarque aussi qu'il a fait le tour de la cave. Quelle misère ! Il donne des instructions pour la reconstituer.

À son bureau, il ouvre son grand agenda Hermès, note à la main ses premiers rendez-vous : Paul Ramadier, son vieil ami, qu'il charge de former le gouvernement ; Robert Schuman, l'ancien ministre des Finances MRP, qu'il sonde sur ses intentions ; Henri Viguier, son ancien chef de cabinet à la présidence de l'Assemblée constituante, dont il apprécie les jugements politiques… À la date du dimanche 19 janvier, il inscrit comme un rappel à l'ordre – à moins que ce ne soit un aide-mémoire pour ses futurs souvenirs : « Lettre désignant

Ramadier »... Et pour se convaincre qu'il doit exercer tous les pouvoirs que lui confère la Constitution, même s'ils sont faibles, il résume sur le papier ce qu'ont été les présidences sous le régime précédent : « Quatorze présidents, quatre ont effectué leur mandat en entier, sept ont démissionné, trois sont morts de mort violente » – deux ont effectivement été assassinés (Sadi Carnot et Paul Doumer), mais le troisième n'est mort que d'une crise cardiaque (Félix Faure)[1]. Fragiles destinées !

Pour les journalistes qu'il reçoit dès le 20 janvier, il fait le compte des crises et des gouvernements sous la IIIe : quatre-vingt-dix-huit crises ministérielles, quatre-vingt-dix-huit gouvernements en soixante-cinq ans, huit gouvernements qui n'ont duré qu'un seul jour ! Même Léon Blum en a fait l'expérience : il a gouverné un an avec le Front populaire, en 1936-1937, puis un mois en 1937... Comment faire pour que cela ne recommence pas ? Il faut un chef. Au-dessus de la mêlée, ce doit être lui, le président de la République et, aux manettes, ce sera le président du Conseil, qu'il nomme, mais qui est responsable devant l'Assemblée. « Sans doute, croit-il devoir dire quand même, des crises seront encore possibles ; mais comme sont possibles les déraillements et les tamponnements malgré le bon état des voies ferrées. La faute en sera non à la machine, mais aux mécaniciens[2]... »

Il réorganise le cabinet de la présidence. Instruction : « économie de moyens, unité de direction et concentration ». Mais il veut une maison civile aussi solide que la maison militaire. Comme secrétaire général de la présidence, il installe dans le bureau à côté du sien Jean Forgeot, inspecteur des finances, son principal collaborateur à la présidence de l'Assemblée. Il aura un adjoint, Paul Auriol, son fils, né en 1918. Puis, dans les bureaux suivants de la même aile, où les présidents de la IIIe avaient leurs salons d'audience et ceux des officiers de la maison, prennent place le directeur de cabinet, Jacques

1. Voir la reproduction de ce document en annexe.
2. Vincent Auriol, *Journal du septennat*, *op. cit.*

Kosciusko-Morizet[1], ancien élève de Normale, son adjoint, Émile Cartayrade, receveur-percepteur de l'Assistance publique, et le général Paul Grossin, chef de la maison militaire, assisté par trois aides de camp. Autour d'eux des chargés de mission dont les attributions correspondent à celles des ministères. La chapelle de l'Élysée, intacte depuis Napoléon III bien que rarement entretenue et encore plus rarement utilisée, sera transformée en bureaux. Et bientôt, avec le personnel de sécurité et de service, il y aura plus de trois cents personnes, cent de plus que sous Lebrun.

Le président de la République multiplie volontiers les visites protocolaires et même celles qui ne le sont pas : hôpitaux, quartiers de banlieue, Hôtel de Ville, palais du Luxembourg, bal de l'École normale. Il reçoit le corps diplomatique, les autorités religieuses… Jacques Dumaine vient le voir un dimanche matin, en tête à tête, pour lui parler de protocole :

— Monsieur le président, tente le prudent diplomate, il serait conforme à la tradition que vous vous déplaciez en visite officielle en portant le haut-de-forme…

Ah, le haut-de-forme ! Auriol n'aime pas ça. Cela ne va pas avec la « simplicité » qu'il entend affirmer partout…

— Ce n'est pas l'habit qui fait la dignité ! dit-il. Gardez votre haut-de-forme, je ne peux pas souffrir cet instrument. En tout cas, je demande dès aujourd'hui la suppression de l'aurige.

— L'aurige ? demande Dumaine

— Oui, cet inspecteur de police en grande tenue, juché sur une jeep, tenant un fanion tricolore, précédant de cent mètres la voiture du président, tourné vers lui ; je ne connais rien de si ridicule ! Même pour mes déplacements en ville, pas de cortège, une voiture de sécurité… Mais par contre, le 14 Juillet, ou pour fêter la libération de Paris ainsi que pour de grandes cérémonies nationales, alors prévoyez la garde républicaine à cheval avec trompettes et musique : le plus grand apparat possible…

1. Grand-père de Nathalie Kosciusko-Morizet, ministre sous la présidence de Nicolas Sarkozy.

Plus d'« aurige », mais en revanche un garde républicain, spécialement sélectionné par le secrétaire général militaire de la présidence, couche devant la porte des appartements du chef de l'État et de sa famille : on a prévu un lit-cage, couvert durant la journée par une housse à fleurs. La sécurité a été partout renforcée : policiers, gardes républicains, pompiers. Le vitrage des fenêtres du bureau du président de la République sera même blindé[1].

Il a donc nommé Paul Ramadier, mais, conformément à la Constitution, celui-ci doit être confirmé par un vote de l'Assemblée. Ramadier, c'est son camarade de parti – il a adhéré quand il avait seize ans –, son camarade du Sud-Ouest – il a été élu député de l'Aveyron en 1928 –, son camarade de gouvernement – ils sont entrés tous deux en même temps dans l'équipe ministérielle formée par Léon Blum en 1936. Lui aussi a voté contre les pleins pouvoirs au maréchal Pétain, et le général de Gaulle l'a récompensé de ses faits de Résistance en le nommant ministre du Ravitaillement. Il a toutes les qualités pour conduire le premier gouvernement de cette République toute neuve : travailleur, il l'est au point de ne dormir que quatre heures par nuit ; compatible, il l'est avec la gauche grâce à la franc-maçonnerie, avec la droite à cause de ses décorations militaires. Il n'y a que sa réputation qui fasse rire : *Le Canard enchaîné* a eu tôt fait de le surnommer « Ramadiète » quand ce n'est pas « Ramadan ».

Le 21 janvier 1947, cinq jours après l'entrée de Vincent Auriol à l'Élysée, il est investi à l'unanimité, par cinq cent quarante-neuf voix, et son ministère est prêt le lendemain soir. Il a pris exemple sur le général de Gaulle : vingt-cinq ministres et un dosage équilibré de toutes les sensibilités, à commencer par les communistes qui sont quatre en plus de Maurice Thorez, vice-président et ministre d'État ; on y trouve côte à côte socia-

1. Le 25 novembre 1948. Archives nationales.

listes, radicaux, centristes MRP et indépendants. Le plus jeune ministre, trente ans, est chargé des Anciens Combattants et Victimes de guerre, il s'appelle François Mitterrand. Pour se faire bien voir des députés, Ramadier soumet ce gouvernement à leur vote, le 28 janvier : il ne lui manque que douze voix pour obtenir une deuxième fois l'unanimité des votants.

Le lendemain 29, Vincent Auriol préside son premier Conseil des ministres. Un mercredi, comme actuellement, mais c'est un hasard, pas une décision de sa part : cela tient au seul fait que le vote définitif des députés s'est déroulé la veille. Les Conseils se tiendront non à date fixe, mais au jour de la semaine correspondant aux impératifs du calendrier parlementaire. Le président de la République les préside soit dans le salon des Portraits, comme sous Lebrun, soit dans le salon de l'Hémicycle, l'actuel salon Pompadour.

De ce premier Conseil, on n'a retenu qu'une anecdote, significative. À un moment des débats, Jules Moch demande la parole :

— Tu sais, Vincent, je pense que...

Sur quoi Auriol reprend :

— Je me permettrai de faire observer à monsieur le ministre des Travaux publics que[1]...

Ainsi, Vincent Auriol s'installe dans son rôle. La camaraderie n'a pas lieu d'être dans un Conseil des ministres. À Jacques Dumaine, il confie :

— Je vais avoir à pratiquer un métier de confessionnal. Je n'agirai pas en médiateur et me bornerai à donner des conseils mais qui auront leur poids. Ah, bien sûr, il faudra que j'aie du sang-froid et une juste réserve. Mais je finirai bien par faire écouter mon diagnostic présidentiel[2].

En ce début d'année 1947, la France va mal. Le pays n'a pas encore retrouvé la production qui était la sienne en 1938 ; il lui manque du charbon, de l'électricité, des machines ; la production industrielle décline. Tout est rationné, le pain (deux

1. Georgette Elgey, *La République des illusions*, *op. cit.*
2. Jacques Dumaine, *Quai d'Orsay*, *op. cit.*

cents grammes par personne et par jour), la viande (trois cents grammes par semaine), comme le vin, les légumes ou le poisson. Les prix des denrées étant fixés par décret, le gouvernement décide une baisse systématique. Il maintient la semaine légale de travail à quarante heures par semaine, les quarante heures du Front populaire, mais la « semaine normale » de travail est portée à quarante-huit heures, même pour les fonctionnaires. Or ceux-ci étaient près de sept cent mille en 1936 et depuis, leur nombre a doublé : le gouvernement s'engage à réduire les effectifs de cinquante mille postes. Ou bien ce sera la baisse des salaires – dont les syndicats ne veulent pas.

Alors, comme il l'a dit, Auriol « confesse » Ramadier. Il lui écrit des notes, l'appelle en consultation.

— Un grand malaise règne dans le pays…

Moins de deux ans après tous les espoirs nés de la Libération ! Auriol pointe les « discussions sans efficacité » au sein du gouvernement, même durant les Conseils des ministres, les « désaccords fondamentaux », l'« absence de réaction gouvernementale » aux événements d'actualité qui surprennent l'opinion. Il accuse « la presse de droite de conduire des campagnes pessimistes », la radio aussi, qui « aggrave le désordre des esprits » et se laisse aller à « affoler l'opinion » alors qu'elle est contrôlée par l'État :

— Des journalistes anarchisants s'emploient à cette besogne contre le gouvernement qui les recrute.

À son camarade Ramadier, Auriol recommande un principe d'action : annoncer une décision, mais l'exécuter le même jour – pour ne pas avoir à supporter la critique avant même d'avoir pu agir.

— Affirmer fermeté, volonté, autorité[1].

Le chantier des institutions reste entier. Tout est à construire. Ce gouvernement comporte un vice originel qu'il

1. Vincent Auriol, *Journal du septennat, op. cit.*, à la date du 17 février 1947.

va falloir traiter : l'opposition qui agite l'opinion publique ne vient pas des anarchistes ou de la droite, mais bien du sein même du cabinet. Les communistes, qui la manifestent publiquement dès le mois de mars 1947, deux mois à peine après la constitution du gouvernement, s'abstiennent, par défiance, lors du vote des crédits militaires permettant de soutenir l'action de nos armées en Indochine où le Vietminh vient de se soulever contre la présence française.

— Si vous maintenez votre abstention, leur dit Ramadier, vous ramènerez la politique française à cette opposition fondamentale entre communisme et anticommunisme que nous avions tout fait pour éviter. Nous ne pouvons continuer que dans la franchise et la netteté.

Six semaines plus tard, le désaccord portera sur la politique économique. L'inéluctable se produit : les ministres communistes sont expulsés du gouvernement le 7 mai. La voilà, la « fermeté » ! La popularité de Ramadier monte en flèche. « Chacun, observe Dumaine, veut être le premier à révéler ses qualités qui sont d'ailleurs très visibles : les épaules pesantes, les larges pieds dandinant, le regard malicieusement myope affirment, malgré la timidité, l'équilibre calme et lent du président du Conseil[1]. »

C'est alors, comme s'il se sentait assuré de sa solidité politique et de disposer d'un gouvernement durable, que Vincent Auriol s'engage dans un autre chantier, la rénovation, le rajeunissement de l'Élysée. Les plus grands travaux depuis un demi-siècle, depuis Jules Grévy et Sadi Carnot. Le 15 mars 1947, il convoque l'architecte en chef de la présidence – c'est toujours Jean Démaret – pour lui faire part de son projet. Un projet médité avec son épouse, Michèle, qui a un véritable goût pour la décoration et ne songe qu'à donner de la vie et de la lumière à ce palais.

L'idée consiste à supprimer la « hideuse » galerie extérieure, sorte de serre de verre et de métal, qui l'encombre côté cour d'honneur, laquelle sert trois ou quatre fois par an

1. Jacques Dumaine, *Quai d'Orsay*, *op. cit.*

de vestiaire des invités, et se poursuit côté jardin par une « marquise » sous la forme d'une verrière. Il faut revenir à la pureté architecturale du bâtiment construit en 1720 : suppression de l'horloge voulue par Jules Grévy dans le fronton, rebouchage des fenêtres ouvertes sous le Second Empire de part et d'autre de la fenêtre centrale, remplacement des lampadaires en fonte qui datent de Napoléon III par des lanternes en fer forgé ; avec cela, rétablissement des perrons anciens, restauration du vestibule dans son apparence primitive et création d'un nouveau vestiaire[1].

— Ici, dit le président à Démaret, vous savez que l'on n'a pas le temps. Il faut commencer au plus tôt. Préparez-moi un plan et un devis.

Le 5 juin, Auriol approuve le plan de l'architecte Musetti qui travaille avec Démaret. Les travaux commenceront le samedi 19 juillet, dès le départ du président de la République pour le château de Rambouillet, sa résidence d'été, où il va continuer de travailler, de recevoir en audience et même de tenir des Conseils des ministres. Les façades du palais sont couvertes d'échafaudages durant l'été. En même temps, le président et son épouse font venir les créateurs contemporains, Jules Leleu, Jallot, la maison de décoration Dominique, pour rafraîchir la salle à manger, le salon des Paysages, l'antichambre du premier étage du bâtiment central ; Mme Auriol confie à Colette Guéden la transformation de trois pièces des appartements privés, au premier étage de l'aile est.

Le 1er octobre, Démaret écrit fièrement dans une note de remise des travaux : « Paré d'une nouvelle jeunesse, dans toute la splendeur de sa restauration, le palais de l'Élysée est prêt à recevoir dans quelques jours le régent de Belgique, première visite officielle d'un souverain étranger en France depuis la Libération[2]. » Cette visite n'aura pas lieu, parce que la France

1. Celui-ci fonctionne toujours. Construit en sous-sol, il a fait disparaître la partie en hémicycle de l'actuel salon Pompadour.
2. Archives nationales, 4 AG 637.

est prise en otage par des grèves à répétition dans la plupart des secteurs de l'économie. Mais cela n'empêche pas Vincent Auriol d'offrir un « lunch », le 15 octobre 1947, aux ouvriers et entrepreneurs qui ont participé à la démolition de la verrière de l'Élysée et à l'embellissement des façades.

— C'était horrible, observe-t-il en les félicitant. À l'heure présente, le palais se présente comme il était à l'époque de sa construction.

Le palais est sorti de sa léthargie. Il a chassé ses fantômes des années noires. Mais la République n'en a pas fini avec les siens. Le 19 novembre, Ramadier, le travailleur dévoué à la démarche lente et aux épaules larges, prévient ses ministres que l'on se trouve « à la veille d'une situation révolutionnaire » – les communistes ont appelé à la grève générale. Le soir même, n'ayant plus la confiance de l'Assemblée, il présente sa démission au président de la République. Il aura gouverné un peu plus de neuf mois.

La journée de cette démission aura été « épuisante », note Vincent Auriol dans son journal. Épuisante et surtout désespérante : lui qui voulait tant avoir un vrai chef à la tête d'un gouvernement stable, c'est raté. Il en sera ainsi pendant les six années qui lui restent jusqu'à la fin de son septennat : il devra présider treize gouvernements, soit une moyenne de deux par an ! « La République des gouvernements semestriels », ironisera Edgar Faure.

Dumaine l'avait écrit le jour même de son entrée à l'Élysée : « Le désenchantement aura été dans ce palais le frère puîné de la convoitise[1]. »

1. Jacques Dumaine, *Quai d'Orsay*, *op. cit.*

ANNEXES

L'Élysée sous la présidence d'Albert Lebrun
(1932-1940)

Maison civile

André Magre : secrétaire général.
René Ferry : directeur de cabinet.
Oswald Durand : directeur adjoint.
Antoine Ottavy : sous-directeur de cabinet.
René Serre : sous-directeur de cabinet.
Georges Huisman : attaché de cabinet.

Maison militaire

Général de division Braconnier : secrétaire général et chef de la maison militaire.

Colonel Marsaud, colonel Stoffel, capitaine de frégate Krantz, lieutenant-colonel Méric de Bellefon, lieutenant-colonel Chaussedolle, lieutenant-colonel Tassin, lieutenant-colonel Soude.

Colonel de gendarmerie Brosse : commandant militaire.

Médecin capitaine Sautriau : service médical du palais.

Personnel militaire adjoint

Secrétariat : 1 officier et 18 sous-officiers.

Détachement cycliste de la garde républicaine : 1 chef et 15 gardes.

Service automobile : 4 mécaniciens.

Service des écuries (jusqu'à élimination progressive et remplacement par des véhicules auto) : 1 adjudant-chef porte-fanion, 10 gardes et soldats.

Poste d'honneur de la garde républicaine : 1 lieutenant chef de poste, 1 sous-officier, 2 brigadiers, 1 clairon ou tambour, 25 hommes.

Permanence des sapeurs-pompiers : 1 caporal, 2 sapeurs.

Personnel civil

Maison privée du président : 1 maître d'hôtel, 12 valets de pied et huissiers, 1 chef cuisinier et trois aides, 1 argentier, 1 garçon d'office.

Personnel civil des administrations

Conservation (administration des Beaux-Arts) : 1 chef du service intérieur, 1 surveillant-chef, 17 portiers et hommes de service.

Service de surveillance : 1 adjudant, 3 surveillants militaires, 3 gardes.

Service des ateliers : tapissier, lustrier, ébéniste, électricien, lingère, chauffeur de calorifère, auxiliaires.

Sûreté (préfecture de Police)

1 commissaire divisionnaire directeur, 1 commissaire principal,

2 commissaires de police, 2 inspecteurs principaux, 6 brigadiers, 6 inspecteurs, 2 mécaniciens.

Service d'architecture (direction des Beaux-Arts)

1 architecte en chef des palais nationaux, 1 architecte adjoint, 1 gardien d'agence des travaux, 5 jardiniers, 1 serrurier, 1 fumiste, 1 menuisier, 2 électriciens.

Total des effectifs, civils et militaires : 188.

Gouvernement de Paul Reynaud

(Journal officiel du 23 mars 1940)

Présidence du Conseil, Affaires étrangères : Paul Reynaud, député (Alliance des républicains de gauche).

Vice-président du Conseil : Camille Chautemps, sénateur (Gauche démocratique).

Défense nationale et Guerre : Édouard Daladier, député (radical-socialiste).

Marine militaire : César Campinchi, député (radical-socialiste).

Air : Laurent Eynac, sénateur (Gauche démocratique).

Armement : Raoul Dautry, non-parlementaire.

Blocus : Georges Monnet, député (socialiste SFIO).

Finances : Lucien Lamoureux, député (radical-socialiste).

Informations : Ludovic-Oscar Frossard, député (Union socialiste et républicaine).

Intérieur : Henri Roy, sénateur (Gauche démocratique).

Justice : Albert Sérol, député (socialiste SFIO).

Commerce et Industrie : Louis Rollin, député (Alliance des républicains de gauche).

Agriculture : Paul Thellier, député (Alliance des républicains de gauche).

Marine marchande : Alphonse Rio, sénateur (Gauche démocratique).

Colonies : Georges Mandel, député (républicain indépendant).

Transmissions : Jules Julien, député (radical-socialiste).

Travaux publics et Communications : Anatole de Monzie, député (Union socialiste et républicaine).

Éducation nationale : Albert Sarraut, sénateur (Gauche démocratique).

Travail : Charles Pomaret, député (Union socialiste et républicaine).

Santé publique : Marcel Héraud, député (républicain indépendant).

Pensions : Albert Rivière, député (socialiste SFIO).

Le président du Conseil précise que ce gouvernement est « composé d'autant de membres que le cabinet de guerre de Clemenceau ». Il est également constitué un comité de guerre comprenant le président du Conseil, le vice-président du Conseil, les ministres de la Défense nationale, des Finances, des Colonies, du Blocus et de l'Armement.

Premier remaniement

(communiqué officiel du 19 mai 1940)

Paul Reynaud, président du Conseil, devient également ministre de la Défense nationale et de la Guerre.

Sont nommés ministre d'État, vice-président du Conseil, le maréchal Pétain ; ministre des Affaires étrangères, Édouard Daladier ; ministre de l'Intérieur, Georges Mandel ; ministre des Colonies, Louis Rollin ; ministre des Finances, Léon Baréty.

Second remaniement

(communiqué officiel du 6 juin 1940)

Paul Reynaud, président du conseil, devient ministre des Affaires étrangères et ministre de la Défense nationale. Il sera assisté aux Affaires étrangères par Paul Baudouin et à la Défense nationale par le général de Gaulle.

Yves Bouthillier, secrétaire général du ministère des Finances, devient ministre des Finances.

Georges Pernot devient ministre de la Famille française ; Jean Prouvost ministre de l'Information ; M. Frossard ministre des Travaux publics ; Yvon Delbos ministre de l'Éducation nationale.

M. Reynaud a complété le remaniement de son gouvernement par la désignation de M. Albert Chichery, député de l'Indre, comme ministre du Commerce.

Gouvernement du maréchal Pétain

(Journal officiel de l'État français *du 13 juillet 1940)*

Vice-président du Conseil : Pierre Laval.
Justice : Raphaël Alibert.
Intérieur : Adrien Marquet.
Affaires étrangères : Paul Baudouin.
Finances : Yves Bouthillier.
Défense nationale : général Weygand.
Instruction publique, Beaux-Arts : Émile Mireaux.
Jeunesse et Famille : Jean Ybarnegaray.
Agriculture, Ravitaillement : Pierre Caziot.
Production industrielle, Travail : René Belin.
Communications : François Piétri.
Colonies : Henry Lémery.

Secrétaires d'État
Guerre : général Colson.
Marine : amiral Darlan.
Aviation : général Pujo.

Gouvernement de l'amiral Darlan

(25 février 1941)

Vice-président du Conseil, ministre des Affaires étrangères, de la Marine, de l'Intérieur : amiral Darlan.

Ministres

Guerre : général Huntziger.
Justice : Joseph Barthélemy.
Économie et Finances : Yves Bouthillier.
Agriculture : Pierre Caziot.

Secrétaires d'État

Aviation : général Bergeret.
Famille et Santé : Jacques Chevalier.
Éducation nationale et Jeunesse : Jérôme Carcopino.
Ravitaillement : Jean-Louis Achard.
Production industrielle : Pierre Pucheu.
Travail : René Belin.
Communications : Jean Berthelot.
Colonies : amiral Platon.
Équipement national : François Lehideux.
Délégué aux Relations économiques franco-allemandes : Jacques Barnaud.

Gouvernement de Pierre Laval
(18 avril 1942-17 août 1944)

Chef du gouvernement, ministre de l'Intérieur, des Affaires étrangères et de l'Information : Pierre Laval.

Ministre d'État : Lucien Romier.

Ministres
Justice : Joseph Barthélemy.
Finances : Pierre Cathala.
Agriculture et Ravitaillement : Jacques Le Roy Ladurie.
Éducation nationale : Abel Bonnard.

Secrétaires d'État
Guerre : général Bridoux.
Marine : amiral Auphan.
Travail : Hubert Lagardelle.
Communications : Robert Gibrat.
Agriculture : Max Bonnafous.
Colonies : gouverneur général Brévié.
Famille et Santé : Dr Grassey.

Secrétaires d'État auprès du chef du gouvernement : Fernand de Brinon ; contre-amiral Platon ; Jacques Benoist-Méchin.

Secrétaire d'État à l'Information : Paul Marion.

Cabinet du général de Gaulle

(ministère de la Guerre, au 1er septembre 1944)

Cabinet civil

Directeur de cabinet : Gaston Palewski.

Directeurs adjoints du cabinet : Geoffroy de Courcel ; René Brouillet.

Chargés de mission : Étienne Burin des Roziers (Affaires étrangères) ; Jean Donnedieu de Vabres (Justice) ; Georges Pompidou (Information), etc.

Cabinet militaire

Amiral Ortoli, lieutenant-colonel de Rancourt.

Cabinet militaire : 18 personnes.

Service de presse : 12 personnes.

Officiers d'ordonnance : 8 personnes.

Secrétariat particulier : 16 personnes.

Quartier général : 8 personnes.

Services généraux : 15 personnes.

Chiffre : 13 personnes.

Transmissions et radio : 12 personnes.

Courrier : 21 personnes.

Garde et sécurité : 115 personnes.
Service du transport automobile et chauffeurs : 30 personnes.

Total des effectifs : 288.

L'Élysée sous la présidence de Vincent Auriol
(1947-1954)

Maison militaire et maison civile

Secrétaire général de la présidence de la République : Jean Forgeot, inspecteur des finances.

Secrétaire général adjoint : Paul Auriol, médaille de la Résistance.

Secrétaire général militaire de la présidence : général Paul Grossin, commandeur de la Légion d'honneur, Croix de guerre 1939-1945, Croix de guerre TOE, officier de la Résistance.

Cabinet du président de la République

Directeur du cabinet : Jacques Kosciusko-Morizet, ancien élève de l'École normale supérieure, agrégé de lettres, officier de la Résistance, Croix de guerre 1939-1945.

Directeur adjoint : Émile Cartayrade, receveur-récepteur de l'Assistance publique, chevalier de la Légion d'honneur, officier de la Résistance, Croix de guerre 1914-1918.

Directeur du secrétariat particulier : Charles Roumagnac, receveur particulier des finances.

Directeur adjoint du secrétariat particulier : Max Morel, administrateur civil au ministère des Finances.

Cabinet militaire

Armée de terre : lieutenant-colonel Frédéric Souard, officier de la Légion d'honneur, Croix de guerre.

Armée de l'air : lieutenant-colonel Pierre Poyade, commandeur de la Légion d'honneur, Croix de la Libération.

Armée de mer : capitaine de vaisseau Jacques Blouet, officier de la Légion d'honneur, rosette de la Résistance.

Médecin de la présidence : médecin lieutenant-colonel Pierre Bernard, médaille de la Résistance.

Règlement intérieur de l'Élysée
(1947)

(Document préparé par les services de la présidence de la République à l'occasion de l'investiture du premier président de la IVe République. Élysée 1947[1]*.)*

Règle générale

Le présent règlement n'est applicable que pendant le septennat du président et il peut être modifié au cours du septennat sur décision du président. Il sera soumis au nouveau président de la République pour son accord s'il y a lieu.

Le personnel de l'Élysée est un personnel privé dont les modalités de travail sont assimilées aux modalités de travail de tout le personnel privé.

Le personnel privé et les services qui en dépendent sont réglés directement par M. le président de la République qui détermine leur nombre.

Le personnel privé, sous la responsabilité du commandant militaire du palais, placé sous l'autorité du maître d'hôtel, est recruté d'après les modalités suivantes :

1. Archives nationales, 4 AG 357.

1. Justifier de sa qualité de Français, avoir au minimum 1,75 mètre de taille, et avoir satisfait aux obligations militaires.

2. Être apte moralement et physiquement à remplir les fonctions auxquelles il est appelé, notamment pour celles de maître d'hôtel ou de valet de chambre. De sérieuses références sont exigées.

3. Après l'enquête de police obligatoire, le candidat passera une visite médicale systématique.

La fixation des salaires et des avantages

Chaque emploi ou fonction est divisé par service. Les services actuels sont au nombre de quatre : service des huissiers ; service des bureaux ; service des appartements privés ; service de l'office.

Le salaire afférent à chaque membre du personnel est fixé par M. le président de la République.

Les avantages divers

Nourriture : Selon le service qu'il effectue, chaque membre du personnel est nourri entièrement ou partiellement. Seul le grand service est nourri toute la journée.

Vêtements : Chaque année, à deux périodes, au mois d'avril et au mois d'octobre, en plus de la livrée de service et de ses accessoires, chaque membre du personnel privé perçoit un costume de ville et deux paires de chaussures noires.

Le service de l'office, personnel détaché des Beaux-Arts, perçoit annuellement un costume de ville, une paire de chaussures et une chemise fantaisie. Il perçoit, ainsi que le personnel privé, un gilet de travail tous les deux ans.

Logement : Le personnel est logé gratuitement. Le personnel marié est logé plus spécialement dans les dépendances de l'Élysée, au palais de l'Alma, 11, quai Branly. Il est meublé selon les disponibilités et les possibilités du Mobilier national. Il est chauffé et il dispose de l'eau gratuitement.

Congé annuel : Tout le personnel privé bénéficie par roulement du congé annuel suivant : vingt et un jours au titre du congé payé ; neuf jours de supplément accordé par M. le président, à titre de faveur.

Gratifications : M. le président a bien voulu accorder au personnel, en signe de bienveillance, le treizième mois de son salaire à chaque fin d'année.

Supplément de salaire à l'ancienneté : Tous les deux ans, le traitement mensuel est majoré d'une prime dont le montant est fixé par M. le président de la République.

Avantage spéciaux : En principe, le président de la République, en fin de carrière du personnel, accorde une part de bureau de tabac proportionnellement au nombre d'années de service à la présidence de la République.

Consignes générales

Tout le personnel doit avoir une tenue digne et correcte pendant sa présence au palais de l'Élysée et dans les résidences présidentielles. Aucune tenue débraillée ne sera admise au palais dans le service et hors service. Le port du faux col et de la cravate est obligatoire.

Ses rapports avec ses semblables doivent toujours être empreints de la plus parfaite correction. Déférent et courtois avec MM. les membres des maisons civile et militaire, avec les invités et les visiteurs, il prendra soin de les saluer et de les annoncer avec leur titre et leur qualité.

Il s'adressera toujours à la troisième personne lorsqu'il aura l'occasion de répondre et de parler à M. le président, à madame, et aux membres de leur famille. Leurs Majestés les souverains, les membres des familles régnantes ou non, MM. les ambassadeurs, MM. les ministres, seront l'objet de marques de déférence particulièrement choisies.

NB : Il devra être remis au personnel privé une notice explicative sur les usages et les appellations.

BIBLIOGRAPHIE SOMMAIRE

Mémoires et témoignages

Otto Abetz, *Histoire d'une politique franco-allemande*, Paris, Stock, 1953.

Assemblée nationale, session de 1947, *Rapport de la commission d'enquête sur les événements survenus en France de 1933 à 1945*, Charles Serre, rapporteur général, Paris, 1951.

Amiral Paul Auphan, *L'Honneur de servir*, Paris, France-Empire, 1978.

Vincent Auriol, *Journal du septennat, 1947-1954*, t. 1, *1947*, Paris, Librairie Armand Colin, 1970 ; *Hier, demain*, Paris, Éditions Charlot, 1945.

Joseph Barthélemy, *Ministre de la Justice, Vichy 1941-1943. Mémoires*, Paris, Pygmalion, 1989.

Paul Baudouin, *Neuf mois au gouvernement, avril-décembre 1940,* Paris, La Table Ronde, 1948.

Général Hans Baur, *J'étais pilote de Hitler*, Paris, France-Empire, 1957.

Général André Beaufre, *Le Drame de 1940*, Paris, Plon, 1965.

Jacques Benoist-Méchin, *De la défaite au désastre. Les occasions manquées,* Paris, Albin Michel, 1984 ; *À l'épreuve du temps*, 2 vol., Paris, Julliard, 1989.

Élie J. Bois, *Le Malheur de la France*, Londres, The Continental Publishers, Hachette, 1941.

Charles Braibant, *La Guerre à Paris*, Paris, Corréa, 1945.

Jacques Branet, *L'Escadron. Carnets d'un cavalier*, Paris, Flammarion, 1968.

Arno Breker, *Paris, Hitler et moi*, Paris, Presses de la Cité, 1970.

Jean Chauvel, *Commentaire. De Vienne à Alger (1938-1944)*, Paris, Fayard, 1971.

Général von Choltitz, *Un soldat parmi des soldats. Comment Paris fut sauvé*, Paris, Aubanel, 1964.

Winston Churchill, *L'Heure tragique. Mémoires de la Deuxième Guerre mondiale*, Paris, Plon, 1949.

Alain Darlan, *L'amiral Darlan parle*, Paris, Amiot-Dumont, 1953.

Jacques Dumaine, *Quai d'Orsay, 1945-1951*, Paris, Julliard, 1956.

Général Dwight D. Eisenhower, *Croisade en Europe. Mémoires sur la Deuxième Guerre mondiale,* Paris, Robert Laffont, 1949.

Mario Faivre, *Nous avons tué Darlan*, Paris, La Table Ronde, 1975.

Jean Galtier-Boissière, *Mon journal sous l'Occupation*, Paris, La Jeune Parque, 1947.

Charles de Gaulle, *Mémoires de guerre,* 3 vol., Paris, Plon, 1954-1959 ; *Mémoires d'espoir. Allocutions et messages*, Paris, Plon, 2003.

Philippe de Gaulle, *Mémoires accessoires, 1921-1946,* Paris, Plon, 1997 ; *De Gaulle mon père. Entretiens avec Michel Tauriac*, Paris, Plon, 2003.

Georges Groussard, *Chemins secrets*, Mulhouse-Lausanne, Bader Dufour, 1948.

Henri comte de Paris, *Mémoires d'exil et de combats*, Paris, Marcel Jullian, 1979.

Pascal Jardin, *La Guerre à neuf ans*, Paris, Grasset, 1971.

Gabriel Jeantet, *Pétain contre Hitler*, Paris, La Table Ronde, 1966.

Ernst Jünger, *Journaux de guerre*, Paris, Julliard, 1990.

Roger Langeron, *Paris juin 1940*, Paris, Flammarion, 1946.
Laval parle, Genève, Constant Bourquin, 1947.
Albert Lebrun, *Témoignage*, Paris, Plon, 1945.
Roland de Margerie, *Journal, 1939-1940,* Paris, Grasset, 2010.
Anatole de Monzie, *Ci-devant*, Paris, Flammarion, 1941.
Henri du Moulin de Labarthète, *Le Temps des illusions. Souvenirs, juillet 1940-avril 1942*, Genève, À l'enseigne du Cheval ailé, 1946.
Gaston Palewski, *Mémoires d'action, 1924-1974*, Paris, Plon, 1988.
Général Louis Rivet, *Carnets du chef des services secrets,* Paris, Nouveau Monde éditions, 2010.
Jacques Soustelle, *Envers et contre tout. D'Alger à Paris, 1942-1944*, Paris, Robert Laffont, 1950.
Albert Speer, *Au cœur du Troisième Reich*, Paris, Fayard, 1971.
Walter Stucki, *La Fin du régime de Vichy*, Paris, La Presse française et étrangère, 1947.
Pierre Taittinger, *Et Paris ne fut pas détruit*, Paris, L'Élan éditeur, 1948.
Jean Tracou, *Le Maréchal aux liens*, Paris, André Bonne, 1949.
Bernard Ullmann, *Lisette de Brinon, ma mère. Une Juive dans la tourmente de l'Occupation*, Paris, Complexe, 2004.
La Vie de la France sous l'Occupation, 1940-1944, 3 vol., Hoover Institution, Paris, Plon, 1958.
Paul de Villelume, *Journal d'une défaite, août 1939-juin 1940*, Paris, Fayard, 1976.
Sumner Welles, *The Time for Decision*, Londres, Hamish Hamilton, 1944.
Maxime Weygand, *Rappelé au service. Mémoires*, Paris, Flammarion, 1950.

Sources historiques sur l'Élysée

Archives du Mobilier national.
Archives nationales, 4 AG 472-474, 4 AG 485, 4 AG 634, 635-644, 552 AP 58, 2 AG 616.

Archives de la préfecture de Police, 1940-1944, bulletins des Renseignements généraux, carton Darlan (BA 2040).
Huguette Boussand, *Les Confidences de l'Élysée,* Paris, Peyronnet éditeur, 1953.
Merry Bromberger, *Le Roman de l'Élysée,* Paris, Fayard, 1953.
Jacques Chantraine, « Les mémoires du concierge de l'Élysée, témoignage de Jean Hanotaux », *France-Soir*, novembre-décembre 1949.
Jean Coural, *L'Élysée, rue du Faubourg-Saint-Honoré*, délégation à l'action artistique de la Ville de Paris, 1994.
Jean Démaret, « Le palais de l'Élysée », *Le Jardin des arts* n° 39, janvier 1958.
Claude Dulong, *La Vie quotidienne à l'Élysée au temps de Charles de Gaulle,* Paris, Hachette Littératures, 1974.
« L'Élysée 1718-1970 », *Historia*, hors-série n° 19, 1970.
Jean Eparvier, *À Paris sous la botte des nazis*, Paris, Raymond Schall, 1944.
Jean Hillairet, *Dictionnaire historique des rues de Paris*, Paris, Minuit, 1997.
Jean Rupied, *Élysée, 1928-1934. Anecdotes et souvenirs*, Paris, Peyronnet éditeur, 1952.

Autres sources bibliographiques

Henri Amouroux, *La Grande Histoire des Français sous l'Occupation,* 10 vol., Paris, Robert Laffont, 1973-1995 ; *Pour en finir avec Vichy*, 2 vol., Paris, Robert Laffont, 1997 et 2005.
Robert Aron, *Histoire de la Libération de la France*, Paris, Fayard, 1959.
Emmanuel d'Astier, *25 août 1944. De la chute à la libération de Paris,* Paris, Gallimard, 1965.
Amiral Auphan et Jacques Mordal, *La Marine française pendant la Seconde Guerre mondiale*, Paris, Hachette, 1958.
Jean-Pierre Azéma, *1940, l'année noire*, Paris, Fayard, 2010.
Correlli Barnett, *Hitler's Generals*, Londres, Phoenix, 1995.

Jacques Benoist-Méchin, *Soixante jours qui ébranlèrent l'Occident,* Paris, Albin Michel, 1960.

Erwan Bergot, *La 2ᵉ DB*, Paris, Presses de la Cité, 1980.

Emmanuel Berl, *La Fin de la IIIᵉ République*, Paris, Gallimard, 2007.

Jacques Bernot, *Gaston Palewski, premier baron du gaullisme*, Paris, François-Xavier de Guibert, 2010.

Marc Bloch, *L'Étrange Défaite*, Paris, Gallimard, 1990.

Pierre Bourget, *Histoires secrètes de l'occupation de Paris. Le joug,* Paris, Hachette, 1970.

Éric Branca, *De Gaulle*, Paris, Éditions Molière, 1999.

André Brissaud, *La Dernière Année de Vichy*, Paris, Perrin, 1965 ; *Pétain à Sigmaringen,* Paris, Perrin, 1966.

Raymond Cartier, *La Seconde Guerre mondiale*, Paris, Presses de la Cité, 1980.

Jacques Chapsal, *La Vie politique en France depuis 1940*, Paris, PUF, 1966.

Michèle et Jean-Paul Cointet, *Dictionnaire de la France sous l'Occupation,* Paris, Tallandier, 2000 ; *Vichy capitale, 1940-1944*, Paris, Perrin, 1993.

Hervé Coutau-Bégarie et Claude Huan, *Darlan,* Paris, Fayard, 1989.

Jean-Louis Crémieux-Brilhac, *La France libre*, Paris, Gallimard, 1996 ; *Les Français de l'an 40,* Paris, Gallimard, 1990 ; *Prisonniers de la liberté. L'odyssée des évadés de l'URSS*, Paris, Gallimard, 2003.

Adrien Dansette, *Histoire de la libération de Paris*, Paris, Fayard, 1948.

Cécile Desprairies, *Paris dans la Collaboration*, Paris, Le Seuil, 2009.

François-Georges Dreyfus, *Histoire de Vichy*, Paris, de Fallois, 2004.

Georgette Elgey, *La République des illusions, 1945-1951,* Paris, Fayard, 1965.

Alfred Fabre-Luce, *Journal de la France, 1939-1944,* Genève, À l'enseigne du cheval ailé, 1946 ; *Le Procès Pétain*, Paris, Éditions de Midi, 1945.

Fondation nationale des sciences politiques, *Le Gouvernement de Vichy, 1940-1942,* Paris, Armand Colin, 1972.
Jean-Marc de Foville, *L'Entrée des Allemands à Paris*, Paris, Calmann-Lévy, 1965.
Roland Gaucher, *Histoire secrète du Parti communiste français*, Paris, Albin Michel, 1974.
Renée-Pierre Gosset, *Expédients provisoires. Le coup d'Alger,* Paris, Fasquelle, s. d.
Gilbert Guilleminault, *1947-1953, la France de Vincent Auriol*, Paris, Denoël, 1970.
Nerin Gun, *Les Secrets des archives américaines,* 2 vol., Paris, Albin Michel, 1979-1983.
Pascal Jardin, *La Guerre à neuf ans*, Grasset, Paris, 1971.
Julian Jackson, *La France sous l'Occupation*, Paris, Flammarion, 2010.
Fred Kupferman, *Pierre Laval,* Paris, Balland, 1987.
Jean Lacouture, *De Gaulle*, Paris, Le Seuil, 1965.
Paul-Marie de La Gorce, *De Gaulle*, Paris, Perrin, 1999.
Dominique Lapierre et Larry Collins, *Paris brûle-t-il ?,* Paris, Robert Laffont, 1964.
Jacques de Launay, *Le Dossier de Vichy, Archives,* Paris, Julliard, 1967.
Christine Levisse-Touzé, *L'Afrique du Nord dans la guerre*, Paris, Albin Michel, 1998.
Dominique Lormier, *La Bataille de France jour après jour,* Paris, Le Cherche Midi, 2010.
David Mason, *Who's Who in World War II*, Londres, Weidenfeld and Nicolson, 1978.
Moscou, Paris, Berlin. Télégrammes chiffrés du Komintern, Paris, Tallandier, 2003.
Amiral Moreau, *Les Derniers Jours de Darlan*, Paris, Pygmalion-Gérard Watelet, 1985.
Pierre Rocolle, *La Guerre de 1940. La défaite,* Paris, Armand Colin, 1990.
Éric Roussel, *Charles de Gaulle*, Paris, Gallimard, 2002.

Jean-Raymond Tournoux, *Carnets secrets de la politique,* Paris, Plon, 1958 ; *Secrets d'État, Pétain et de Gaulle,* Paris, Plon, 1964.

Dominique Venner, *Histoire de la Collaboration*, Paris, Pygmalion, 2000.

Pierre Viansson-Ponté, *Les Gaullistes. Rituel et annuaire*, Paris, Le Seuil, 1963.

Benoît Yvert, *Dictionnaire des ministres 1789-1989*, Paris, Perrin, 1990.

Journaux et publications

Ce soir, quotidien, 1939, 1944.

Le Figaro, quotidien, 1932-1942, 1946.

Le Matin, quotidien, 1932-1944.

La Croix, quotidien, 1939-1944.

L'Humanité, quotidien, 1939, 1944-1945.

Le Temps, quotidien, 1932-1940.

Le Monde, quotidien, 1944-1945.

Libération, périodique, 1943-1944 ; quotidien 1944-1945.

France-Soir, quotidien, novembre-décembre 1949.

Combat, quotidien, 1944-1946.

Le Pays, quotidien, 1946.

Le Petit Parisien, quotidien, 1932-1940.

Le Parisien libéré, 1946.

L'Illustration, hebdomadaire, 1932-1944.

France Illustration, hebdomadaire, 1946-1947.

L'Année politique 1944-1945, dirigé par André Siegfried et Édouard Bonnefous, Paris, Éditions du Grand Siècle, 1946 ; *L'Année politique 1946*, *L'Année politique 1947*, mêmes auteurs, Paris, Éditions du Grand Siècle, 1947 et 1948.

REMERCIEMENTS

Ces remerciements vont en premier lieu à Chantal Gastinel-Coural, conseiller honoraire du Mobilier national, (auteur avec son mari, Jean Coural (†), de la plus précise des monographies sur l'Élysée), qui a bien voulu mettre à la disposition de l'auteur sa connaissance encyclopédique de l'histoire du palais ainsi que ses archives.

Ils vont ensuite à Bernard Schotter, administrateur général du Mobilier national, à Françoise Adnès, Pascal Geneste et Olivier Rodilla, des Archives nationales, à Françoise Gicquel et Olivier Accarie-Pierson, du service des archives historiques de la préfecture de Police, à Martine Kahane, des archives de l'Opéra de Paris, à Bernard Mouraz, de la section gendarmerie du service historique de la Défense, à Patrice Dubois, de la garde républicaine, à Pierre Jammet, de l'hôtel Bristol, à Christiane Vulvert, ancienne directrice de *France Soir*, à Sylvie Le Jemtel, de la librairie Les Marque-pages à Paris.

À Jean Tulard, membre de l'Institut, à Jean-Louis Crémieux-Brilhac, correspondant de l'Institut, pour leur précieuse relecture, à mon éditeur Jean-Luc Barré, à Nicole Lattès, directrice des Éditions Robert Laffont, et à ma première lectrice.

TABLE

Cet ouvrage a été imprimé en France par

CPI
BUSSIÈRE

à Saint-Amand-Montrond (Cher)
en décembre 2011

Composé par Nord Compo Multimédia
7, rue de Fives, 59650 Villeneuve-d'Ascq